대학생을 위한 숨겨진

학습비밀

김정섭 · 강명숙 · 윤채영 · 정세영 · 김지영
김소영 · 황두경 · 김은지 · 형정은 공저

박영story

머리말

대학생활에 부적응하는 대학생들을 돕기 위해 학습컨설팅을 시작한 2006년에 우리에게 큰 희망을 준 사례가 있다. 고등학교 시절 공부를 잘하여 우수한 성적으로 부산대학교 공과대학에 입학하였지만, 1학년 두 학기 동안 연속해서 학사경고를 받았던 학생이 있었다. 그 학생은 주변 사람들의 권고에 따라 1학년을 마친 뒤 군에 입대하였고 제대한 뒤 2학년 2학기에 복학을 하였다. 그러나 그 학생은 여전히 대학생활에 적응을 잘하지 못하였고 학사경고를 또 받지 않을까 두려움에 떨고 있었다. 이 학생에게 학습컨설팅 서비스를 제공한 사람이 이 책의 공동저자인 신라대 윤채영 교수다. 그 학생은 윤교수의 도움을 받고 다음 학기부터는 학사경고의 위험에서 벗어났다. 그 학생은 이후로도 지속적으로 나와 만나면서 도움을 받았고 마침내 우수한 성적으로 졸업하였고 대기업에 취업도 하였다. 물론 그 학생은 지금도 한국 최고의 기업에서 직장생활을 잘하고 있다.

대학생활에 부적응하는 이유는 자기조절학습력이 부족하거나 그것을 적절히 활용하지 못하기 때문이다. 고등학교 시절 대학 입시를 위해 사교육에 의존하면서 오로지 공부만 하던 학생들이 자기 스스로 학습을 관리해야 하는 대학에서 적응하지 못하는 경우가 자주 있다. 미국에서 사용되는 헬리콥터 부모라는 용어도 마찬가지 이유에서 발생한 것이다. 대학생이 스스로 문제를 해결하지 못하니 부모의 지원을 받아야만 하는 학생들이 있다. 그러나 자기조절학습에 필요한 전략을 충분히 습득하고 실제로 활용하면 어느 누구나 대학생활을 잘할 수 있다.

대학생활에 쉽게 적응하지 못하는 학생들에게 도움을 주는 방법을 연구하고 실제로 실천한 지 벌써 14년이 지나가고 있다. 그동안 여러 제자들이 학습컨설팅 서비스 제공에 동참하였고 초등학교, 중학교, 고등학교에서 학습컨설팅을 제공해 왔다. 이러는 사이 쌓이게 된 노하우를 책으로 엮어 보자고 제자들이 의견을 모았다. 그 결과물이 이 책이다.

이 책의 초본은 아이엠출판사에서 2018년에 출간하여 부산 및 경남 지역에서 활용되어 왔으나 그 출판사의 사정으로 더 이상 발행하지 못하게 되었다. 이를 안타깝게 여긴 박영사 안상준 대표님과 피와이메이트 노현 대표님이 책의 일부 내용을 수정하고 형식도 새롭게 하여 출간할 것을 권해 주셨다. 기존의 책은 이론적 설명서 1권과 학생용 워크북 1권으로 분리되어 있었는데, 학생들이 두 권을 구입해야 하는 불편함이 있어 합본할 필요가 있었다. 이에 이 책은 이론서와 워크북을 합본하여 새롭게 편집하였고 내용도 일부 수정하여 새롭게 출간한 것이다.

지면을 빌려 이 책이 새롭게 탄생하여 빛을 볼 수 있도록 기회를 주신 박영사 안상준 대표님과 피와이메이트 노현 대표님께 진심으로 감사드린다.

2020년 3월 부산에서

학생들을 사랑하는 저자 일동

차례

0부 들어가기 전

1부 수업참여

2부 과 제

3부 시험관리

4부 기초 학습력 향상

제0부

들어가기 전

1. 성공적인 대학생활
2. 자신의 학습경향성 이해

1. 성공적인 대학생활

대학생이 된다는 것은 단순히 고등학교를 졸업하고 상급학교에 진학한다는 의미를 넘어선다. 대학생활을 하는 동안 성공적인 사회진출을 위해 자신의 능력을 키우고 그 과정을 통해 자신의 행동과 결정에 책임을 질 수 있는 성숙한 성인으로 나아가는 것을 의미한다.

성공적인 대학생활을 하기 위해서는 전략적인 목표설정과 계획을 통해 원하는 바를 달성하고자 노력해야 한다. 따라서 이 장에서는 대학생이 학업목표를 설정하고, 이를 달성하는 데 도움이 되는 전략을 습득하는 것을 목적으로 한다.

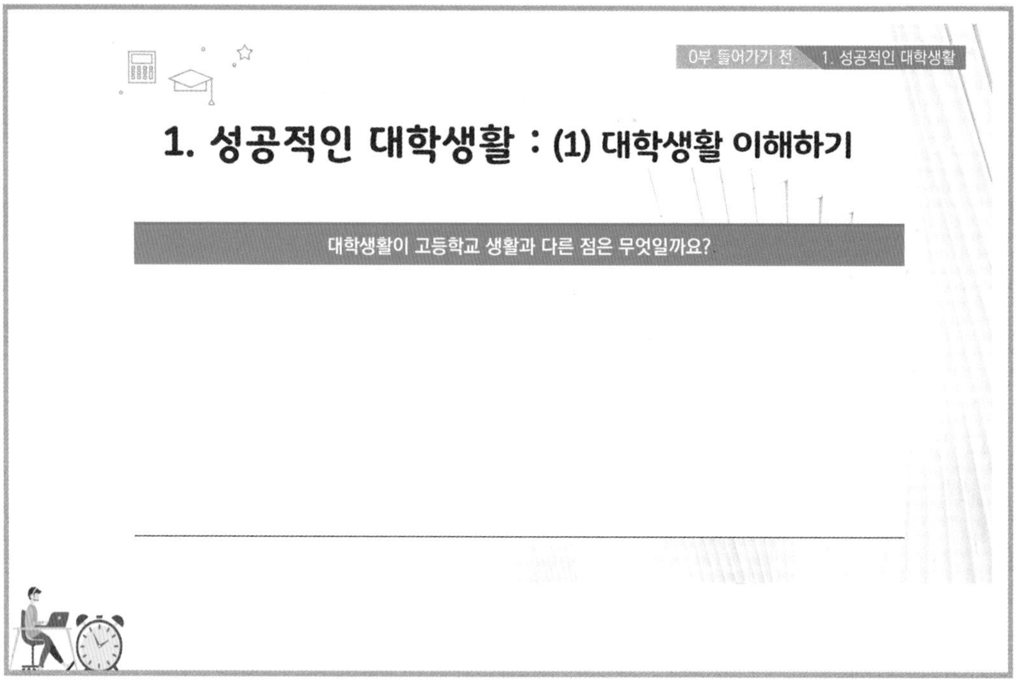

성공적인 대학생활을 하기 위해서는 대학생활의 특징을 이해하는 것이 중요합니다. 고등학교 생활과의 차이점을 알고 대학생활의 특징을 제대로 이해한다면 우리가 대학생활에 잘 적응하기 위해 어떤 노력을 기울여야 할지가 분명해집니다. 대학생활에 잘 적응할 때, 대학생활 동안 추구해야 할 목표를 세우고, 이를 실천할 수 있는 긍정적인 힘이 생길 수 있습니다.

• 규칙적인 대학생활의 책임은 오로지 나의 몫

고등학교는 수업시간표와 교과목 담당교사, 담임교사가 이미 정해져 있습니다. 학칙과 담임교사에 의해 학교생활이 통제되기 때문에 규칙적인 학교생활이 가능합니다. 그러나 대학생이 되면 매 학기 주어진 학점 안에서 자신이 스스로 정한 시간표에 따라 생활하게 됩니다. 수강과목, 강의담당 교수, 수강학점 등을 스스로 결정해야 하며, 지각이나 결석을 해도 그것을 제지하는 사람이 없습니다. 모든 것은 자신의 선택이므로 그 결과 또한 자신이 책임져야 합니다.

• 폭넓어진 대인관계, 스스로 노력하며 인간관계 만들기

고등학교 때와 달리 정해진 교실이 없는 대학생은 친구를 사귀기 위해 더 많은 노력을 기울여야 합니다. 예를 들면 단체로 급식을 먹는 시간이 없으므로 친구가 없으면 혼자 식사를 하는 경우도 생깁니다. 많은 대학생이 인간관계의 어려움으로 인해 스트레스를 받거나, 학업에 소홀해집니다. 따라서 대학교 1, 2학년 시기는 전공수업을 함께 듣는 학과 동기와 긍정적인 관계를 형성하기 위해 입학 전 오리엔테이션에 참가하거나 입학 후 학과 행사에 용기를 내어 참여할 필요가 있습니다. 그 외에도 중앙 동아리 활동, 다양한 학교 프로그램 참여, 팀 과제를 통해 좋은 친구들을 만날 수 있습니다. 성공적인 대학생활을 위해서는 단순히 친목을 도모하는 모임뿐만 아니라, 학습이나 진로와 관련된 좋은 정보들을 공유하고 서로 돕고 발전할 수 있는 건강한 인간관계를 만들도록 스스로 노력해야 합니다.

• 학습에 방해되는 요소를 스스로 통제하기

고등학생의 학습 방해요소로 스마트폰, 온라인 게임, 웹툰 등이 자주 등장합니다. 대학생이 되면 학습 방해요소에 더 많은 것들이 추가됩니다. 술, 연애, 친목 모임, 여유로운 시간 등으로 인해 무절제한 생활을 이어 나갈 수도 있습니다. 따라서 학습에 소홀해지지 않기 위해 스스로 방해요소들을 적절히 통제하고자 노력해야 합니다.

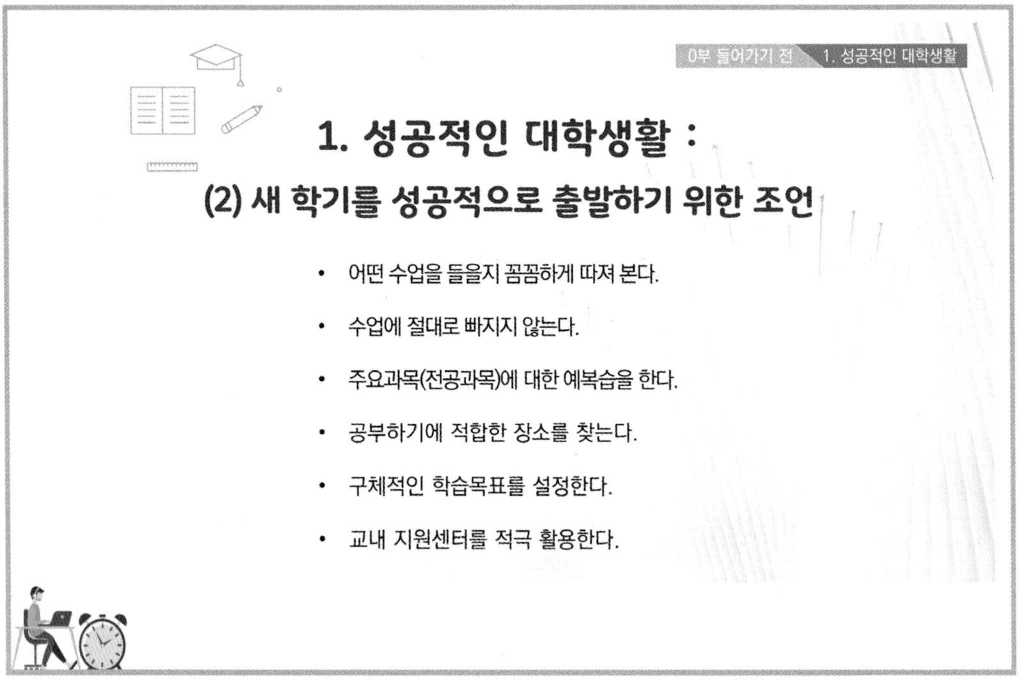

성공적인 대학생활을 위해서는 다음과 같은 조언을 따르는 것이 도움이 됩니다.

• 어떤 수업을 들을지 꼼꼼하게 따져 보기

이는 전략적으로 수강신청을 해야 한다는 것을 의미합니다. 이 방법에 대해서는 <1.4>에서 구체적으로 다루어 보겠습니다.

• 수업을 절대로 빠지지 말기

출석률과 성적은 높은 상관관계가 있습니다. 성적에 출석률이 반영되는 것도 있지만 대학수업에서 한 번 결석하면 이후 학습에 어려움이 생길 수 있습니다. 왜냐하면 대학 교수는 매회 수업마다 많은 양의 내용을 가르치며, 이전 수업을 다음 수업과 연계시키는 경우가 많습니다. 따라서 결석은 학습에 대한 이해도를 떨어뜨리며, 점차 그 과목에 대한 흥미를 잃어 가게 할 수 있습니다. 특히 첫 수업은 강의 전반에 관련된 정보(성적

기준, 과제)와 수업 시 유의사항 등을 제공하기 때문에 학습방향을 잡는 데 큰 도움을 줍니다. 또한 학습자가 교수자의 수업스타일을 비교해 볼 수 있어 학습자가 수강 취소를 할 수 있는 기회를 줍니다.

- **주요과목에 대해 예습과 복습하기**

주요과목 중에 특히 전공기초와 관련된 과목들은 1, 2학년 수업에 많이 배치되어 있습니다. 전공기초 과목은 이후 3, 4학년에서 배우게 되는 전공심화 과목의 기본원리가 됩니다. 4학년 졸업예정자 중에 전공필수 과목에서 낙제를 받아 졸업이 늦어지는 경우도 종종 있습니다. 모든 과목이 중요하겠지만 특히 주요과목에 해당하는 전공과목은 평상시 충분히 이해할 수 있도록 예습과 복습을 하는 것이 좋습니다.

- **평상시 자신이 공부하기 적합한 장소를 찾아서 정하기**

집중이 잘되는 환경적인 조건, 접근성, 비용 등을 고려하여 평상시 공부장소를 정해둔다면 갑작스러운 공강 시간이나 자투리 시간에 헤매지 않고 바로 공부를 할 수 있을 것입니다.

- **성공적인 대학생활을 위해서는 학년별, 학기별, 월별, 주별 구체적인 학습목표 설정하기**

구체적인 학습목표가 있으면, 그 목표를 실천하기 위해 구체적인 행동계획을 세우고, 실천할 수 있습니다. 이 방법에 대해서는 <1.3>에서 구체적으로 다루게 될 것입니다.

- **교내 지원센터를 적극적으로 활용하기**

대학교의 학비에는 대학 정규수업 외에도 다양한 서비스에 대한 비용이 포함되어 있습니다. 특히 '교수학습개발센터', '교수학습지원센터'와 같은 기관은 학습전문가들이 학생들의 학습을 위한 다양한 프로그램을 개발하고, 학생들의 학습력 향상을 위해 많은 지원을 하고 있습니다. 그 외에도 학생상담센터, 취업과 창업지원센터 등이 있으므로 교내 지원센터를 적극적으로 활용한다면 많은 도움을 받을 수 있을 것입니다.

1. 성공적인 대학생활 : (3) 새 학기를 위한 목표설정

- 1단계: 대학생활 로드맵 구상하기
- 2단계: 새 학기에 달성할 목표를 월별로 세우고, 우선순위 정하기
- 3단계: 목표달성을 위한 주간 계획을 세우고 실천하기
- 4단계: 주간 계획 효과 점검 및 개선하기

성공적인 대학생활을 위해서는 새 학기마다 목표설정을 할 필요가 있습니다. 이것은 계단을 올라가는 과정과 유사합니다. 원하는 장소에 도착하기 위해서는 그 장소에 이르는 계단을 만들어야 합니다. 견고하게 잘 만든 계단이 있어야 원하는 곳에 도달할 수 있습니다. 효과적인 목표설정과 실천을 위한 단계를 살펴보겠습니다.

• 1단계: 대학생활 로드맵 구상하기

새 학기마다 목표설정을 효과적으로 세우기 위해서는 그 목표들을 통해 추구해야 할 전체 대학생활의 로드맵이 필요합니다. 전체 대학생활을 통해 최종적으로 추구하고 싶은 목표가 무엇인지를 구상하고, 이를 위해 매 학기마다 어떤 작은 목표들을 추구해야 할지 생각해 봐야 합니다.

• 2단계: 새 학기에 달성할 목표를 월별로 세우고, 우선순위 정하기

대학생활의 로드맵에 따라 새 학기마다 달성해야 할 목표를 세웁니다. 그리고 그 목표를 위해 월별로 무엇을 해야 할지 세부 목표를 세울 필요가 있습니다. 가령 2학년 1학기에 성적 4.0을 넘겠다는 목표를 세웠다면, 3월, 4월, 5월, 6월에 해야 할 일들을 구체적으로 작성해야 합니다. 또한 여러 개의 목표가 있다면 우선순위를 정할 필요가 있습니다. 우선순위를 정하는 기준은 개인마다 다양합니다. 1단계에서 우리가 세운 로드맵을 기준으로 우선순위를 정하는 것을 추천합니다.

• 3단계: 목표달성을 위한 주간 계획 세우고 실천하기

학기 목표와 월별 목표가 세워졌다면 월별 목표를 이루기 위해 주간 계획을 세워야 합니다. 한 달 4주 계획과 실천사항을 구체적으로 세워야 4단계에서 피드백을 정확하게 할 수 있습니다.

• 4단계: 주간 계획 효과 점검 및 개선하기

계획을 세우고 실천하는 데 그치지 않고, 점검을 통해 개선해야 할 부분을 파악해야 합니다. 이 과정에서 성취감과 긍정적인 자아 인식을 가질 수 있으며, 다음 계획을 세울 때 유용한 정보로 활용할 수 있습니다.

0부 들어가기 전 1. 성공적인 대학생활

대학생활 로드맵

	학습목표	직업목표	개인목표
전체목표			
1학년 1학기			
여름방학			
1학년 2학기			
겨울방학			
2학년 1학기			
여름방학			
2학년 2학기			
겨울방학			
3학년 1학기			
여름방학			
3학년 2학기			
겨울방학			
4학년 1학기			
여름방학			
4학년 2학기			

• 전체 목표 세우기

대학생활을 하면서 이루고 싶은 목표를 학습목표, 직업목표, 개인목표로 나누어 봅니다. 이때 자신이 중요하다고 생각하는 삶의 가치, 롤모델, 비전을 고려해야 합니다. 목표가 아직 없다 해도 실망할 필요가 없습니다. 이번 장을 계기로 자신의 목표를 생각해 보는 것만으로도 의미가 있기 때문입니다.

• 구체적인 목표 세우기

3가지 영역의 목표를 위해 매 학기, 방학마다 세워야 할 구체적인 목표를 세워 봅니다. 예를 들어 직업목표가 '대기업 취업'이라면 그 아래에는 직업능력계발을 위한 자격증 취득, 영어공부, 인턴 경험 등을 원하는 학기에 기록하면 됩니다. 개인목표가 세계여행이라면 그 아래에는 외국인 친구 2명 사귀기, 스페인어 공부하기 등으로 정할 수 있습니다. 이때, 목표는 가능한 한 측정 가능하고 구체적으로 설정하는 것이 좋습니다.

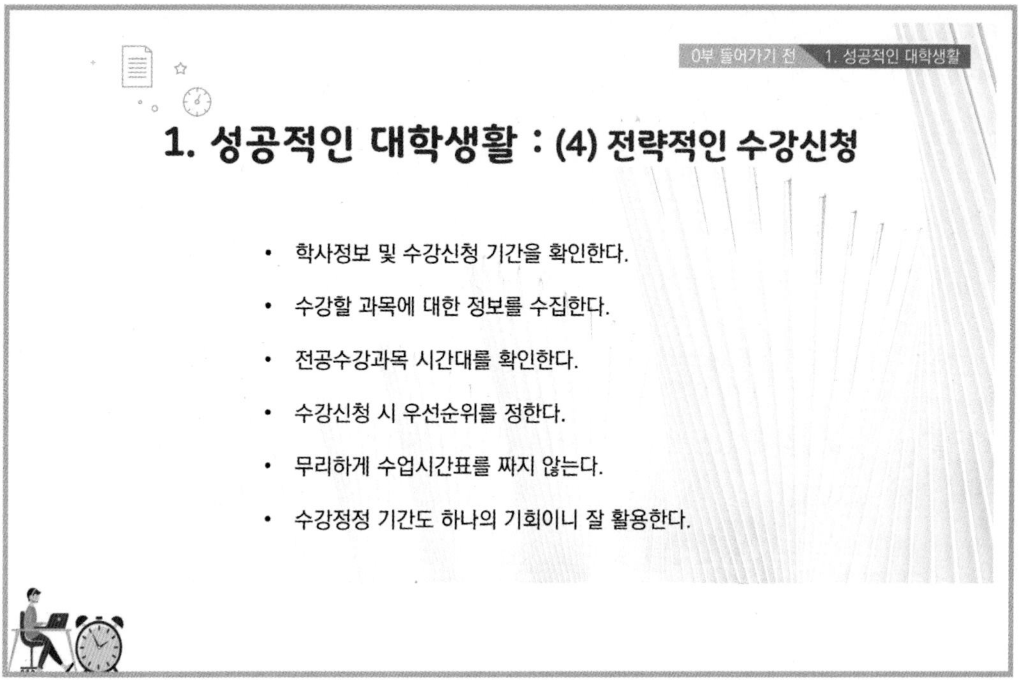

성공적인 대학생활과 학점관리는 수강신청을 잘하는 것부터 시작됩니다. 지금부터 전략적으로 수강신청을 하는 방법에 대해 알아보겠습니다.

• 학사정보 및 수강신청 기간 확인하기

대학교는 매년 학사일정이 정해져 있고, 이 일정은 학교 홈페이지에 공지되어 있으므로 수강신청을 할 때는 수강신청 기간을 학기가 시작하는 한 달 전부터 미리 확인해야 합니다. 수강신청 기간이 길더라도 인기 있는 과목은 수강신청을 시작한 지 30분도 되지 않아 끝이 납니다. 그러므로 수강신청이 시작되기 전에 미리 수강신청을 계획하고 수강신청 시작시간에 맞춰 수강신청 화면을 켜 놓고 대기하여야 합니다.

• 수강할 과목에 대한 정보 수집하기

전략적인 수강신청을 위해서는 학교 홈페이지에 올라온 수강편람에서 교과 시간대와 학점 수, 담당교수를 확인한 후 해당 교과에 대한 정보를 선후배나 커뮤니티를 통해 알아보고 수강신청 계획을 세우는 것이 좋습니다.

• 전공수강과목 시간대 확인하기

수강편람을 볼 때 가장 먼저 전공과목의 시간대를 확인하고 남은 시간대 안에서 듣고 싶은 과목을 학과별 졸업이수 학점 영역에 맞게 정해야 합니다.

• 수강신청 시 우선순위 정하기

전략적인 수강신청에서 신청순서가 매우 중요합니다. 순서를 정할 때는 과목의 중요도, 인기도 등을 고려해야 합니다. 원하는 과목의 수강신청에 실패할 수 있으므로 2순위, 3순위로 선택할 과목까지 미리 정해 두는 것이 좋습니다. 전공과목의 경우 수강신청에 실패하더라도 학과에 문의할 경우 수강신청이 가능하지만 타 학과의 과목은 조정이 어려운 경우도 많습니다. 따라서 수강신청이 용이하지 않은 과목부터 수강신청을 하는 것도 좋습니다. 다만 분반이 많은 전공과목의 경우 자신이 원하는 시간대, 원하는 교수님을 선택하는 것이 중요하기 때문에 모든 과목을 통틀어서 1순위로 수강신청을 해야 할 것입니다.

• 무리한 수업시간표는 피할 것

자신의 생활 리듬과 교과목 난이도, 팀 과제 등을 고려하여 수업시간표를 짜야 합니다. 특히 어려운 과목은 강의 전후 공강시간을 확보하여 예·복습을 할 수 있도록 하는 것이 좋습니다.

• 수강정정 기간도 하나의 기회

만족하지 못한 수강신청을 하게 된 경우 수강신청 기간이 끝날 때까지 포기하지 않고 원하는 수강신청을 할 수 있도록 노력해야 합니다. 새 학기가 시작되었다면 수강정정이 가능한 기간까지 수강신청을 시도해 보아야 합니다. 원하는 수강신청을 위한 활동의 예로 수시로 원하는 과목이 다시 신청되는지 시스템에 들어가 확인해 보는 것, 교과를 개설하는 학과 사무실을 통해 수강신청을 할 수 있는지 문의하는 것, 학교 커뮤니티에 수강신청이 필요한 과목의 수강을 포기하는 학생을 찾아보는 것 등이 있습니다.

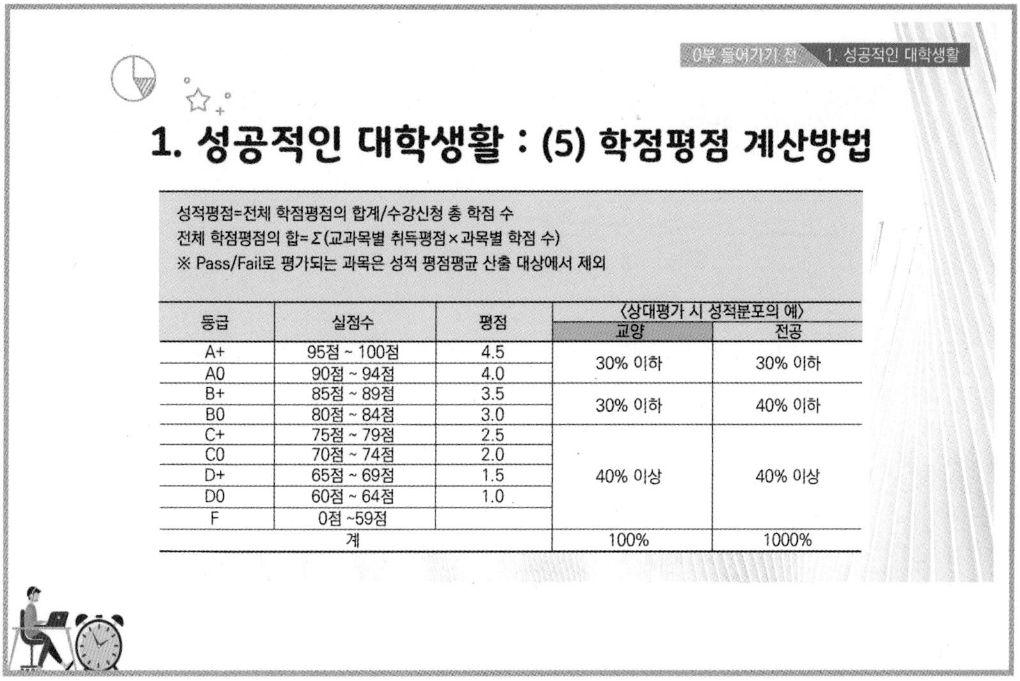
0부 들어가기 전 1. 성공적인 대학생활

1. 성공적인 대학생활 : (5) 학점평점 계산방법

성적평점=전체 학점평점의 합계/수강신청 총 학점 수
전체 학점평점의 합=Σ(교과목별 취득평점×과목별 학점 수)
※ Pass/Fail로 평가되는 과목은 성적 평점평균 산출 대상에서 제외

등급	실점수	평점	〈상대평가 시 성적분포의 예〉	
			교양	전공
A+	95점 ~ 100점	4.5	30% 이하	30% 이하
A0	90점 ~ 94점	4.0		
B+	85점 ~ 89점	3.5	30% 이하	40% 이하
B0	80점 ~ 84점	3.0		
C+	75점 ~ 79점	2.5	40% 이상	40% 이상
C0	70점 ~ 74점	2.0		
D+	65점 ~ 69점	1.5		
D0	60점 ~ 64점	1.0		
F	0점 ~59점			
계			100%	1000%

• 학점 계산방법

대학 성적은 시험, 과제물, 출석, 발표 점수 등을 종합하여 산출됩니다. 평가방법에는 절대평가와 상대평가가 있습니다. 대부분의 대학이 성적평가 경쟁력을 높이기 위해 특별한 수업을 제외하고는 상대평가를 택하고 있습니다. 하지만 대학이나 교과목에 따라 성적분포 비율은 조금씩 다를 수 있습니다.

• 학사경고

학교마다 다르지만 매 학기 학업 성적의 평점평균이 1.50~2.00 미만인 자는 학사경고를 받습니다. 학사경고 규정이 엄격한 학교의 경우 학사경고를 연속으로 3회 이상 받으면 제적이 되기도 합니다. 학사경고를 자주 받게 되면 졸업이수 학점을 채우기 위해 수업을 더 들어야 해서 같은 학번 학생들보다 졸업이 늦어지고, 학비도 많이 들게 됩니다.

0부 들어가기 전 1. 성공적인 대학생활

학점평균 계산해 보기

과목명	받은 평점		학점 수	합계
컴퓨터활용입문	A	4	3	12
컴퓨터 공학개론	B	3	3	9
기초프로그래밍 실습	B	3	3	9
논리적 사유와 글쓰기	B+	3.5	3	10.5
기본영어	A	4	3	12
창의력 개발과 디자인적 사고	B+	3.5	3	10.5
지도교수세미나	P	0	2	0
			18	63

- 학점평균: 63(전체 학점평점의 합) / 18(수강신청 학점 수) = 3.5

- P/F 학점은 학점값이 없으므로 학점평균 계산의 '수강신청 학점 수'에 포함시키지 않음

• 학점평균 계산 사례

한 학생의 성적 사례를 통해 학점평균을 계산해 보겠습니다. 학점평균 계산 공식에 따르면 이 학생의 '전체 학점평점의 합'은 63입니다. 이는 각 과목에서 '받은 평점'과 '학점 수'를 곱한 값들의 총합입니다. '전체 학점평점의 합'을 '수강신청 학점 수'인 20로 나누면 전체 학점평균은 3.15가 됩니다. 하지만 여기서 지도교수세미나 교과목은 PASS/FAIL 시스템으로 절댓값이 없어 학점평균 계산의 '수강신청 학점 수'에 포함시키지 않으므로 결국 전체 학점평균은 '전체 학점평점의 합'인 63에서 '수강신청 학점 수' 18로 나눈 3.5가 됩니다.

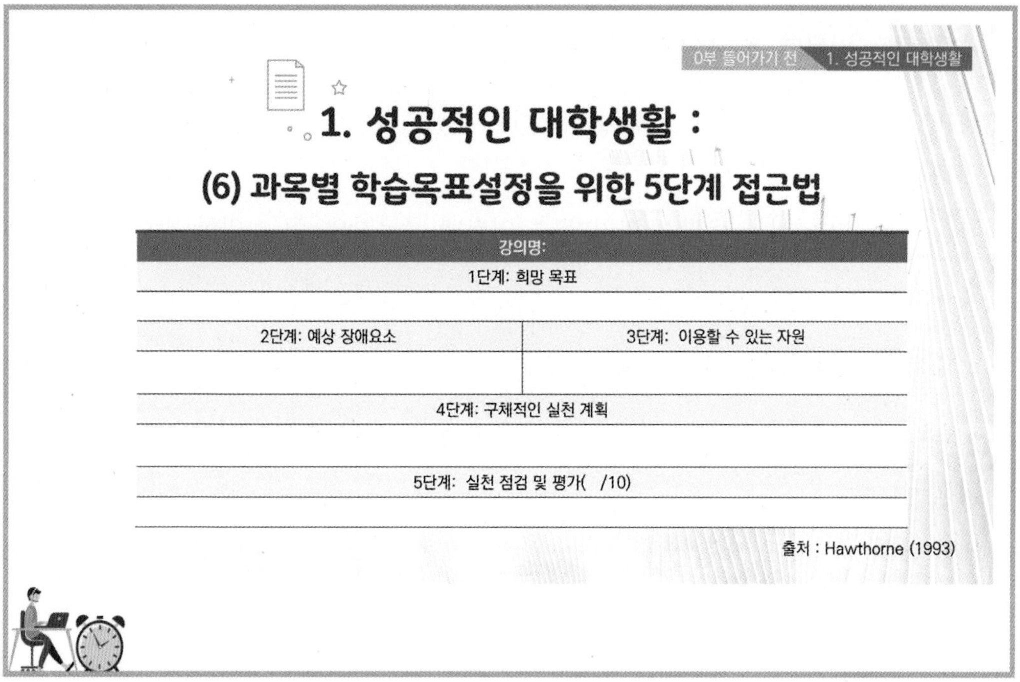

과목별 효과적인 학습목표 설정을 위해 다음의 5단계 접근법을 살펴보겠습니다.

• 1단계: 희망 목표 쓰기

해당 과목에 대한 평점 목표를 설정하는 것입니다. 예를 들어 '물리학개론을 A이상 받겠다'와 같은 목표를 설정하면 됩니다.

• 2단계: 예상되는 장애요소 찾기

해당 과목을 공부하는 데 어려움을 겪게 만드는 장애요소들을 기록해 봅니다.

예를 들어 '아르바이트 때문에 공부 시간이 부족하다'와 같은 장애요소를 몇 가지 기록하면 됩니다.

• 3단계: 이용할 수 있는 자원 찾기

해당 과목의 성적을 잘 받기 위해 이용할 수 있는 다양한 자원(물적, 인적자원)들을 기록해 봅니다.

예를 들어, '친구의 노트필기 빌리기'나 '인터넷 무료강의' 등 다양한 방법을 적어 봅니다.

• 4단계: 구체적인 실천 계획 세우기

2단계와 3단계를 고려하여 해당 과목의 성적을 잘 받을 수 있는 구체적인 실천계획을 세워 봅니다.

예를 들어 '공강시간 예/복습하기', '수업시간 앞자리 앉기' 등 다양한 실천 계획을 구체적으로 적어 봅니다.

• 5단계: 실천 점검 및 평가하기

4단계의 실천이 잘되고 있는지, 해당 계획이 목표달성에 효과가 있는지 점수를 매겨 점검해야 합니다. 개선점이 있다면 그 내용을 다시 4단계 계획에 반영하도록 합니다.

2. 자신의 학습경향성 이해

사람마다 성격이 다양한 것처럼 학습경향성도 다양하다. 이는 모든 학생에게 하나의 학습법을 똑같이 적용해도 개인마다 그 효과가 달라질 수 있다는 것을 의미한다. 성공적인 학습을 위해 각자 자신의 학습경향성을 이해하고 자신에게 적합한 학습법을 찾는 것이 중요하다.

따라서 이 장은 자신의 학습동기 성향과 시간관리 유형을 알아보면서 자신의 학습경향성에 대해 이해하는 것을 목적으로 한다.

- 2.1 나의 학습동기 성향 알기
- 2.2 나의 시간관리 유형 알기

0부 들어가기 전 ▸ 2. 자신의 학습경향성 이해

2. 자신의 학습경향성 : (1) 나의 학습동기 성향 알기

내적동기 성향	O	X
1. 새로운 것을 배우기 위해 도전을 필요로 하는 수업이나 과제가 좋다.		
2. 배우는 내용이 다소 어렵다라도 지적인 호기심을 갖게 하는 과목이 좋다.		
3. 공부할 때 좋은 성적을 받는 것보다 많은 내용을 배우는 것이 더 중요하다.		
4. 문제가 어려워도 무엇인가 배울 수 있는 문제가 좋다.		
5. 많은 노력이 필요해도 무언가 배울 수 있는 학습내용이 좋다.		
외적동기 성향	**O**	**X**
1. 내가 친구들보다 공부를 잘하는 것이 중요하다.		
2. 내가 친구들보다 더 똑똑하다는 것을 보여 주고 싶다.		
3. 교수님 질문에 나 혼자만 대답하면 기쁘다.		
4. 공부를 잘했는데도 교수님이 칭찬을 안 해 주시면 기분이 나쁘다.		
5. 가능하면 친구들보다 좋은 점수를 받고 싶다.		

출처 : 하대현 (2002) / Amabile, Hill, Hennessey., & Tighe. (1994)

공부를 할 때 똑같은 상황을 어떻게 받아들이느냐에 따라 만족감과 결과가 달라질 수 있습니다. 대학생활을 하면서 학습과정을 자신의 성장과정으로 받아들이는 학생이 있는 반면, 학습과정을 스트레스로 받아들이는 학생도 있습니다. 이 학생들의 차이가 과연 무엇일까요? 다양한 원인이 있겠지만, 그중 하나는 바로 '학습동기 성향'이 다르기 때문입니다. 이 장에서는 자신의 학습경향성을 알아보기 위해 다음의 과정을 통해 '나의 학습동기 성향'을 파악해 보고자 합니다.

• 나의 학습동기 성향 알기

위의 간단한 질문지를 통해 자신의 학습동기 성향을 알아볼 수 있습니다. ○가 더 많을수록 해당 동기의 성향이 높다고 볼 수 있습니다.

• 높은 내적동기

내적동기가 높은 학생은 학습을 하는 과정에서 흥미를 느낍니다. 결과에 대한 불안수준이 낮고 어려운 과제에 도전하는 것을 즐깁니다. 이러한 학습자는 노력에 대한 성과가 나왔을 때 내적동기가 더욱 커집니다.

• 높은 외적동기

외적동기가 높은 학습자는 학습을 하는 것에 대한 자율성이 부족합니다. 결과에 대한 불안수준이 높고 학습이나 과제를 지루하게 생각하는 경향이 있습니다. 이러한 학습자는 외적 보상이 있을 때만 과제를 수행하려고 합니다.

• 해석 시 고려할 점

외적동기보다 내적동기가 학습을 효율적으로 할 수 있도록 도와준다고 볼 수 있습니다. 하지만 자신이 내적동기보다 외적동기가 더 높다고 실망할 필요는 없습니다. 외적동기를 적절히 활용하여 학업에 대한 성취감을 자주 느끼게 되면 학업적 자기 효능감이 높아져 외적동기가 내적동기로 전환될 수 있기 때문입니다.

• 3가지 협력적 외적동기(Amabile, 1996)

개인의 창의적인 수행은 내적동기가 중요하지만 외적동기가 내적동기와 조화롭게 작용하는 경우도 있습니다. 이처럼 내적동기와 함께 창의성이 발휘될 수 있는 3가지 협력적 외적동기의 상황은 다음과 같습니다.

① 외적 보상이 과제에 대한 관심을 흐트러뜨리지 않는 경우
② 적정 수준의 내적동기가 이미 존재하는 경우
③ 창의적인 작업의 후반부에 지루한 작업을 해야 하는 경우

0부 들어가기 전 2. 자신의 학습경향성 이해

2. 자신의 학습경향성 이해 :
(2) 나의 시간관리 유형 알기

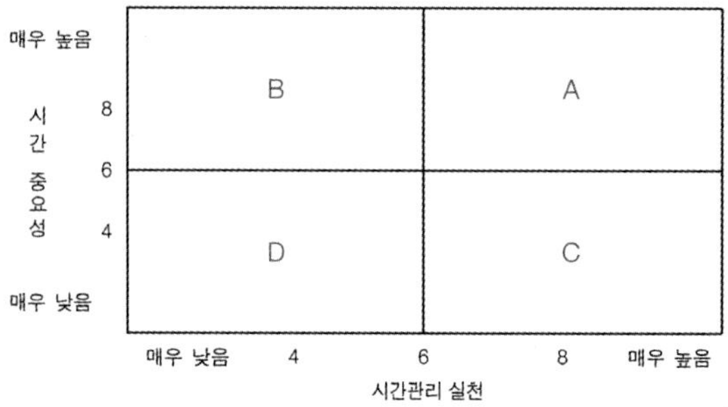

출처 : 김동일 (2005)

우리는 자신의 시간을 어떻게 사용하고 있을까요? 시간을 어떻게 사용하느냐는 어떤 삶을 살고 있느냐를 보여 주는 중요한 지표가 될 수 있습니다. 또한 목표달성을 위해서 가장 중요한 전략 중 하나가 바로 '시간관리'입니다. 시간관리 유형은 다음과 같이 총 4가지 유형으로 나눌 수 있습니다. 이 장에서는 시간관리를 하기 전 나의 시간관리 유형을 파악함으로써 자신에게 맞는 시간관리를 하는 데 도움을 주고자 합니다.

● 나의 시간관리 유형 알기

시간 중요성 인식 정도와 시간관리 실천 정도를 알아보는 간단한 질문지를 통해 점수를 채점한 후 자신의 시간관리 유형이 어디에 해당하는 알아봅시다. 시간 중요성 인식 점수와 시간관리 실천점수의 결과값이 각 유형의 경계선에 걸쳐지는 경우, 아래의 해석을 꼼꼼히 읽고, 자신에게 적합한 최종 유형을 선택합니다.

- A: 창조형

창조형 학습자는 시간관리의 중요성에 대한 인식이 높고, 시간관리에 필요한 원리들을 몸소 실천합니다. 이 유형의 학습자는 시간을 잘 관리할 뿐만 아니라, 시간을 창조하여 사용합니다.

- B: 연기형

연기형 학습자는 시간의 중요함을 인식하지만 실천력이 약합니다. 이 유형의 학습자는 목표를 정하지만, 몸이 따르지 않는다고 할 수 있습니다. 따라서 머릿속으로 생각하는 것들을 구체적으로 실천하려는 노력이 필요합니다.

- C: 분주형

분주형 학습자는 시간의 중요성에 대한 인식은 낮지만, 알게 모르게 시간관리 행동을 실천하려고 노력하고 있습니다. 이 유형의 학습자는 무엇인가를 열심히 하고 있지만, 효과적으로 일을 처리하지는 못하는 경우가 많습니다. 따라서 중요한 일의 우선순위를 정해 효과적인 시간관리를 위한 구체적인 기술을 익혀야 합니다.

- D: 소비형

소비형 학습자는 시간관리의 중요성에 대한 인식과 실천하려는 행동 모두가 낮은 유형입니다. 이 유형의 학습자는 자신의 시간뿐 아니라 다른 사람의 시간까지도 무의미하게 소비하도록 하는 경향이 높습니다. 따라서 전문가의 도움을 받아 체계적인 시간관리 훈련을 받을 필요가 있습니다.

〈 시간관리 중요성의 인식 정도 〉

번호	내 용	예	아니오
1	1년 후, 5년 후의 내 모습을 쉽게 상상할 수 있다.		
2	중요한 일에는 꾸준히 시간을 들여야 성취된다.		
3	시간을 사용하는 사람에 따라 그 가치가 다르다.		
4	생활 전반에 대한 계획은 세워야 한다.		
5	우선순위를 따라서 일하는 것이 항상 가능하다.		
6	시간은 언제나 사용할 수 있다.		
7	어제의 1시간과 오늘의 1시간은 같은 개념이다.		
8	시간을 너무 철저히 관리하면 인간성이 메마른다.		
9	시간의 중요성에 대한 사람들의 생각은 거의 비슷하다.		
10	내가 하는 일은 중요성에 따라 우선순위를 매기기가 어렵다.		

출처 : 김동일 (2005)

• 시간관리 중요성의 인식 검사

위 질문지는 시간관리 중요성의 인식 정도를 알아보기 위한 검사입니다. 예, 아니오에 체크한 후 다음과 같은 방법으로 채점합니다.

① 1~5번 문항에서 (예)라고 응답한 것에 1점을 준다.

② 6~10번 문항에서 (아니오)라고 응답한 것에 1점을 준다.

• 결과해석

총합 점수가 3점 이하는 매우 낮음, 4~7점은 보통, 8점 이상은 매우 높음에 해당한다고 볼 수 있습니다.

0부 들어가기 전 2. 자신의 학습경향성 이해

〈 시간관리 실천 정도 〉

번호	내 용	예	아니오
1	가능하면 일찍 등교하려고 한다.		
2	시간 약속을 철저하게 지키려고 노력한다.		
3	시간이 남을 때를 대비하여 2~3가지 일을 준비한다.		
4	쓸데없다고 생각되는 요구는 쉽게 거절할 수 있다.		
5	일을 할 때 스스로 마감 시간을 정하는 편이다.		
6	나의 일과 관련된 다른 사람들의 시간표에도 항상 관심을 두고 있다.		
7	놀다가 일어나야 되겠다고 마음을 먹으면 잘 일어나는 편이다.		
8	공부를 할 때 필요한 물품을 잘 준비하고 잘 활용한다.		
9	자투리 시간을 활용하려고 노력한다.		
10	하루나 일주일의 시간 계획표를 짜서 실천한다.		

출처 : 김동일 (2005)

• 시간관리 실천 정도 검사

위 질문지는 시간관리 실천 정도에 대해 알아보기 위한 검사입니다. 예, 아니오에 체크한 후 다음과 같은 방법으로 채점합니다. 모든 문항에서 (예)라고 응답한 것에 1점을 줍니다.

• 결과해석

총합 점수가 3점 이하는 매우 낮음, 4~7점은 보통, 8점 이상은 매우 높음에 해당한다고 볼 수 있습니다.

참고문헌

- 김동일 (2005). 학업상담을 위한 학습전략 프로그램. 서울: 학지사.
- 동의대학교 진로터틀북 Chapter 5. 학습방법편.
- 하대현 (2002). T. Amabile의 창의성 이론에 근거한 동기와 창의성간의 관계 연구. 한국교육학연구, 40(2), 111-142.
- Amabile, T. M. (1996). Assessing the work environment for creativity , *Academy of Management Journal* 39 : 1154~1184.
- Amabile, T. M., Hill, K. G., Hennessey, B. A., & Tighe, E. M. (1994). The Work Preference Inventory; Assessing intrinsic and extrinsic motivational orientations. *Journal of Personality and Social Psychology*, 66(5), 950-967.
- Constance Staley (2015). *FOCUS on College Success*, Fourth Edition. Boston. USA: Cengage Learning.
- D. H. Schunk., P. R. Pintrich., J. L. Meece.(2013). *Motivation in education*(3rd ed). 서울대학교 인지학습연구회, 신종호(역). 학습동기 이론, 연구 그리고 지원. 서울: 학지사.
- Dianna L. Van Blerkom (2012). *College Study Skills: Becoming a Strategic Leaner*, Seventh Edition. Boston. USA: Wadsworth.
- Hawthorne (1993). *Motivation and Goal Setting*, 2nd ed. NJ: Career Press.
- R. J. Sternberg., W. M. Williams. (2010). *Educational Psychology*(2nd ed). 김정섭, 신경숙, 유순화, 이영만, 정명화, 황희숙(역). 스턴버그의 교육심리학. 서울: 시그마프레스.
- Walter Pauk, Ross J. Q. Owens (2014). *How To Study In College*, Eleventh Edition. Boston. USA: Wadsworth.

1. 성공적인 대학생활 :
(3) 새 학기를 위한 목표설정

활동지번호: 0-1-3

활동지명: 대학생활 로드맵

[대학생활 로드맵]

	학업목표	직업목표	개인목표
1학년 1학기			
여름방학			
1학년 2학기			
겨울방학			
2학년 1학기			
여름방학			
2학년 2학기			
겨울방학			
3학년 1학기			
여름방학			
3학년 2학기			
겨울방학			
4학년 1학기			
여름방학			
4학년 2학기			

1. 성공적인 대학생활 :
(6) 과목별 학업목표설정을 위한 5단계 접근법

활동지번호: 0-1-6

활동지명: 과목별 학업목표설정

강의명:	
1단계: 희망 목표	
2단계: 예상 장애요소	3단계: 이용할 수 있는 자원
4단계: 구체적인 실천 계획	
5단계: 실천 점검 및 평가(　　/10)	

강의명:	
1단계: 희망 목표	
2단계: 예상 장애요소	3단계: 이용할 수 있는 자원
4단계: 구체적인 실천 계획	
5단계: 실천 점검 및 평가(　　/10)	

강의명:

1단계: 희망 목표

2단계: 예상 장애요소 | 3단계: 이용할 수 있는 자원

4단계: 구체적인 실천 계획

5단계: 실천 점검 및 평가(　　/10)

강의명:

1단계: 희망 목표

2단계: 예상 장애요소 | 3단계: 이용할 수 있는 자원

4단계: 구체적인 실천 계획

5단계: 실천 점검 및 평가(　　/10)

강의명:

1단계: 희망 목표

2단계: 예상 장애요소 | 3단계: 이용할 수 있는 자원

4단계: 구체적인 실천 계획

5단계: 실천 점검 및 평가(　　/10)

제1부

수업참여

1. 수업관리

공부를 잘하기 위한 기본전략은 수업에 적극적으로 참여하는 것이다. 수업에 앉아 있다고 학습이 저절로 일어나지는 않는다. 학습효과를 높이려면 경청의 자세와 더불어 수업과 관련한 콘텐츠를 스스로 찾아보고, 질문을 하는 등 적극적으로 수업에 참여해야 한다.

이 장에서는 적극적인 수업참여를 위한 방법으로 첫 수업에서 확인해야 하는 것과 수업 전-중-후 전략을 알아보고자 한다.

- 1.1 첫 수업에서 확인해야 할 것
- 1.2 수업 전–중–후 전략

1. 수업관리 : (1) 첫 수업에서 확인해야 할 것

- 수업목표와 내용, 성적 평가 방법, 주교재와 보조교재(자료)를 확인한다.
- 과제와 발표의 내용, 일정을 확인한다(팀 과제/개인 과제).
- 수업의 난이도와 교수자의 스타일을 파악한다.

첫 수업에 출석을 하지 않는 학생들에게 그 이유를 물어보면 종종 이렇게 대답합니다. 첫 수업시간은 수강정정 기간이고, 출석체크도 하지 않으니 결석을 해도 부담이 없다고 말입니다. 하지만 첫 수업이야말로 꼭 참여해야 하는 중요한 시간입니다. 첫 수업에서 얻는 정보가 그 학기의 성적을 좌우할 수 있기 때문입니다. 이 장에서는 첫 수업에서 어떤 정보를 얻는지, 무엇을 확인해야 하는지를 알려 줍니다.

• 수업목표와 내용, 성적 평가 방법, 주교재와 보조교재(자료) 확인

첫 수업에서는 해당 교과목의 성격과 수업진행 방법을 알려 주는 오리엔테이션이 이루어지기 때문에 성공적인 수업관리를 위해서는 첫 수업에 반드시 참석해야 합니다. 첫 수업 전에 강의계획서를 미리 준비하고 1회 정도 간단히 읽은 뒤 참여하면 교수의 설명을 이해하기 더 쉽습니다. 또한 수업운영에 궁금한 점이 있다면 꼭 질문을 해서 정확한 정보를 수집할 필요가 있습니다. 첫 수업에서 확인해야 할 내용은 다음과 같습니다.

① 수업목표와 내용

② 성적 평가 방법

③ 주교재와 보조교재(자료)

• 과제와 발표 내용, 일정 확인(팀 과제/개인 과제)

대학수업은 교수의 강의와 학생들의 팀 과제, 발표 등으로 이루어지며, 개인 과제를 추가로 제출하는 경우가 많습니다. 따라서 팀 과제와 개인 과제의 주제와 내용, 발표와 제출 일자 등을 정확하게 파악하고, 교수의 평가 기준을 명확하게 이해할 필요가 있습니다.

• 수업의 난이도, 교수자의 스타일 파악

수업의 난이도와 교수자의 스타일을 파악하면, 좋은 평가를 받기 위해 무엇을 해야 할지 아는 데 많은 도움이 됩니다. 그리고 학기 초에 교과목 간의 정보 비교는 학습의 우선순위를 설정하여 학습량과 학습시간을 분배하는 체계적인 학습계획을 세우는 데 도움을 줍니다.

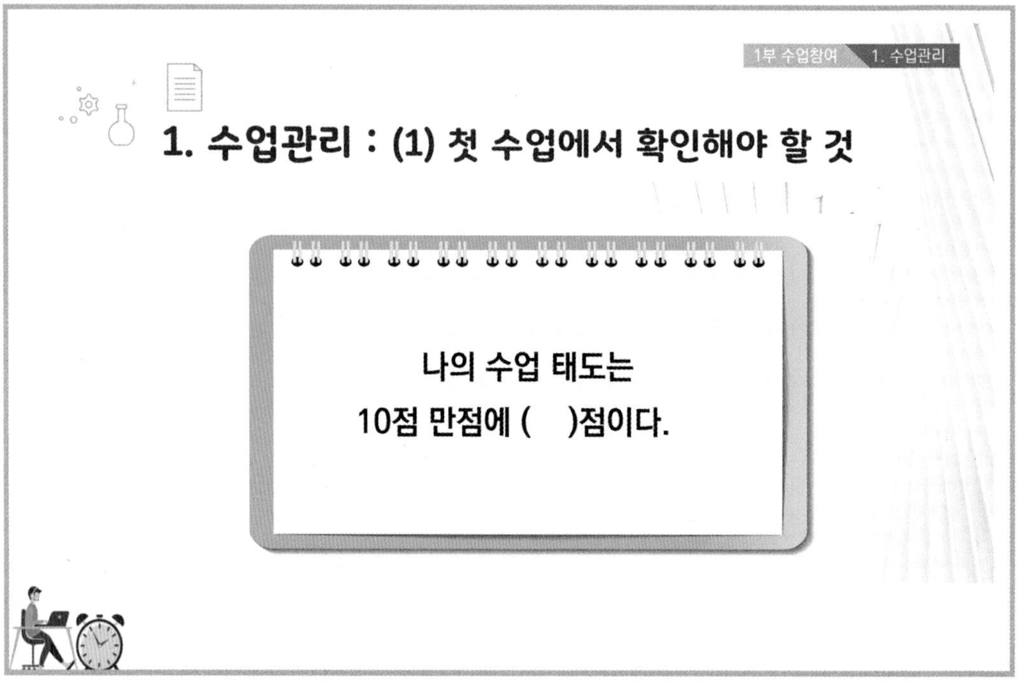

성공의 법칙 중 하나는 '기회는 준비된 자에게 온다'입니다. 효과적인 수업관리를 위해서는 교수자의 준비와 강의 내용만큼 수업에 참여하는 학습자의 태도도 중요합니다.

수업 전–중–후 전략을 알아보기에 앞서, 평상시 나의 수업태도는 10점 만점에 몇 점인지 스스로 체크해 보고, 어떤 점을 개선하면 좋을지도 스스로 생각해 보는 시간을 가져 봅시다.

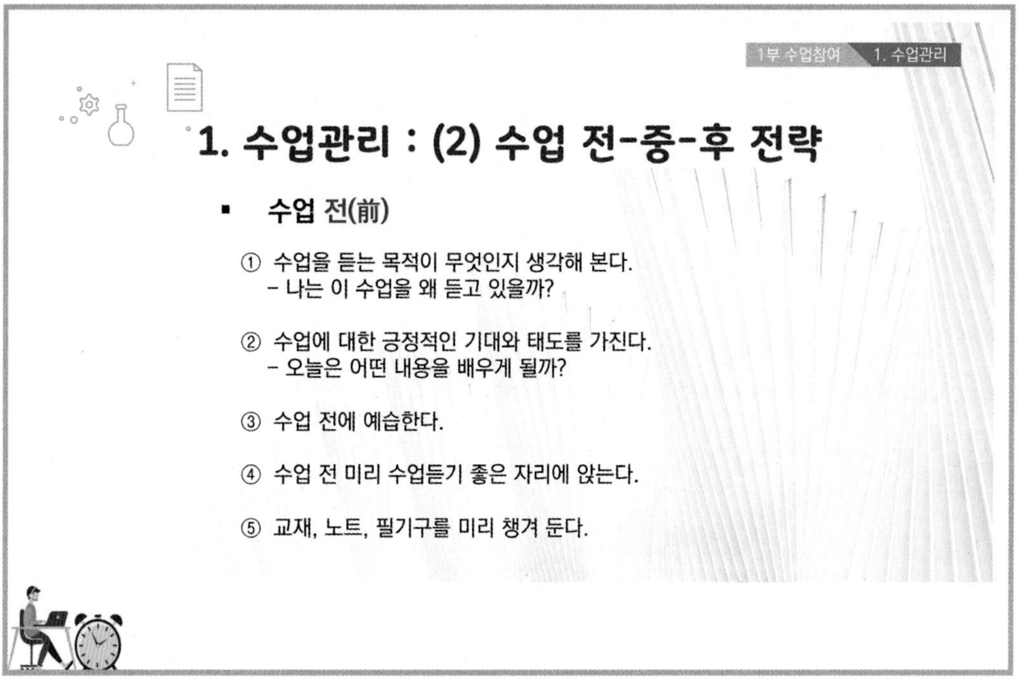

수업을 듣기 전에도 전략이 있다는 걸 알고 있나요? 너무 당연하지만 잘 지켜지지 않는 수업 전 준비 전략에 대해 알아보겠습니다.

• 나는 이 수업을 왜 듣고 있을까?

우리는 지각을 하지 않기 위해 택시까지 타고 학교를 왔는데 수업 내내 딴짓을 하기도 합니다. 그 이유는 뭘까요? 그건 바로 수업에 대한 목적, 즉 수업 동기가 없기 때문입니다. 수업 전에 '나는 이 수업을 왜 듣고 있을까?'를 생각하여 수업에 대한 의미를 찾아보시길 바랍니다.

• 오늘은 어떤 내용을 배우게 될까?

수업에 대한 긍정적인 기대와 태도는 적극적인 수업참여의 요인이 됩니다. 부정적인 생각과 태도는 뇌의 전두엽 부분이 활성화되는 것을 방해하여 응용이 필요하거나 심화

된 사고를 하는 것을 방해합니다. '오늘은 어떤 내용을 배우게 될까?', '교수님이 너무 좋아', '오늘 배울 수업내용이 기대돼'와 같은 생각을 수업 전에 떠올려 긍정적인 정서 상태가 되도록 노력해야 합니다. 그리고 수업시간에 '아 ~', '음 ~'과 같은 추임새를 하는 것도 긍정적인 정서를 유도하여 수업에 집중하는 데 많은 도움을 줍니다.

• 미리 수업준비를 해 볼까?

예습에는 여러 종류가 있습니다. 어려운 전공과목은 미리 어려운 용어와 공식을 정리해 두는 등 꼼꼼하게 예습을 하는 것이 좋지만 별도의 시간이 없다면 수업 전 5분이라도 예습을 하는 것을 추천합니다. 5분 예습은 교수님이 출석을 부르는 시간을 활용하여 미리 배울 내용의 목차와 제목, 도표 등을 읽어 보는 것입니다. 이를 통해 수업 전체의 흐름을 알 수 있고 중요한 것이 무엇인지 파악하는 데 도움이 됩니다.

• 어디 앉으면 수업에 집중하기 좋을까?

수업 전에 수업 듣기 좋은 자리를 미리 확보하는 것이 좋습니다. 교탁을 중심으로 교실에 크게 다이아몬드를 그려 보세요. 다이아몬드 영역 안에 속하는 곳이 교수와 상호작용이 잘되는 수업을 듣기 좋은 자리입니다.

• 교재, 노트, 필기구는 잘 챙겼나요?

수업의 기본인 교재와 노트, 필기구를 잘 챙겼는지 미리 확인하여 수업시간이 산만해지지 않도록 합니다.

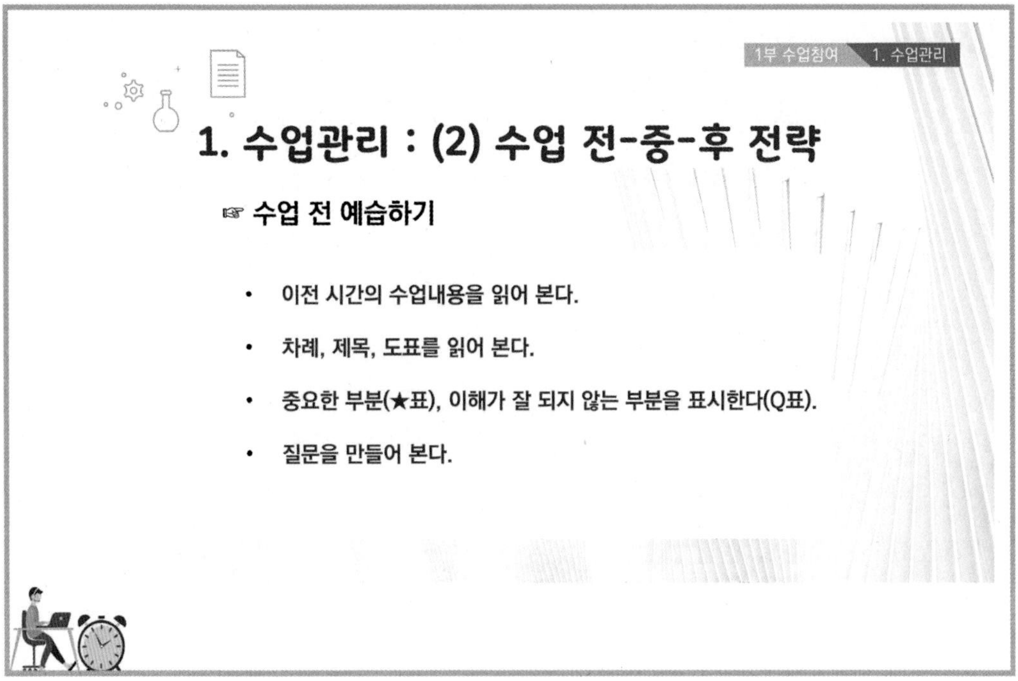

수업 전에 간단한 예습을 하는 방법은 다음과 같습니다.

• 이전 시간의 수업내용 읽어 보기

본 수업의 내용을 예습할 때 전 시간의 수업내용을 다시 한 번 읽어 보면 본 수업에 대한 이해가 잘될 수 있습니다.

• 차례, 제목, 도표를 읽어 보기

배울 내용에 대한 차례나 제목, 도표 등을 미리 훑어보는 것만으로도 이번 수업내용을 예측할 수 있습니다.

• 중요한 부분을 표시하며 읽기

예습을 하면서 중요한 내용과 이해가 잘 안 되는 부분은 표시하며 읽습니다. 수업 시간에 교수가 중요하다고 언급하는 부분과 비교해 가며 수업을 듣는다면 집중도가 저절로 높아질 수 있습니다. 이해가 잘 되지 않는 내용이 나와도 집중력을 높일 수 있습니다.

• 질문 만들어 보기

예습을 하며 궁금한 것에 대한 질문을 만들어 봅니다. 실제 수업에서 교수가 질문과 관련된 부분을 설명할 때 호기심이 생겨서 집중하게 될 뿐만 아니라 질문에 대한 해답을 찾을 경우 성취감을 느껴 수업에 재미를 느낄 수도 있습니다. 수업에 적극적으로 참여하는 방법으로 '질문'만큼 효과적인 전략은 없습니다.

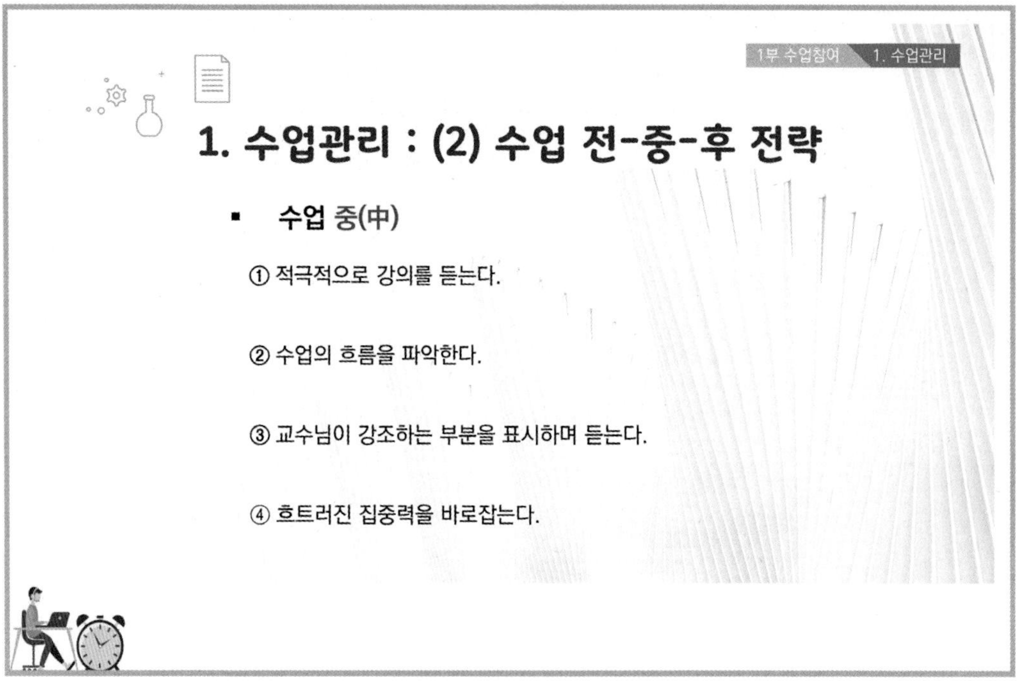

수업 중 수업에 집중할 수 있는 전략은 다음과 같습니다.

• 적극적으로 강의 듣기

교수님과 시선을 맞추고 상호작용을 하거나 모르는 내용에 대해 질문하는 등 자신에게 맞는 방법을 찾아 적극적으로 강의를 듣고자 노력합니다.

• 수업의 흐름 파악하기

수업의 핵심과 목표를 항상 생각하면서 수업을 들어야 합니다. 지금 하고 있는 내용이 전체 내용 중 어느 부분에 해당하는지 파악할 필요가 있습니다.

• 교수님이 강조하는 부분 표시하며 듣기

수업내용 중에 중요한 내용이나 시험에 나올 만한 내용이 무엇인지 생각하는 것만으로도 수업에 집중하는 데 큰 도움이 됩니다. 그러므로 교수님이 수업 중에 강조하거나 중요하다고 하는 내용은 밑줄을 긋거나 별표(★) 등으로 표시를 하면서 수업을 듣는 것이 필요합니다.

- **흐트러진 집중력 바로잡기**

수업 중간마다 흐트러진 집중력을 바로잡기 위해 노력을 합니다. 그 방법으로 바른 자세를 유지하려고 노력하거나 가벼운 스트레칭을 틈틈이 하는 것이 도움이 됩니다. 또한 수업내용을 가만히 앉아서 듣기보다는 필기를 하면서 듣는 것도 집중하는 데 도움이 될 것입니다.

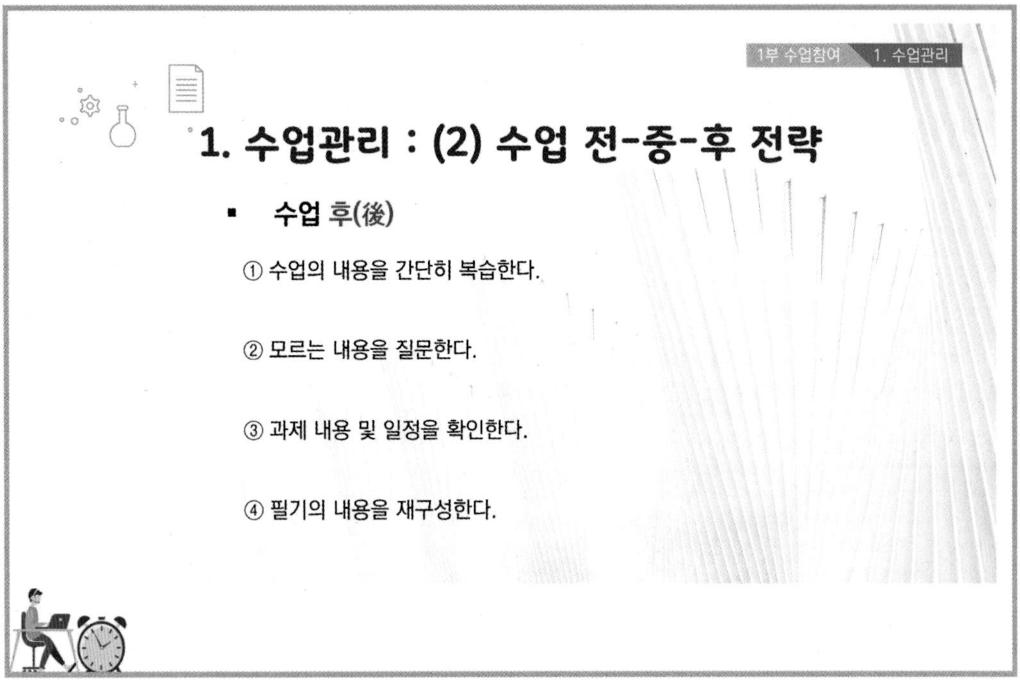

수업 후 수업의 효과를 극대화할 수 있는 전략은 다음과 같습니다.

• 수업내용 간단히 복습하기

수업내용 요약하기, 핵심 키워드 뽑기, 간단한 연습문제 풀기 등으로 간단히 복습합니다.

• 모르는 내용 질문하기

예습과 수업 도중에 이해가 되지 않는 부분은 표시했다가 수업이 끝난 뒤에라도 꼭 질문하도록 노력합니다. 그 과정에서 수업내용을 좀 더 깊이 이해할 수 있으며, 질문을 주고받는 과정에서 학업동기가 더 높아질 수 있습니다.

- **과제 내용 및 일정 확인하기**

과제는 성적 평가에 많은 영향을 미칩니다. 따라서 수업시간에 관련된 정보를 꼼꼼히 확인하며, 교수가 제시한 과제의 의도를 잘 파악하는 것이 중요합니다. 그리고 과제의 마감시간도 중요하니 과제 제출일을 확인하면서 여유 있게 준비할 필요가 있습니다.

- **필기의 재구성**

수업내용 중에서 필기를 놓친 부분은 보충하고 불필요한 부분을 삭제합니다. 필기를 재구성하는 과정 속에서 저절로 복습하는 효과가 있습니다.

2. 교재 이해를 위한 읽기

대학에서 이루어지는 대부분 수업에는 주교재, 부교재 및 참고자료가 선정되어 강의계획서에 제시되어 있다. 수업 전에는 적어도 주교재 내용 전체를 파악하는 정도로 읽고 수업 중에는 주교재 내용의 핵심 내용을 이해하려고 노력하며 읽어야 한다. 수업을 듣고 난 후 다시 한 번 주교재 내용을 읽고 내용을 이해하고 있는지 요약을 통해 점검할 필요가 있다. 그리고 시험준비 시 주교재, 부교재 및 참고자료를 다시 읽으며 내용을 모두 이해하고 핵심 내용을 기억해야 한다.

교재를 읽고 이해한다는 것은 그 내용을 스스로 요약하여 자신의 말과 글로 설명할 수 있다는 것이다. 이 장에서 여러 활동을 하면서 현재 사용하고 있는 읽기 방법을 점검하고, 교재를 이해하는 데 필요한 다양한 읽기 전략을 알 수 있을 것이다.

- 2.1 나의 현재 읽기 상태는?
- 2.2 대학교재 읽기를 어렵게 만드는 요인
- 2.3 교재 읽기 Tips
- 2.4 3분의 1로 나눠 읽기
- 2.5 전문용어 사전 만들기
- 2.6 이해 수준 점검
- 2.7 모르는 것 찾아보기
- 2.8 3가지 읽기 전략

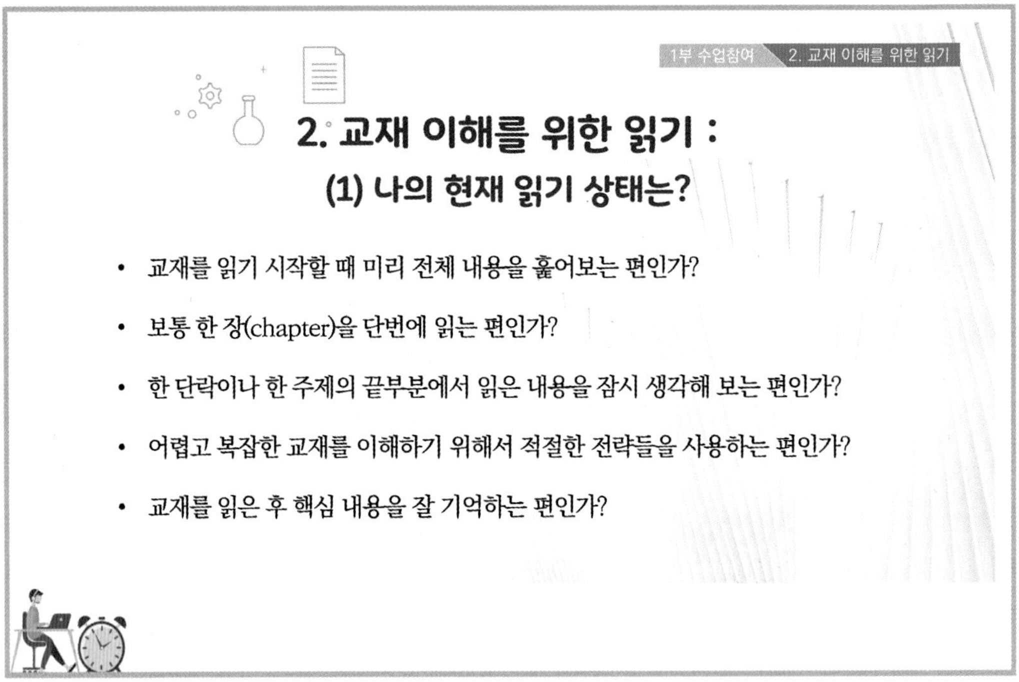

현재 여러분은 교재를 어떤 방법으로 이해하고 있습니까? 많은 양의 전문적인 지식이 포함된 교재를 깊이 이해하기 위해서는 여러 가지 이해 전략이 필요합니다. 여러분은 이미 자기만의 이해 전략을 가지고 있을 것입니다. 보다 효과적으로 글을 깊게 이해하기 위해서는 현재 여러분이 사용하고 있는 전략이 무엇인지 확인하고 부족한 전략을 개발할 필요가 있습니다. 1학기 동안(15~16주) 여러분은 5~6권의 책을 마스터해야 하기 때문입니다. 이 시간에는 읽기 습관 검사 문항을 통해 현재 여러분의 읽기 상태를 확인하겠습니다. 아래 다섯 가지 질문을 통해 현재 자신의 글 읽기 상태를 점검하길 바랍니다.

• 교재를 읽을 때 우선 전체 내용을 훑어보나요?

처음부터 정독을 하는 것보다 전체 내용을 훑어보고 교재를 읽으면 내용의 주제를 미리 파악하고 주제와 관련된 사전지식을 활성화할 수 있어 이해해야 할 내용을 보다 쉽게 이해할 수 있습니다.

• 교재를 읽을 때 한 번에 얼마나 읽는 편인가요?

대부분 대학 교재의 한 장(chapter)은 길고, 작은 글씨로 되어 있는데 이는 읽는 데 시간이 많이 걸린다는 것을 의미합니다. 그럼에도 불구하고 계속 읽는다면 여러분은 지루해질 것이고, 피곤해서 읽은 내용이 무엇인지 생각나지 않을 것입니다. 한 장을 읽을 때 한 번에 읽는 편이 좋을지 나눠 읽는 편이 좋을지 생각해야 합니다. 그러나 과목에 따라 한 장(chapter)을 한 번에 다 읽어야 하는 경우도 있으니 교과목의 특성을 파악하여 방법을 정하는 것이 좋습니다.

• 읽는 동안 읽은 내용을 점검하면서 이해하나요?

교재의 내용들은 서로 연결되어 있습니다. 여러분은 읽다가 마지막 부분을 읽고 난 후 앞의 읽었던 내용이 기억나지 않았던 경험이 있을 것입니다. 이는 연결 관계를 점검하지 않고 읽었을 때 나타나는 현상입니다. 처음부터 끝까지 읽었다고 해서 내용을 완벽하게 이해했다고 할 수 없습니다. 그러므로 읽는 동안 한 단락이나 한 주제의 끝부분에서 읽은 내용을 잠시 정리하고, 다음에 어떤 내용이 전개될 것인가에 대해 미리 생각해 보는 것이 필요합니다.

• 교재를 읽을 때 다양한 읽기 전략을 사용하나요?

교재에는 다양한 내용들이 포함되어 있습니다. 어렵거나 쉬운 내용, 문제와 해결방안이 있는 내용, 설명과 예시가 있는 내용 등이 있습니다. 한 가지 읽기 전략으로 모든 내용을 이해하기는 어렵습니다. 그러므로 이해 과정에 필요한 전략을 배워야 합니다.

• 읽은 후 읽은 내용을 요약정리할 수 있나요?

요약정리가 가능하다는 것은 읽은 내용의 핵심 내용을 잘 파악하고 말이나 글로 표현할 수 있다는 것을 의미합니다. 요약정리는 이해를 확인하는 하나의 방법으로 교재 이해를 위한 읽기에서 가장 중요한 것이라 할 수 있습니다.

2. 교재 이해를 위한 읽기 :
(1) 나의 현재 읽기 상태는?

(1번: 거의 사용하지 않음 , 2번: 가끔 사용함, 3번: 종종 사용함, 4번: 자주 사용함)

번호	내 용	1	2	3	4
1	책을 읽기 전에 어떻게 하면 효과적으로 읽을 수 있을지 생각해 본다.				
2	어려운 내용의 책을 읽을 때는 이에 맞추어 천천히 혹은 더욱 집중하여 읽는다.				
3	책을 읽을 때 이해되지 않는 부분은 표시해 두었다가 다시 한 번 천천히 읽어 본다.				
4	책의 내용을 이해했는지 확인하기 위해 스스로 질문해 본다.				
5	책의 내용을 다른 책이나 강의 중에 들은 내용과 연결하여 생각한다.				
6	책의 내용에 대한 구체적인 예를 찾아본다.				
7	책의 내용을 내 말로 다시 설명해 본다.				
8	책의 내용을 잘 기억하기 위해 중요한 부분은 요점정리를 해 둔다.				
9	책을 읽으면서 중요한 내용을 별도로 다시 정리한다.				
10	글의 내용을 다시 한 번 비판적으로 생각해 본다.				

출처 : 김혜은, 김수정 (2008)

위의 10개의 문항은 평소에 글을 읽을 때 어떤 습관이 있는지를 알아보는 것입니다.

- 최고 점수는 40점이며 30점 이상의 점수를 받았다면 읽기 전략이 양호한 편이나 책 읽는 방법을 개선하면 좀 더 효과적인 글 읽기를 할 수 있습니다.

- 중간 점수인 20점 이하의 점수를 받았다면 심각하게 자신의 글 읽기 전략을 검토해야 합니다. 낮은 점수의 문항을 살펴보고 부족한 전략을 확인해 보기 바랍니다.

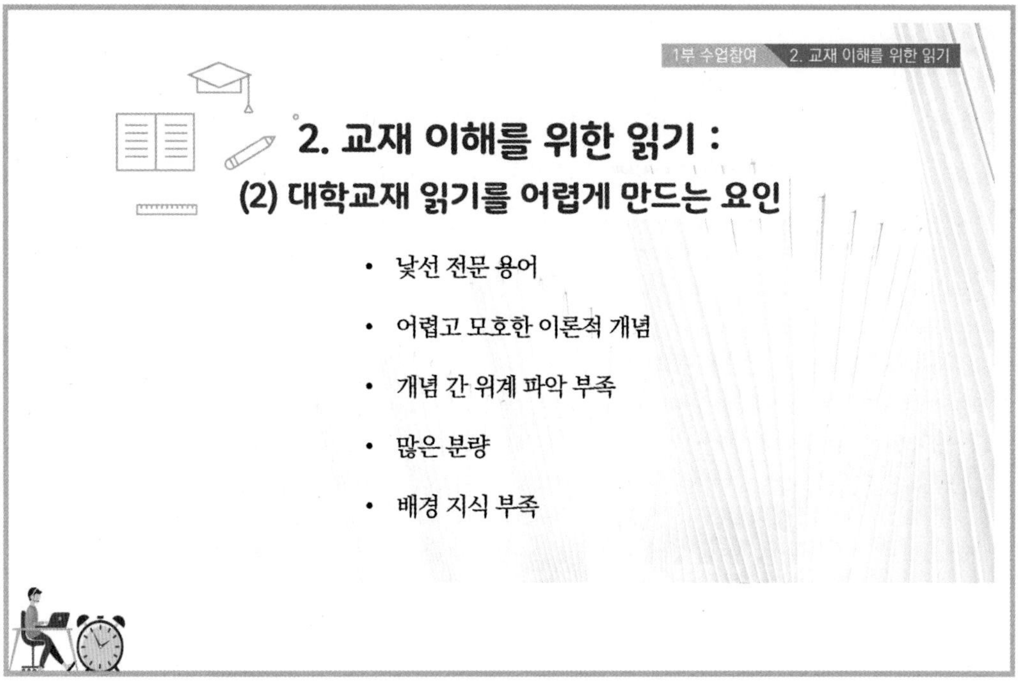

대학교재는 고등학교 교재와 다르다는 것을 모두 알고 있습니다. 대학교재를 미리 읽고 수업에 참여하는 것은 참 어렵습니다. 여러 가지 어려운 이유가 있겠지만 가장 어렵게 만드는 이유 다섯 가지에 대해 알아보겠습니다. 이유를 알면 극복할 수 있는 방법을 찾아 어려움을 해결할 수 있습니다.

• 낯선 전문 용어

각 전공 영역의 지식은 전문적인 용어로 서술되어 있습니다. 전문적인 용어는 추상적이므로 머릿속에 이미지로 만들기 어렵습니다. 그리고 한자어 또는 영어로 되어 있는 경우가 많습니다. 그래서 한 번에 읽고 무슨 의미인지 파악하기 어렵습니다. 그러므로 대학교재를 이해하기 위해 평소에 전공 영역의 용어를 개념 정리해 두는 것이 필요합니다. 또는 대학교재 뒷부분에 정리되어 있는 용어 사전을 활용하는 것도 도움이 됩니다.

• 이론적 개념

특정 이론들은 이론을 설명하기 위해 필요한 용어를 사용하여 설명합니다. 그러면 새로운 용어들에 대한 개념을 형성하고 있어야 하기 때문에 이해하는 데 시간이 많이 걸립니다. 수업시간에 교수님께서 예를 들어 설명해 주시면 이론적 개념을 좀 더 쉽게 이해할 수 있기 때문에 수업시간에 집중하여 듣는 것이 중요합니다.

• 개념 간 위계 파악 부족

전문용어, 이론적 개념들은 모두 전문지식을 설명하기 위한 것입니다. 그래서 용어, 개념을 이해하는 데 많은 시간을 할애하다 보니 개념들 간의 포함 관계가 어떻게 되는지 생각하면서 읽기 어렵습니다. 왜냐하면 대학교재는 친절하게 개념 간 위계를 설명하지 않기 때문입니다. 내용을 이해하면서 상위개념과 하위개념 간의 포함 관계를 이해하기 위한 전략, 즉 다이어그램, 마인드맵 등을 알아 둘 필요가 있습니다.

• 많은 분량

대부분의 대학교재는 두껍고 많은 장(Chapter)과 작은 글씨로 되어 있습니다. 많은 분량으로 구성되어 있기 때문에 읽기 어렵고, 시간도 많이 걸립니다. 그래서 여러 번 읽어야 하는 수고를 해야 합니다. 한 번 읽고 많은 분량을 이해할 수는 없습니다. 그러므로 많은 분량을 효과적으로 나누어서 읽을 수 있는 방법을 찾아야 합니다.

• 배경지식 부족

글을 읽을 때 주제와 관련된 내용을 많이 알고 있으면 글 내용을 쉽고 재미있게 이해할 수 있습니다. 하지만 한 번도 본 적이 없는 전문용어와 관련된 내용을 많이 알지는 못합니다. 이런 용어는 접해 본 경험이 없으므로 머리가 친숙하게 인지하지 못해서 이해하는 데 어려움이 생깁니다. 즉 읽어야 하는 교재의 내용과 관련해서 알고 있는 내용이 있어야 하는데 그렇지 않을 경우 더욱더 글을 읽기 어렵습니다.

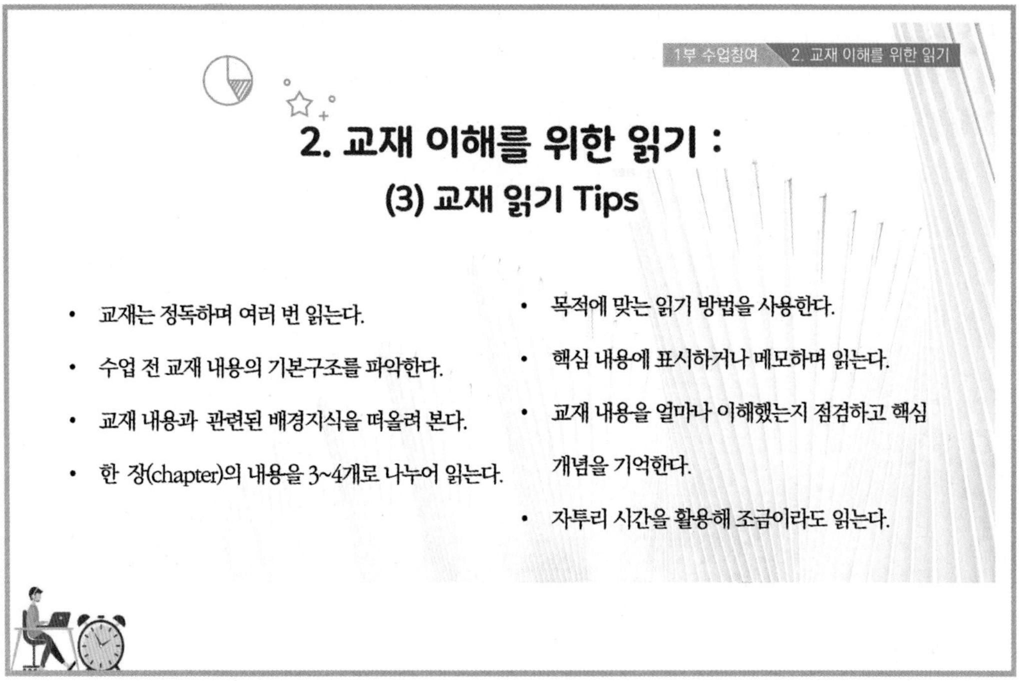

• 교재는 정독하며 여러 번 읽기

교재는 한 번 읽어서 절대 이해할 수 없습니다. 여러 번 반복해서 읽으면 반복하는 횟수가 증가할 때마다 점점 깊이 있게 이해할 수 있습니다.

• 수업 전 교재 내용의 기본구조 파악하기

교재는 내용들을 논리적으로 전개하기 위한 틀로 구성되어 있습니다. 이러한 틀이 기본구조라고 할 수 있습니다. 장을 볼 때는 제목, 도입부, 소제목, 도표 및 요약문, 형성평가 문제 등 어떻게 전개되고 있는지 확인할 필요가 있습니다. 나아가 내용이 구체적으로 전개될 때 첫 번째 단락에 핵심 내용이 있고, 마지막 단락에 내용이 요약되어 있는지 확인해 보기 바랍니다. 교재마다 내용의 기본구조는 다릅니다. 기본구조를 파악하게 되면 내용을 구조에 따라 조직화하여 이해할 수 있습니다.

• 교재 내용과 관련된 배경지식 떠올리기

배경지식은 읽기를 할 때 독자가 이미 가지고 있는 '내용 지식'과 '개인적인 경험'을 말합니다. 교재 내용과 독자의 사전지식을 연결하게 되면 내용의 재구조화 과정을 거치게 되므로 교재 내용을 기억하고 이해하는 것을 향상시킬 수 있습니다.

• 한 장(chapter)의 분량을 나누어 읽기

한 장은 30~50쪽으로 구성되어 있습니다. 10쪽이든 20쪽이든 분량을 나누어 처음부터 끝까지 읽는 데 걸리는 시간을 기록해 봅니다. 그러면 시간관리 전략을 함께 사용하여 읽기 속도를 유지시켜 주고 집중력도 유지할 수 있게 합니다.

• 목적에 맞는 읽기 방법 사용하기

수업을 준비하기 위해서 교재를 읽을 때와 시험을 준비하기 위해서 읽을 때 다른 읽기 전략을 사용해야 합니다. 읽기 전에 왜 교재를 읽으려고 하는지 스스로 질문하게 되면 읽기 동기를 형성할 뿐만 아니라 목적에 맞는 읽기 전략을 사용할 수 있게 됩니다.

• 핵심 내용에 표시하며 읽기

교재의 내용이 모두 중요한 것은 아닙니다. 중요한 내용과 그렇지 않은 내용을 구분하는 것은 글을 이해하는 데 중요합니다. 읽으면서 핵심 내용이 포함되어 있는 핵심 내용에 줄을 그어 표시하거나 핵심 문장이 없는 경우에는 직접 핵심 문장을 만들어 메모할 필요가 있습니다. 핵심 내용을 파악하기 위해서 '지금 읽은 내용을 한두 문장으로 요약한다면 어떻게 요약할 수 있을까?'를 스스로 질문해 보는 것도 핵심 내용을 찾는 데 도움이 됩니다.

• 읽으면서 이해한 내용 점검하기

규칙적으로 읽기를 멈추고 글의 내용을 이해했는지 확인해야 합니다. 주제와 사전지식과 관련되어 있는 새로운 정보들이 어떻게 관련되는지 연결 관계를 만들어 보거나 정해진 분량을 다 읽은 후 잠시 멈추고, 읽고 이해한 내용에 대해 스스로 질문을 하면 읽은 내용을 구조화하는 데 도움이 될 뿐만 아니라 기억하는 데도 도움이 됩니다.

- **자투리 시간 활용하기**

대중교통을 이용하여 이동할 때나 공강시간 등을 활용하여 짧은 시간 동안 집중도 있게 읽는 것도 교재 내용을 이해하는 데 도움이 될 것입니다.

1부 수업참여 2. 교재 이해를 위한 읽기

2. 교재 이해를 위한 읽기 :
(4) 3분의 1로 나눠 읽기

1. 단원의 제목과 소제목을 훑어 읽는다.
2. 한 단원을 세 부분으로 나눈다(단, 분량이 30쪽 미만이면 두 부분으로 나눈다).
3. 3분의 1로 나눈 첫 부분을 읽는다. 그리고 교재는 2번 이상 읽는다.
4. 첫 번째 읽을 때, 빠른 속도로 읽으며 모르는 용어는 연필로 네모치기 한다.
5. 두 번째 읽을 때, 천천히 읽으며 핵심 내용에 연필로 밑줄을 긋는다 .
6. 읽은 내용을 머릿속으로 떠올려 보거나 노트에 개략적으로 써 본다.
7. 이해가 되지 않는 내용이나 기억이 나지 않는 내용만 다시 한 번 읽는다.
8. 단원의 나머지 부분도 3-7번의 방식으로 읽는다.

대부분의 학생들은 교재를 읽을 때 처음부터 정독을 하면서 읽습니다. 그래서 항상 교재 앞부분에 열심히 읽은 흔적이 있고 뒷부분에는 그 흔적을 찾아보기 힘듭니다. 왜 그런 것일까요? 한꺼번에 많은 양을 읽고 이해하기 위해서입니다. 하지만 우리 뇌의 집중력과 기억력은 한계가 있기 때문에 그렇게 읽는 것은 이해를 위한 글 읽기라 할 수 없습니다. 지금의 활동은 교재를 읽을 때 분량을 나누어 글의 의미를 파악하면서 읽을 수 있는 전략을 제시하고 있습니다. 제시되는 절차대로 교재를 읽으면 교재 읽는 것이 부담스럽지 않을 것입니다. 그러나 절차대로 읽으면 처음에는 시간이 많이 소요되고 힘들 수도 있습니다. 왜냐하면 처음 시도해 보는 방법이라서 익숙하지 않기 때문입니다. 하지만 3번 반복해서 하게 되면 곧 익숙해지고 교재를 읽는 것이 더 이상 부담스러운 일이 되지 않을 것입니다. 당연히 이해도 잘될 것입니다. 위의 전략을 직접 행동으로 실천해 보고, 실천할 때 실제 걸리는 시간을 기록합니다. 걸리는 시간을 측정하면 이 시간을 기준으로 읽기 시간관리를 할 수 있습니다.

2. 교재 이해를 위한 읽기 :
(5) 전문용어 사전 만들기

1. 노트의 첫 페이지부터 20장은 전문용어 정리용으로 비워 둔다.
2. 노트 한 장에 한 주차 교재에서 다뤄지는 전문용어를 정리한다.
3. 노트의 한 페이지를 두 단으로 나눈다.
4. 노트의 왼쪽에는 전문용어를 파란색 펜으로 쓴다.
5. 노트의 오른쪽에는 전문용어의 개념이나 정의를 검은색 펜이나 연필로 쓴다.
6. 수업시간에 교수님이 강조한 전문용어를 형광펜으로 표시한다.

대학교재를 읽는 중에 잠시 멈추게 되는 경우가 있습니다. 잠시 멈추는 지점에는 항상 익숙하지 않은, 전문적인, 한자로 된 또는 영어로 된 추상적인 용어가 제시되어 있습니다. 교재에서 제시되는 전문용어는 기본적인 개념이라고 할 수 있습니다. 기본적인 개념이 제대로 정리되어 있지 않으면 교재를 읽을 때 멈추는 횟수가 많아집니다. 그러면 읽는 속도도 느려지고, 지금 읽고 있는 문장에서 다시 뒤돌아가게 되고, 읽는 시간도 길어지고, 읽는 내용이 무슨 의미인지 파악하기 어려워지게 됩니다. 따라서 전문용어를 잘 정리해야 합니다. 영어 사전처럼 전문용어 사전을 만들면 교재를 좀 더 빠르게 읽고, 쉽게 이해할 수 있게 됩니다.

참고로 교재를 잘 살펴보면 전문용어에 대한 정의나 개념은 진한 볼드체로 표시되어 있습니다. 어떤 교재는 교재 뒷부분에 용어 사전이 부록에 있기도 합니다. 부록을 살펴보고 용어 사전 만들 때 활용하는 것도 좋은 방법입니다.

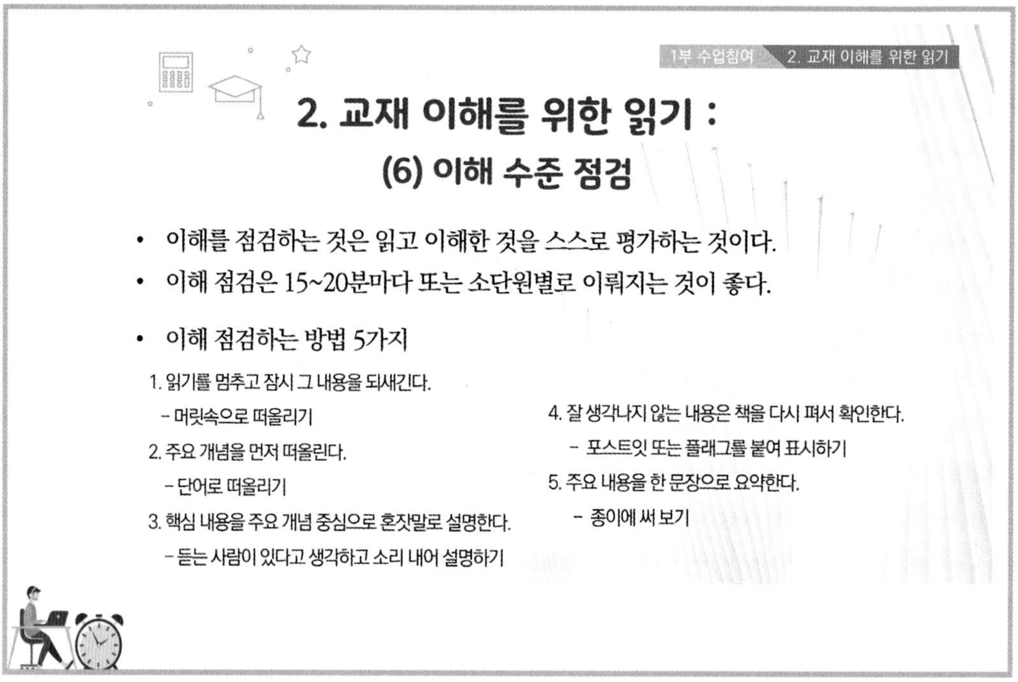

교재를 읽을 때 기계적으로 읽는 경우가 있습니다. 이해하지 않고 읽은 내용은 어떤 의미였는지 기억나지 않습니다. 그래서 교재를 읽고 이해한 내용을 스스로 평가하는 점검의 과정이 필요합니다. 이해 수준 점검을 통해 스스로 이해한 내용과 그렇지 않은 내용을 확인하고, 이해가 잘 안 되는 부분을 해결할 수 있습니다. 대학교재는 한 페이지에 많은 양의 정보를 담고 있으므로, 한 번에 많은 양을 읽고 이해했는지를 점검하는 것은 쉽지 않습니다. 그러므로 이해 점검은 15~20분마다 혹은 소단원 또는 소단원을 몇 개의 부분으로 나누어 읽고 난 다음에 하는 것이 이해하는 데 도움이 됩니다. 이해 점검을 할 때는 다음의 다섯 가지 방법을 사용할 수 있습니다.

• 읽기를 멈추고 읽은 내용 되새기기

먼저 스스로 정한 교재의 분량을 읽은 다음 잠시 멈추고 읽은 내용을 머릿속으로 떠올려 봅니다.

• 주요 개념 떠올리기

떠올릴 때는 주요 개념(핵심 단어, 단원명, 소단원명, 교재에 진하게 표시되어 있는 단어)을 먼저 떠올려 봅니다.

• 핵심 내용을 주요 개념 중심으로 설명하기

주요 개념을 사용하여 전반적인 핵심 내용을 소리 내어 말로 설명해 봅니다. 이때 여러분의 설명을 누군가가 이해하기 위해 듣고 있다고 가정하고 설명합니다. 설명하다 보면 잘 생각나지 않아서 설명이 안 되는 부분이 있을 겁니다. 그 부분은 내용을 다시 한 번 확인하여 이해를 한 다음, 다음으로 넘어가야 합니다.

• 잘 생각나지 않는 내용을 다시 확인하기

그 부분은 책을 다시 펴서 확인합니다. 그 부분은 포스트잇이나 플래그를 붙여 표시하고 1~2번 반복해서 읽고 내용을 점검합니다.

• 주요 내용을 한 문장으로 요약하기

여러분이 이해를 확실하게 점검하고 싶다면 읽은 내용을 종이에 한 문장으로 적어 봅니다. 이런 방법을 사용하면 여러분은 읽고 이해한 것을 스스로 평가할 수 있게 됩니다.

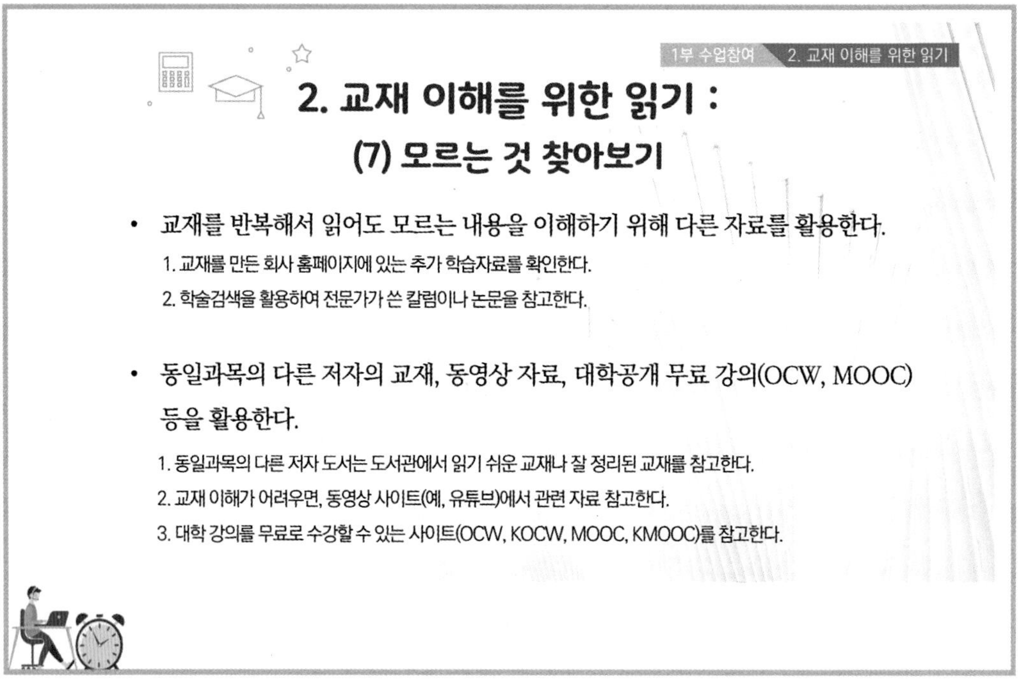

대학교재는 이론적인, 전문적인 용어들로 구성되어 있기 때문에 교재 내용으로만 이해하기 어려운 경우가 있습니다. 이럴 때는 어떻게 해야 할까요? 어떤 학생들은 모르는 내용, 즉 이해하기 힘든 내용은 나중에 알아본다고 생각한 다음 잊어버리고 확인하지 않은 채 그 다음 내용을 배우게 됩니다. 이렇게 하면 모르는 내용이 누적되어 교재 읽기를 포기하게 됩니다. 어떤 학생들은 이해하기 힘든 내용을 알기 위해 여러 관련 자료를 찾아봅니다. 여러분은 두 종류의 학생 중에서 어떤 학생입니까? 이 시간에는 모르는 내용을 확인할 수 있는 방법에 대해 소개하겠습니다.

• 모르는 내용을 이해하기 위해 다른 자료 활용하기

대학교재를 반복해서 읽어도 모르는 내용이 계속 생긴다면 관련된 다른 자료를 꼭 활용해야 합니다. 첫째, 교재를 만든 회사 홈페이지에 있는 추가 학습 자료를 확인할 수도 있습니다. 둘째, 학교 도서관에 홈페이지에 연결되어 있는 전문적인 자료 검색 사이트를 참고할 수 있습니다. 대부분의 대학 도서관은 국내, 국외 전문가가 쓴 논문을 검색하고 파일로 다운로드 할 수 있는 서비스를 제공하고 있습니다. 도서관 홈페이지에서 제공하는 전자 자료를 활용하는 것도 도움이 됩니다. 학교 도서관에 연결된 국회도서관, RISS 등을 활용할 수 있습니다.

- **동일과목 다른 저자의 교재, 동영상 자료 및 대학공개 무료 강의 활용하기**

동일 교과목의 다른 저자 교재나 동영상 자료를 활용해 봅니다. 요즘에는 온라인 교육 제공 사이트를 무료로 활용할 수 있습니다. 온라인 교육을 듣고 교재를 읽으면 내용을 더 쉽게 이해할 수 있습니다. 무료 제공 사이트는 아래와 같으니 참고하시기 바랍니다.

- OCW http://www.oeconsortium.org/ 오픈 코스워크 컨소시엄, 세계 대학강좌 온라인 교육 제공 사이트입니다.
- KOCW http://www.kmooc.kr/ KOCW(Korea Open CourseWare)는 한국교육학술정보원(KERIS)에서 제공하는 고등교육 교수학습자료 공동활용 서비스로 KOCW 사이트를 통해 국내 대학 및 기관에서 개발한 우수 고등교육 이러닝 콘텐츠와 해외 고등교육기관들의 강의 자료를 무료로 이용할 수 있습니다.
- MOOC http://mooc.org/ MOOC(Massive Open Online Course)란 수강인원에 제한 없이(Massive), 모든 사람이 수강 가능하며(Open), 웹 기반으로(Online) 미리 정의된 학습목표를 위해 구성된 강좌(Course)를 말합니다.
- K-MOOC http://www.kmooc.kr/ 한국형 MOOC입니다.

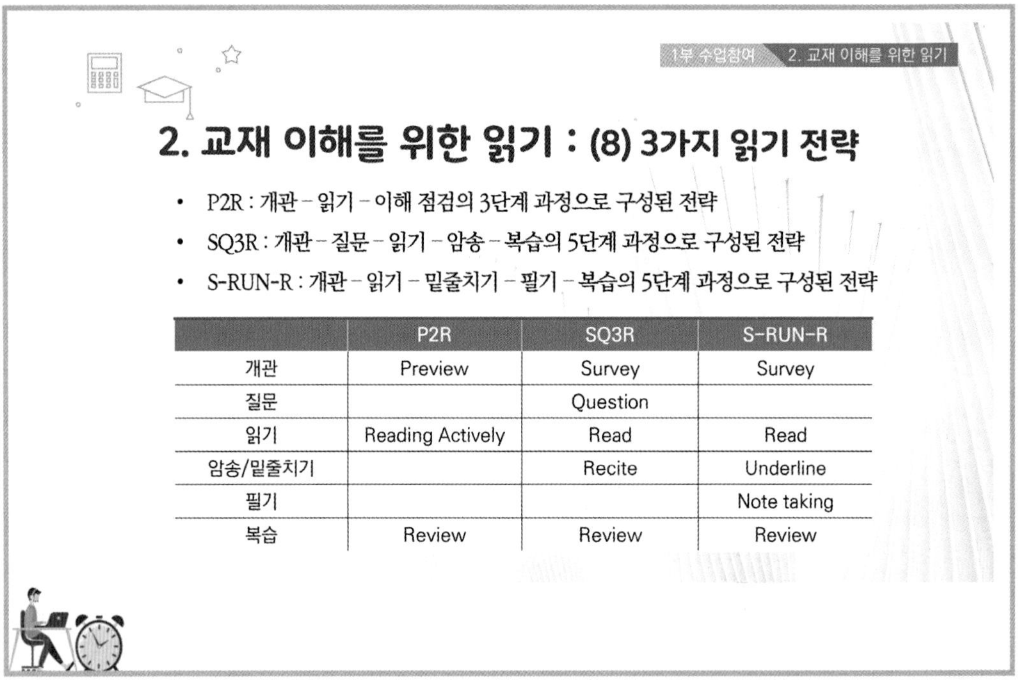

2. 교재 이해를 위한 읽기 : (8) 3가지 읽기 전략

- P2R : 개관 – 읽기 – 이해 점검의 3단계 과정으로 구성된 전략
- SQ3R : 개관 – 질문 – 읽기 – 암송 – 복습의 5단계 과정으로 구성된 전략
- S-RUN-R : 개관 – 읽기 – 밑줄치기 – 필기 – 복습의 5단계 과정으로 구성된 전략

	P2R	SQ3R	S-RUN-R
개관	Preview	Survey	Survey
질문		Question	
읽기	Reading Actively	Read	Read
암송/밑줄치기		Recite	Underline
필기			Note taking
복습	Review	Review	Review

교재 읽기 과정은 세 부분으로 구분할 수 있습니다. 읽기 전, 읽기 중, 읽기 후입니다. 여러분은 각자 이미 형성된 읽기 습관으로 교재를 읽기 때문에 어떻게 읽고 있는지 인지하지 못하면 읽기 습관을 쉽게 고치기 어렵습니다. 대부분 읽는 것에만 초점을 맞추고 읽기 전에 예습하는 것과 읽고 난 후에 복습하는 것에 대한 중요성을 알면서도 잘 실천하지 않게 됩니다. 하지만 실제 행동으로 옮길 수 있는 전략을 시도하고 자신에게 맞는 방법을 찾아 반복적으로 사용하게 된다면 효과적인 예습, 복습 전략을 활용할 수 있게 될 것입니다.

• P2R 전략

P2R은 Preview, Reading Actively, Review를 의미합니다. P2R은 한 개의 단원이나 한 개의 장을 읽을 때 유용한 전략입니다.

• SQ3R 전략

SQ3R은 Survey, Question, Read, Recite, Review를 의미합니다. SQ3R은 가장 오래되고, 효과성이 입증된 전략입니다.

• S-RUN-R 전략

S－RUN－R은 SQ3R을 변형한 것으로 Nancy Baily가 창안한 방법입니다. Survey, Read, Underline, Note taking, Review를 의미합니다.

• 3가지 읽기 전략의 공통점과 차이점

3가지 읽기 전략 간에는 공통점과 차이점이 있습니다. 공통점과 차이점을 알면 필요에 따라 전략을 사용할 수 있습니다. P2R은 훑어보기, 적극적으로 읽기, 복습하기를 통해 자료의 이해를 높일 수 있습니다. 또한 배경지식을 쌓도록 도와주며 각 단원을 읽는 시간을 줄여 주고, 흥미를 증가시켜 수업준비 읽기 방법으로 유용합니다. SQ3R은 궁금증을 유발하여 교재를 적극으로 읽도록 하고 읽을 내용을 점검하게 함으로써 이해와 기억을 잘할 수 있도록 도와주는 전략입니다. S－RUN－R은 작은 덩어리로 내용을 분리하여 읽도록 해 주고, 이해 유무를 점검하게 하며 반복을 자주 할 수 있도록 합니다. 그리고 복습용으로 활용하기 좋은 읽기 전략입니다.

3가지 전략은 모두 읽기 전, 읽기 중, 읽고 난 후에 해야 할 것이 무엇인지 알려 줍니다. 읽기 전체 과정을 알고 위의 전략을 사용한다면 자신만의 읽기 전략을 만들 수 있을 것입니다.

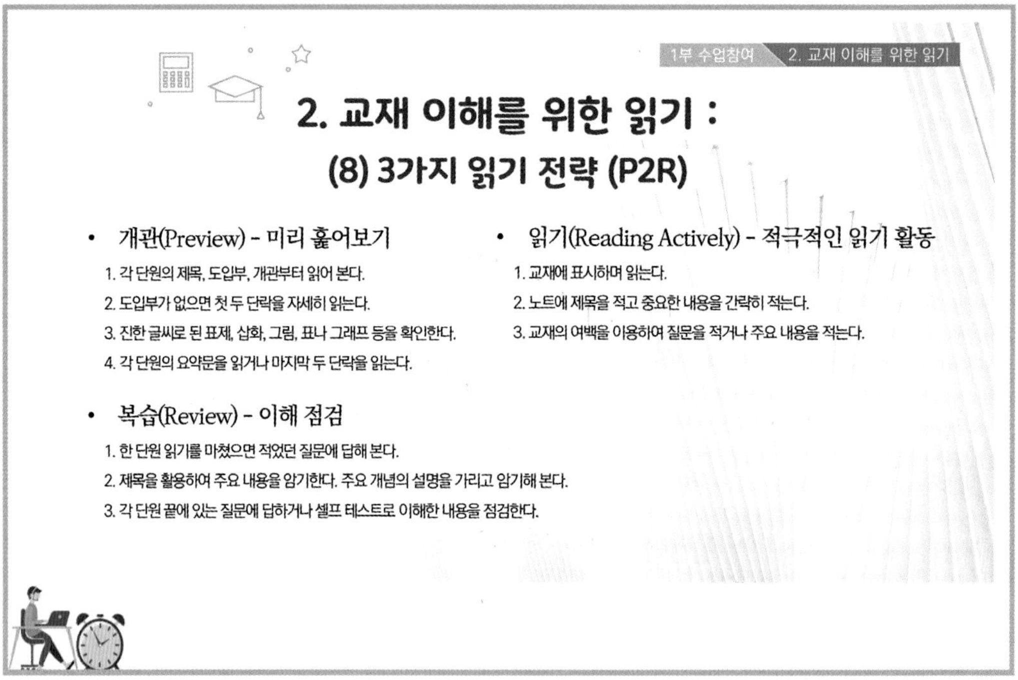

예습용으로 활용하기 좋은 읽기 전략인 P2R을 구체적으로 살펴보겠습니다.

• 개관(Preview) - 미리 훑어보기

Preview는 단원이나 장의 전체 내용을 훑어보는 것입니다. 단원이나 장이 끝나는 곳까지 대충 읽은 후 다시 처음으로 돌아가서 첫 부분에 제시되어 있는 단원과 장의 제목, 소제목 및 진한 글씨를 읽습니다. 이때 주요 정보를 시각적으로 보여 주는 표, 삽화, 사진, 또는 그래프 등도 함께 확인합니다. 요약문이 있을 경우 요약문의 각 단락 1~2문장을 읽고, 마지막 문장을 읽습니다. 신문기사, 에세이 또는 짧은 글도 함께 살펴봅니다. 이러한 과정을 통해 우리의 머리(뇌)는 정보를 받아들일 준비를 하게 됩니다.

• 읽기(Reading Actively) - 적극적인 읽기 활동

Reading Actively는 적극적으로 읽는 것입니다. 적극적으로 읽으려면 움직여야 합니다. 교재를 읽을 때 형광펜이나 색깔펜을 이용해서 강조 표시를 하면서 읽고, 노트에 제목을 적고 중요한 내용을 요약해서 간략하게 적습니다. 교재의 여백을 이용하여 교재 내용을 연상할 수 있는 질문이나 요약된 내용을 적는 것이 좋습니다.

• 복습(Review) - 이해 점검

Review는 정해 놓은 분량 또는 한 장을 다 읽은 경우 복습을 하는 것입니다. 이해를 점검할 때는 이전의 Reading Actively에서 적었던 연상할 수 있는 질문에 대한 답을 암송해 볼 수 있습니다. 또는 제목을 활용하여 주요 내용과 개념을 암송해 볼 수 있습니다. 각 장, 단원 끝에 있는 질문에 답해 보거나 스스로 간단한 문제를 만들어 이해한 내용을 점검할 수도 있습니다.

P2R은 훑어보기, 적극적으로 읽기, 복습하기를 통해 교재 내용의 이해를 증가시킬 수 있습니다. 또한 배경지식을 쌓도록 도와주는 기능도 있습니다. 이 전략은 읽는 시간을 줄여 줄 뿐만 아니라 훑어보기를 통해 교재 내용에 대한 흥미를 유발시키며 교재에 표시하고 필기를 함으로써 복습 과정을 준비하는 데도 도움이 됩니다.

워크북 [활동지 1-2-8-1]을 이용하여 교재를 읽으면서 P2R 읽기 전략을 적절하게 이용했는지 점검해 봅시다.

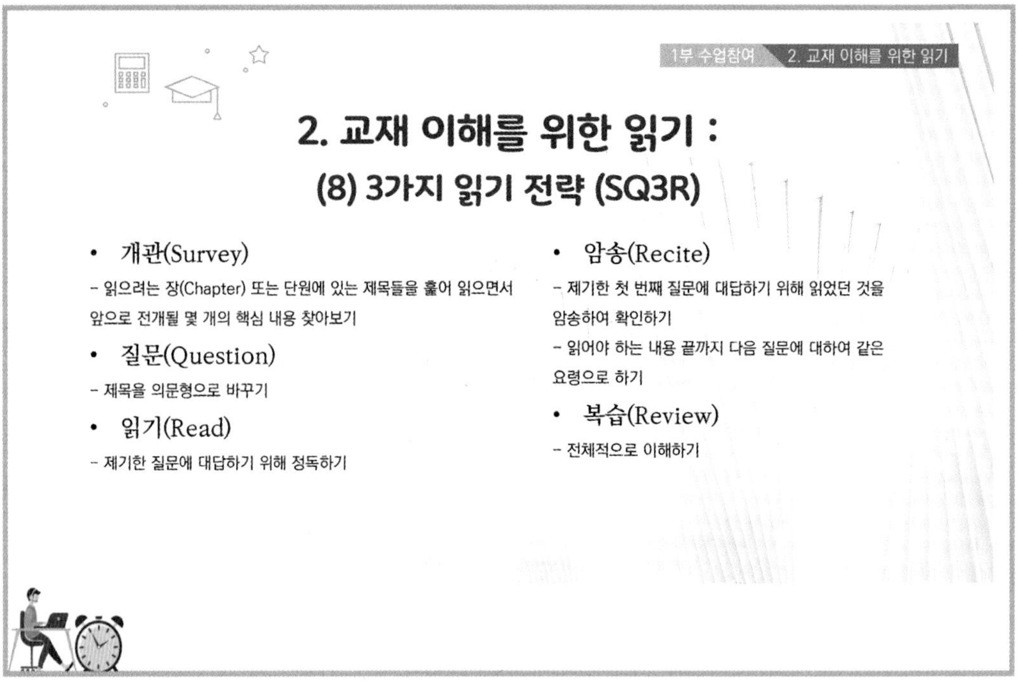

SQ3R은 한 번쯤은 듣고 배운 읽기 전략이라 할 수 있습니다. 활용도가 높은 전략이지만 많이 사용하고 있지 않은 전략이기도 합니다. 대학교재를 읽을 때 아주 효과적인 방법이므로 다시 한 번 전략에 대해서 알아보고 실행해 보기 바랍니다.

• 개관(Survey)

Survey는 개관으로 이전의 P2R 방법과 유사합니다. 읽어야 하는 장 또는 단원의 내용을 빨리 읽는 것입니다. 제목을 보거나 단원에 첫 번째 문장만 빨리 읽으면서 반복되는 단어 등을 확인하는 단계입니다. 또는 마지막 단락을 읽을 수도 있습니다. 전체를 훑어 읽으면서 장 또는 단원이 무엇을 전달하려고 하는지 감을 잡는 단계입니다.

• 질문(Question)

Question은 질문하는 단계로 장 또는 단원의 제목을 보고 질문하는 단계입니다. 예를 들어 단원의 제목이 "읽기 전략"이면 가장 기본적으로 "읽기 전략은 무엇인가?"라는 질문을 할 수 있습니다. 이외에도 여러 가지 질문을 할 수 있습니다. 질문 만들기가 어렵다면 이미 알고 있는 육하원칙을 활용해서 질문을 만들어 보기 바랍니다. 그러면 다양한 질문을 만들 수 있습니다.

- **읽기(Read)**

Read는 읽는 단계입니다. 제목 아래 있는 내용을 자세히 읽는 단계입니다. 이 단계에서 글을 읽을 때는 이전 단계에서 만든 질문에 대한 답을 찾기 위해 읽는다고 생각하면서 읽습니다. 그러면 여러분은 더 집중에서 글을 읽을 수 있을 뿐만 아니라 적극적으로 글을 읽을 수 있게 됩니다.

- **암송(Recite)**

Recite는 암송하는 단계입니다. 이전 단계에서 질문에 대한 답을 찾기 위해 읽었으면 그 내용을 바탕으로 질문에 대해 답해 보는 것입니다. 우선 자기만의 표현을 조용히 말해 보는 것입니다. 만약 답이 잘 생각나지 않는다면 읽었던 부분을 잠시 찾아볼 수 있습니다. 하지만 꼼꼼히 다시 읽어야 하는 것은 아닙니다. 그런 다음 질문에 대한 답을 노트나 종이에 간략한 단어나 문장의 형태로 적어 봅니다. 읽었던 내용 전체를 노트필기하는 것이 아니라 질문에 대한 답만 적어 보는 것입니다.

- **복습(Review)**

Review는 복습하는 단계입니다. 전체 내용을 모두 읽고 중요한 내용을 필기한 후 필기한 것을 다시 훑어본 다음 내용을 보지 않고 봤던, 내용을 떠올려 보는 단계입니다. 떠올릴 때는 조용히 소리 내어 말해 봅니다. 즉, 암송해 봅니다. 그렇게 하면 읽은 내용을 복습하기 때문에 기억을 잘할 수 있습니다.

SQ3R은 가장 오래된 읽기 전략으로 검증된 방법입니다. 한 장이나 단원을 읽을 때 사용할 수 있지만 제목별로 읽을 때도 적용할 수 있습니다. 처음에는 시간이 필요할 것입니다. 하지만 연습하면 여러분만의 독특한 읽기 전략을 획득할 수 있을 것입니다.

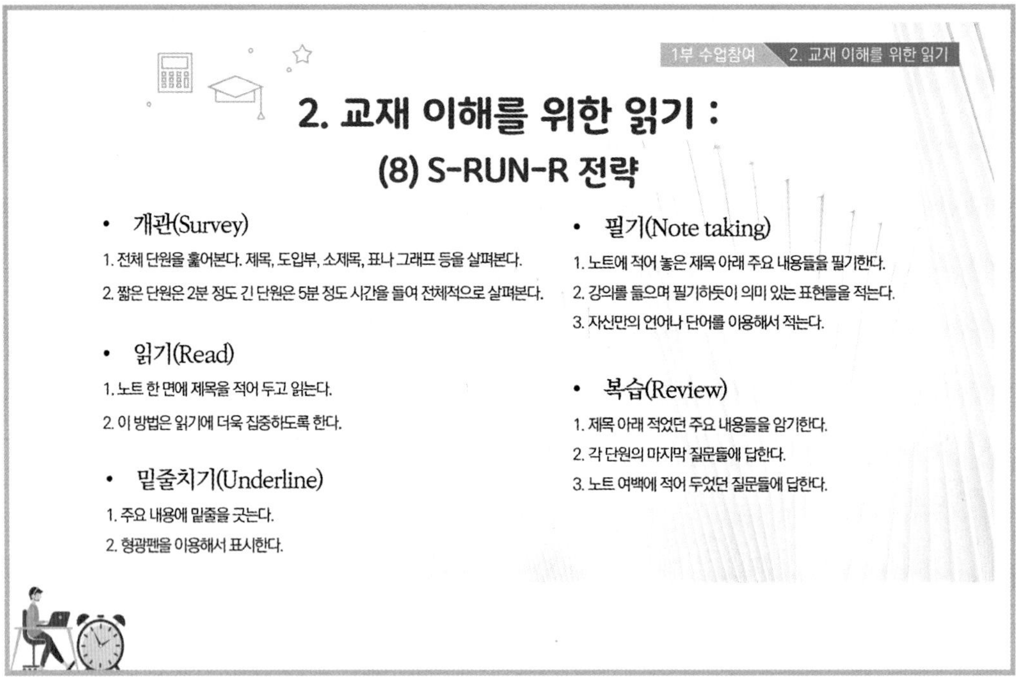

복습용으로 활용하기 좋은 읽기 전략인 S－RUN－R을 구체적으로 살펴보겠습니다. S－RUN－R은 SQ3R을 변형한 것으로 Nancy Baily가 창안한 방법입니다. Survey, Read, Underline, Note taking, Review를 의미합니다.

• 개관(Survey)

첫 번째 단계인 Survey는 읽을 내용을 훑어보는 것입니다. 훑어볼 때 제목, 도입부, 소제목, 표나 그래프 등을 살펴봅니다. 훑어보기는 2~5분 정도의 시간만 소요하면 되고 단원의 양에 따라 조정하면 됩니다.

• 읽기(Read)

두 번째 단계인 Read는 교재의 내용을 본격적으로 읽는 단계로 읽을 때 노트에 읽는 내용의 제목을 적어 두고 읽습니다. 그러면 읽기에 더 집중할 수 있고 현재 자신이 무엇에 대해 읽고 있는지 알 수 있게 됩니다.

• 밑줄 치기(Underline)

세 번째 단계인 Underline은 말 그대로 읽을 때 중요한 내용에 형광펜이나 색깔펜으로 강조 표시로 줄을 그으면서 읽는 것입니다. 이는 두 번째 단계를 보다 더 적극적으로 행동할 수 있도록 도와줍니다.

• 필기(Note taking)

네 번째 단계인 Note taking은 필기하는 것으로, 밑줄 치기 단계에서 강조 표시한 내용을 두 번째 단계에서 제목을 적어 놓은 노트에 필기하여 정리하는 것입니다. 강조된 내용을 중심으로 필기를 하면 됩니다. 그대로 옮겨 적기보다는 자신이 이해하기 쉬운 말로 바꾸어 필기합니다. 제목을 적고, 제목에 해당하는 내용을 읽고, 밑줄 치고, 필기하는 순서대로 교재 내용을 정리하면 됩니다.

• 복습(Review)

마지막 단계인 Review에서는 한 장(Chapter)의 내용을 앞서 보았던 단계로 정리한 다음 중요한 내용을 기억하기 위해 복습을 해야 합니다. 필기한 내용을 암송할 수도 있고 한 장 내용 끝 부분에 제시되어 있는 질문에 답해 볼 수도 있습니다. 복습 단계는 단순히 내용을 암기하고 있는가를 확인하기 위해서나 실제로 기억한 내용을 제대로 이해했는지 알아보기 위해 필요합니다.

S-RUN-R 전략은 다른 전략에 비해 읽는 동안 읽을 내용을 여러 번 반복할 수 있는 기회를 줍니다. 그리고 교재의 많은 양을 작은 부분으로 나누어 학습하고 필기를 할 때 자신의 언어로 필기하기 때문에 이해력 증가에 도움이 됩니다. 마지막으로 이렇게 만들어진 노트필기는 향후 시험을 준비하는 데 도움이 됩니다.

3. 비판적 읽기

비판적 읽기는 하나의 텍스트 속에서 정보와 저자의 생각을 찾아내고 무엇을 수용하고 믿을 것인가를 결정하기 위해 평가하면서 읽는 것이다. 비판적으로 읽기 위해서는 읽는 내용에 대해 질문하고 분석하며 평가해야 한다. 이 과정을 통해서 독자는 읽는 내용을 수용할지 수용하지 않을지 선택하게 되고 그에 대한 근거를 마련하게 된다. 비판의 대상은 저자의 개인적인 의견 또는 개인적인 선호가 아니라 저자가 제시하는 논증이다. 그러므로 저자가 무엇을 근거로 주장하는지를 잘 살펴봐야 한다.

대학교에서 교재를 읽을 때는 읽는 내용을 그대로 수용하는 것에서 그치는 것이 아니라 교재에 있는 정보와 저자의 의견을 구분하고, 저자가 전달하고자 하는 가장 중요한 핵심 내용을 선택하고 수용 여부를 확인하기 위해 그 내용을 평가하면서 읽어야 한다. 이 장에서는 어떻게 하면 비판적 독자가 될 수 있는지 구체적인 방법을 알아보고자 한다.

1부 수업참여 3. 비판적 읽기

3. 비판적 읽기 : (1) 비판적 사고 점검

다음은 학습상황에서 얼마나 비판적 사고를 하는지 알아보는 질문이다. 공부할 때 다음과 같은 행동을 얼마나 자주 하는지 표시해 보자. (1점: 거의 하지 않을 때, 2점: 가끔 할 때, 3점: 종종 할 때, 4번: 자주 할 때)

No	질문	1	2	3	4
1	책을 읽을 때 저자가 주장하는 내용이 과연 옳은지 생각해 본다.				
2	저명한 학자들의 이론은 대부분 검증된 주장이므로 별 의심 없이 받아들인다.				
3	수업 중에 한 이론에 대한 설명을 들으면서 그 이론이 적용되지 않는 부분은 없는지 생각해 본다.				
4	다른 사람들의 주장을 들으면서 그 주장을 뒷받침할 수 있는 증거가 충분한지 생각해 본다.				
5	수업시간에 들은 것을 기초로 나만의 생각이나 논쟁점을 갖기 위해 노력한다.				
6	아직은 학생이니까 다른 사람들이 연구해 놓은 것을 열심히 배우고 수용하는 것이 무엇보다 중요하다고 생각한다.				

비판적 읽기를 하기 위해서는 비판적 사고가 필요합니다. 공부할 때 비판적 사고를 얼마나 자주하는지 확인하는 체크리스트를 통해 비판적 읽기에 대한 준비 상태를 확인할 수 있습니다. 여러분이 현재 비판적 사고자인지 확인해 보시기 바랍니다.

- 비판적 사고 점수를 계산할 때는 체크리스트에 표시한 점수를 모두 합산하여 총점을 계산하는데 2, 6번 문항은 역으로 채점합니다. 즉 1번에 표시하면 4점, 2번은 3점, 3번은 2점, 4번은 1점으로 계산합니다.
  - 최고점: 24점, 최하점: 6점

- 18점보다 낮은 경우: 비판적 사고를 하는 자세가 부족하다고 할 수 있습니다.

1부 수업참여 3. 비판적 읽기

3. 비판적 읽기 : (2) 비판적 읽기가 필요한 이유

- 질문을 제기하기 위해
- 올바른 선택과 결정을 하기 위해
- 정보의 출처를 검증하기 위해
- 부정확한 정보나 관련 없는 정보를 배제하기 위해
- 편견이나 고정관념에 치우치지 않기 위해

본격적으로 비판적 읽기를 하기 전에 여러분이 비판적 읽기를 해야 하는 이유에 대해 알아보겠습니다. 읽기 전략을 활용하여 우리는 글의 내용을 이해하려고 합니다. 즉, 저자가 무엇에 대해 이야기하고자 하는지 알려고 노력합니다. 하지만 저자가 말하는 것이 항상 진실이고, 옳은 답은 아닙니다. 대학교재에 제시되어 있는 이론을 예로 들면, 특정 이론은 비판적 사고 과정을 통해 기존의 이론들이 수정되거나 새로운 이론이 등장하기도 합니다. 이는 비판적 이해 과정을 통해 얻은 결과라고 할 수 있습니다. 비판적으로 이해하기 위해서는 비판적으로 읽어야 합니다.

• 질문 제기

우리가 비판적으로 읽어야 하는 첫 번째 이유는 질문을 제기하기 위해서입니다. 이전의 SQ3R 전략에서도 이야기한 것처럼 질문은 읽기를 적극적으로 하게 합니다. 여기에서는 저자가 말하는 내용이 진실인지 아닌지, 근거가 타당한지 아닌지를 판단하기 위해 질문을 제기할 수 있어야 합니다.

• 올바른 선택과 결정

두 번째 이유는 우리가 올바른 선택과 결정을 하기 위해 비판적으로 읽어야 합니다. 항상 합리적인 선택을 할 수 없습니다. 하지만 최선의 선택을 하기 위해 많은 자료들을 비교하고 분석하게 되는데 이러한 과정이 모두 비판적 읽기입니다.

• 정보 출처 검증

세 번째 이유는 정보의 출처를 검증하기 위해서입니다. 글로 제시된 모든 정보가 진실은 아닙니다. 더욱이 많은 양의 정보를 쉽게 접할 수 있는 현대사회에서 이러한 부분은 더욱 중요해지고 있습니다. 정보의 출처는 올바른 선택과 결정을 내리는 데 중요한 역할을 합니다.

• 부정확한 정보나 관련 없는 정보 배제

네 번째 이유는 부정확한 정보나 관련 없는 정보를 배제하기 위해서입니다. 우리는 글을 읽을 때 중요한 내용과 그렇지 않은 내용을 구분하게 됩니다. 비판적 읽기에서는 한 단계 더 나아가 주장에 대한 근거가 주장과 관련되어 있는 것인지 정확한 것인지 확인해야 합니다.

• 편견이나 고정관념 탈피

마지막으로 비판적 읽기가 필요한 이유는 편견이나 고정관념에 치우치지 않기 위해서입니다. 항상 자신의 의견이 옳은 것만은 아닙니다. 한 가지 논제에 대해서 다양한 의견이 있을 수 있지만 편향된 시각이 아닌 다양한 의견을 이해하고 논리적으로 판단하기 위해 비판적 읽기가 필요합니다.

대학생으로서 여러분은 비판적 읽기가 왜 필요하다고 생각하나요? 함께 이야기 나눠봅시다.

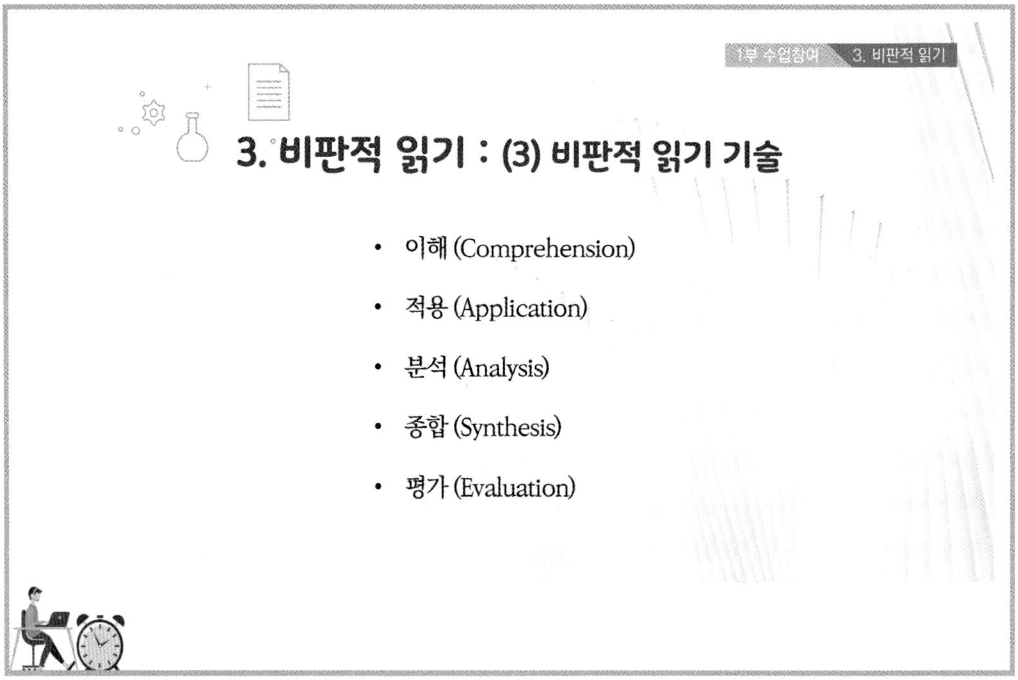

이해가 되어야만 자신의 기존 지식과 연관 지어 보고 다른 상황에 다른 방식으로 활용할 수 있습니다. 이를 적용이라 합니다. 그리고 읽는 내용을 세분화하여 핵심 내용과 세부 내용을 구분하고 그 관계가 연관되어 있는지 분석해 볼 수 있습니다. 뿐만 아니라 이미 알고 있는 내용과 읽는 내용을 비교하고 대조하는 것도 분석이라 할 수 있습니다. 종합은 읽는 내용들의 개별 문장을 통해 정보를 추출하여 보편적인 사고나 개념으로 전환하는 것입니다. 즉, 세부적인 요소들을 통합하여 직접적으로 나타나지 않은 결론에 도달하거나 정보에 대한 더 나은 이해를 가능하게 하는 것입니다. 마지막으로 평가는 정보의 가치를 판단하고, 정보의 정확성 여부 및 정보가 객관적 관점에서 제공되었는가에 대해 결정을 내리는 것입니다.

이해, 적용, 분석, 종합, 평가는 이미 여러분에 생활 속에서 하고 있는 것인지도 모릅니다. 수강해야 할 과목을 결정할 때, 리포트에 참고해야 할 때, 물건을 살 때, 참고문헌을 정리할 때 등 이미 비판적 읽기를 하고 있을 것입니다.

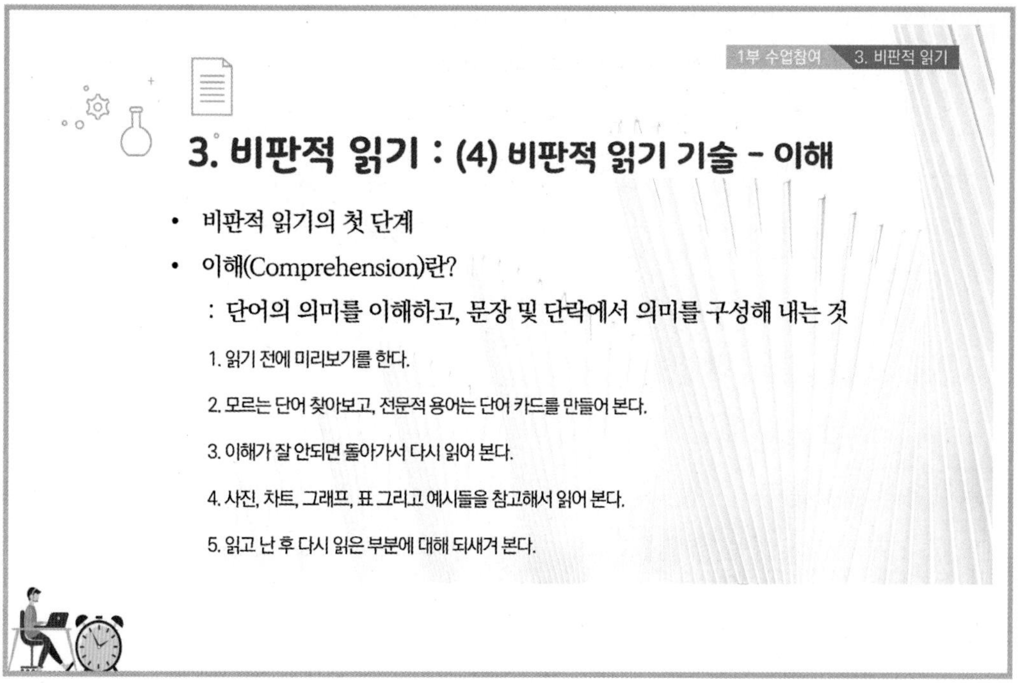

비판적 읽기 기술의 다섯 가지 단계 중 첫 번째 단계인 '이해'에 대해 알아보도록 하겠습니다. 이해는 단어의 의미를 이해하고 문장 및 단락에서 의미를 구성해 내는 것입니다. 핵심 내용이 항상 핵심 문장으로 표현되는 것은 아니기 때문에 교재의 문장, 단락 그리고 여러 개의 문단으로 구성된 글을 읽고 핵심 내용을 만들어야 합니다. 이해를 잘 하기 위한 다섯 가지 구체적인 방법이 있습니다. 다섯 가지 방법은 「2. 교재 읽기에서 다루었던 3가지 읽기 전략」에서 반복적으로 설명되었던 방법입니다.

• 읽기 전에 미리 보기

읽을 부분에 대한 전체 내용을 개관하라는 의미입니다.

• 모르는 단어 이해하기

모르는 단어가 있으면 그 의미를 알 수 있도록 백과사전이나 전공용어 사전을 찾아보고, 이를 단어카드로 만들어 정리하는 것도 이해하는 데 도움이 됩니다.

• 이해가 안 될 경우 되돌아가서 다시 읽기

내용을 읽다가 이해가 잘 안 될 경우에는 다시 앞으로 되돌아가서 읽어 봅니다. 이전의 내용이 이해가 되어야만 이어질 내용과 연관성을 찾으면서 글의 의미를 이해할 수 있기 때문입니다.

• 사진, 차트 등을 참고하여 읽기

제시되어 있는 사진, 차트, 그래프, 표 그리고 예시들을 참고해서 읽습니다. 이러한 것들은 내용의 이해를 돕기 위한 도구입니다. 글의 내용을 요약하거나 내용을 쉽게 이해할 수 있도록 부연 설명하는 역할을 하기 때문에 꼭 참고하여 읽습니다.

• 읽고 난 후 다시 생각해 보기

마지막으로 읽고 난 후, 읽은 부분에 대해 되새겨 봅니다. 이 방법도 이전에 3가지 읽기 전략에서 반복적으로 나왔던 방법입니다. SQ3R의 Recite와도 관련되고 Review와도 관련되는 부분입니다.

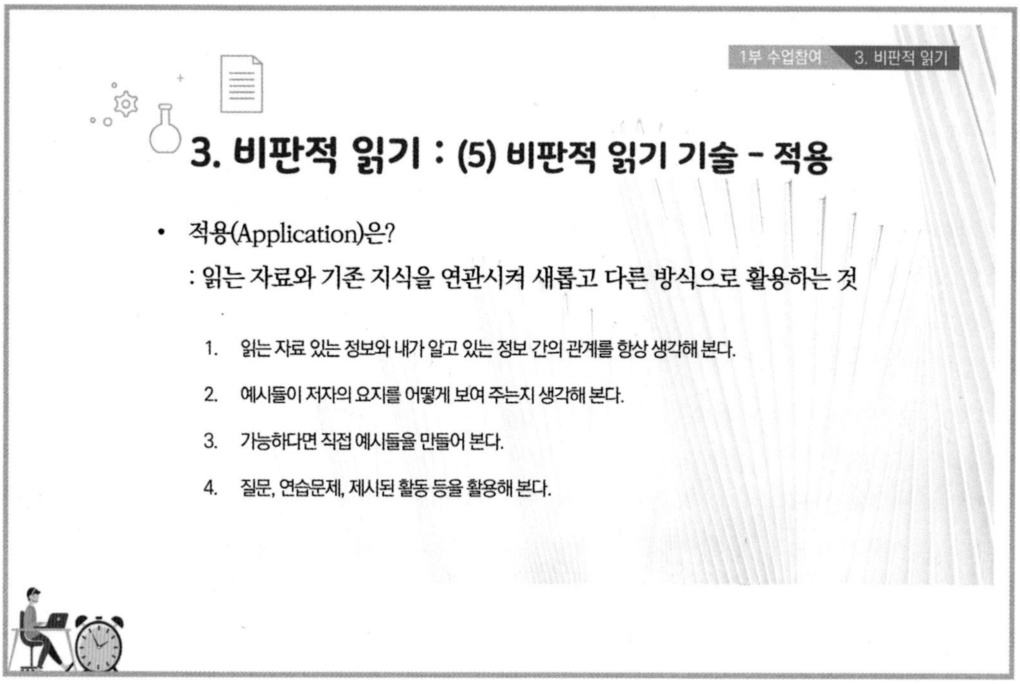

비판적 읽기 기술의 다섯 가지 단계 중 두 번째 단계인 '적용'에 대해 알아보도록 하겠습니다. 적용은 읽는 자료와 기존 지식을 연관시켜 새롭고 다른 방식으로 활용하는 것을 말합니다. 적용을 위한 네 가지 구체적인 방법이 있습니다.

• 읽는 내용과 알고 있는 내용 간의 관계 생각하기

글을 읽을 때 읽고 있는 자료의 정보와 여러분이 이미 알고 있는 정보, 즉 이전에 배웠거나 보았거나 들었거나 했던 내용들 간의 관계를 생각해 보시기 바랍니다. 이 과정에서 여러분이 기존의 알고 있던 것을 확장시킬 수 있습니다.

• 저자의 요지와 예시 간의 관계 생각하기

저자가 여러분에게 전달하고자 하는 내용을 구체적으로 설명하기 위해 사용되는 예시를 자세히 읽습니다. 예시는 한 가지 형태가 아니라 다양할 수 있습니다. 예시들이 저자가 전달하고자 하는 내용을 잘 뒷받침하고 있는지, 관계된 내용인지 생각하면서 읽습니다.

- **직접 예시 만들기**

가능하면 여러분이 직접 예시를 만들어 봅시다. 이 과정에서 여러분은 이미 알고 있는 사전지식을 활용하게 됩니다. 이 과정에서 기존의 사전지식과 새롭게 알게 된 지식을 연관시켜 다른 상황에 적용할 수 있게 됩니다.

- **질문, 연습문제, 활동 등을 활용하기**

읽은 내용을 각 장에 포함된 질문에 대답하는 데 또는 제시된 연습문제를 푸는 데 활용하길 바랍니다. 다음에 이어질 내용을 바로 읽기보다는 읽은 내용에 대해 교재에 제시된 문제를 보고 스스로 답해 보는 것이 읽은 내용을 활용할 수 있고, 또 읽은 내용을 정확하게 이해했는지를 점검하는 데 도움이 됩니다.

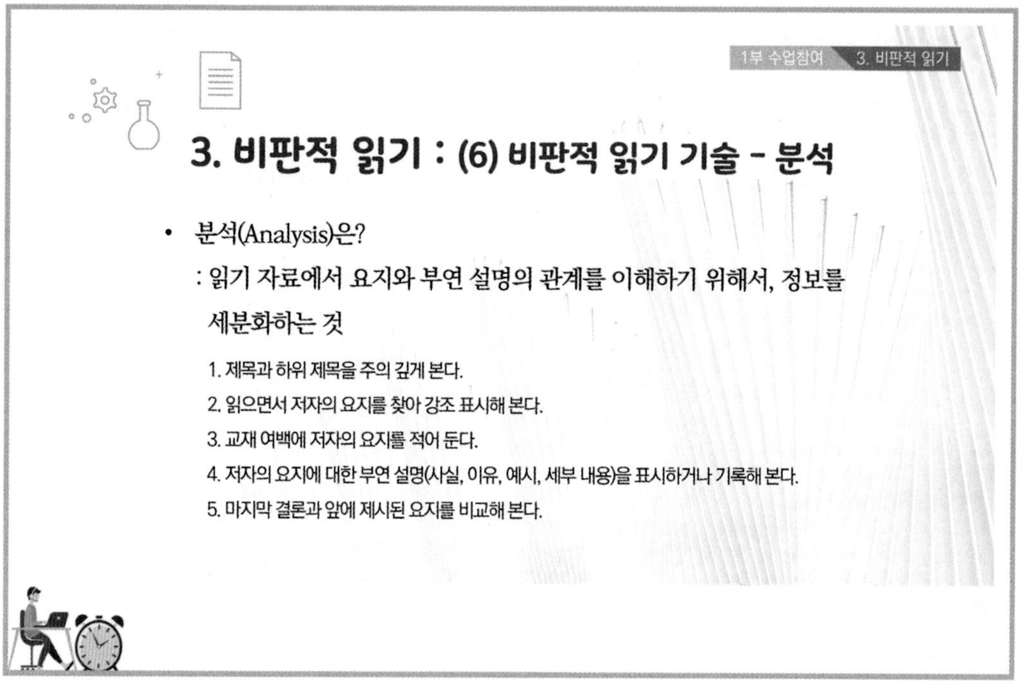

비판적 읽기 기술의 다섯 가지 단계 중 세 번째 단계인 '분석'에 대해 알아보도록 하겠습니다. 분석은 읽기 자료에서 요지와 부연 설명의 관계를 이해하기 위해서 정보를 세분화하는 것을 의미합니다. 이는 읽기 자료에 제시된 정보들 관계가 논리적인지 아닌지 생각하면서 읽는 것이라 할 수 있습니다. 분석하면서 읽을 수 있는 다섯 가지 구체적인 방법이 있습니다.

• 제목과 하위 제목을 주의 깊게 보기

먼저 제목과 하위 제목을 주의 깊게 봅니다. 왜냐하면 제목과 하위 제목은 앞으로 다루어질 주제들을 포함하고 있기 때문입니다. 왜 제목에 제시되어 있는 하위 제목들이 나열되어 있는지에 대해 생각해 보는 것도 비판적 읽기에 도움이 됩니다.

- **저자의 요지를 찾아 강조 표시하기**

그리고 글을 읽으면서 저자의 요지를 찾아서 강조 표시를 합니다. 저자가 독자들에게 꼭 알려 주고 싶은 내용이 무엇인지 생각하면서 요지를 찾아봅니다. 요지는 문장으로 나타날 수도 있고, 나타나지 않을 수도 있습니다.

- **저자의 요지를 적어 두기**

저자의 요지를 별도로 노트에 필기할 수도 있고, 교재 내의 별도의 공간에 적을 수도 있습니다. 요지는 글에 표면적으로 드러나지 않는 경우도 있기 때문에 여러분이 읽으면서 바로 파악할 수 없을 수도 있습니다. 내용들의 의미를 구성하여 저자가 정말 말하고자 하는 것이 무엇인지를 찾아서 적어 두면 글을 읽을 때 요지와 다른 세부 내용 간의 관계를 생각하면서 비판적으로 글을 읽을 수 있습니다.

- **저자의 요지에 대한 부연 설명 표시하기**

저자의 요지를 찾았으면 그에 대한 부연 설명을 표시하거나 기록합니다. 저자는 주장하는 바를 증명하고자 사실, 이유, 예시 등을 사용하고 있을 것입니다. 저자가 어떤 방법으로 부연 설명을 하고 있는지 확인하는 것도 분석에 해당합니다.

- **결론과 요지를 비교하기**

마지막으로 단락의 마지막 부분 또는 결론 단락으로 보이는 단락에서 저자의 결론을 확인하고 전반부에 제시된 요지와 비교해 봅니다. 이를 통해 저자가 말하고자 하는 것을 논리적으로 일관성 있게 제시하고 있는지 확인할 수 있습니다.

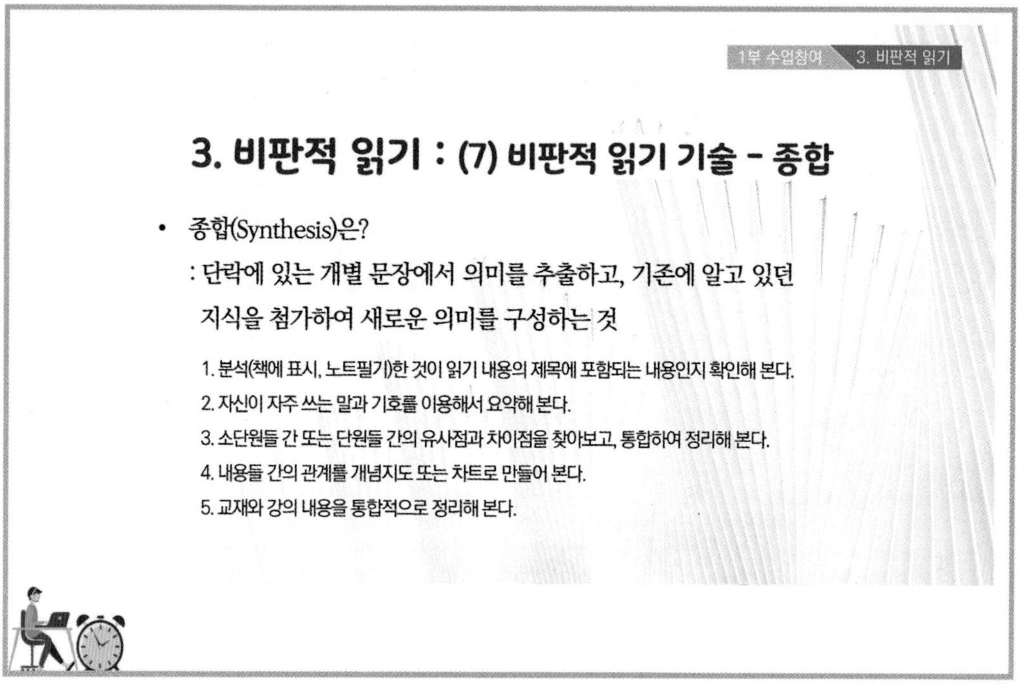

비판적 읽기 기술의 다섯 가지 단계 중 네 번째 단계인 '종합'에 대해 알아보도록 하겠습니다. 종합은 단락에 있는 개별 문장들에서 의미를 추출하고, 기존에 알고 있던 지식을 첨가하여 새로운 의미를 구성하는 것입니다. 어떻게 각 세부 내용들이 각 단락의 요지에 의미를 강화하는가와 단락의 요지가 글의 핵심 아이디어를 형성하는 방식을 고려하는 것입니다. 종합을 위한 다섯 가지 구체적인 방법이 있습니다.

• 책에 표시한 것과 노트에 필기한 것이 제목에 포함되는지 확인

책에 표시한 요지, 교재 내에 기록해 둔 요지를 다시 살펴보고 그 내용이 제목에 포함되는 내용인지를 확인합니다.

• 자신만의 언어와 기호로 요약

그리고 제시된 정보는 요약해 봅니다. 요약할 때는 자신이 자주 쓰는 말을 기호로 표현하여 요약합니다. 요약은 기록하되 한두 문장으로 기록하는 것이 기억하는 데 도움이 됩니다.

- **단원들 간의 유사점과 차이점을 정리**

소단원들 간 또는 단원들 간의 유사점과 차이점을 찾아 정리합니다. 이렇게 하면 내용들을 통합하여 정리할 수 있습니다. 내용들이 단원명과 관계되는지도 다시 한 번 확인할 수 있습니다.

- **내용 관계를 개념지도 또는 차트로 만들기**

내용을 종합적으로 확인하기 위해서는 내용들 간의 관계를 한눈에 확인할 수 있도록 개념지도 또는 차트를 만드는 것도 좋은 방법입니다.

- **교재와 강의 내용을 통합적으로 정리**

교재뿐만 아니라 강의 내용을 통합하여 정리합니다. 강의에서는 교재 내용에서 다루지 않는 예시, 제시되어 있지 않은 의미, 단원들 간의 관계에 대한 내용들이 포함되어 있을 수 있습니다. 이들 내용을 교재 내용과 함께 정리하여 통합합니다. 이를 통해 여러분은 새로운 의미를 구성할 수 있게 될 것입니다.

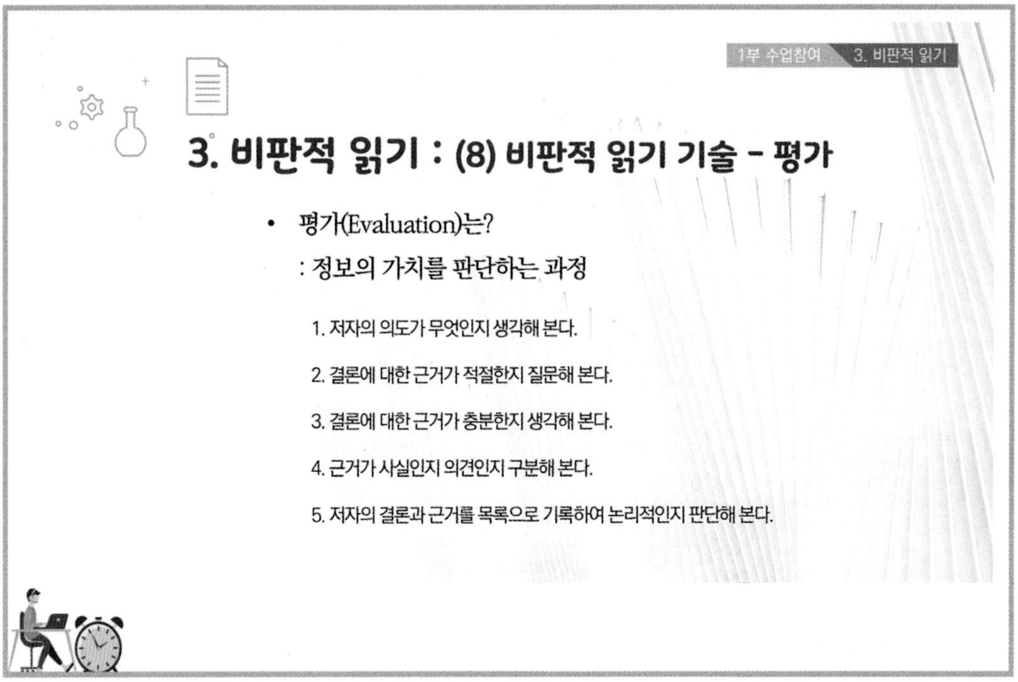

비판적 읽기 기술의 다섯 가지 단계 중 마지막 단계인 '평가'에 대해 알아보도록 하겠습니다. 평가는 정보의 가치를 판단하는 과정입니다. 모든 자료가 다 정확하거나 객관적인 방식으로 제시되는 것이 아니기 때문에 우리는 정보의 가치를 판단해야 합니다. 유명한 저자라고 하여 또는 유명한 출판사라고 하여 반드시 정보가 가치 있는 것은 아닙니다. 대학에서는 기사, 연구보고서, 비평서, 에세이, 논문 등 다양한 종류의 읽기 자료들을 경험할 수 있고 인터넷을 통해서도 마찬가지입니다. 읽기 자료에 제시된 요지들과 이를 뒷받침하는 내용들의 가치를 판단해야 합니다. 근거가 명확한지 편견은 없는지 살펴봐야 합니다. 이를 위해 평가는 비판적 읽기에서 가장 중요한 것이라 할 수 있습니다. 평가를 잘하기 위한 다섯 가지 구체적인 방법이 있습니다.

• 저자의 의도 파악

저자의 의도가 무엇인지 스스로 질문해 보는 것입니다. 저자의 의도가 여러분에게 제시되었는지? 저자가 여러분을 설득하고자 하였는지? 특정 행위를 요구하고자 하는 것이었는지? 이외에도 저자가 독자에게 전달하고자 하는 내용의 목적을 생각해 봅니다.

• 결론에 대한 근거의 적절성

저자가 내린 결론에 대한 근거, 즉 사실, 이유, 예제 등이 저자의 결론을 잘 뒷받침하고 있는지 스스로 생각해 봅니다. 뒷받침한다는 것은 관련성을 생각해 보는 것입니다.

• 결론에 대한 근거의 충분함

결론에 대한 근거가 충분히 제시되어 있는지 생각해 봅니다.

• 근거 구분

근거가 사실기반인지 의견인지 구분해야 합니다. 의견은 저자의 개인적인 선호를 의미합니다. 이를 구분해야만 정보의 가치를 판단할 수 있습니다.

• 결론과 근거의 논리성 판단

저자의 결론과 근거를 목록으로 작성하면 결론과 근거가 논리적으로 관계가 있는지 판단해 볼 수 있습니다. 판단은 여러분이 해야 합니다. 저자는 근거와 결론을 논리적인 관계로 설명할 수도 있고 그렇지 않을 수도 있습니다. 여러분이 근거를 자세히 살펴봄으로써 이를 판단할 수 있습니다.

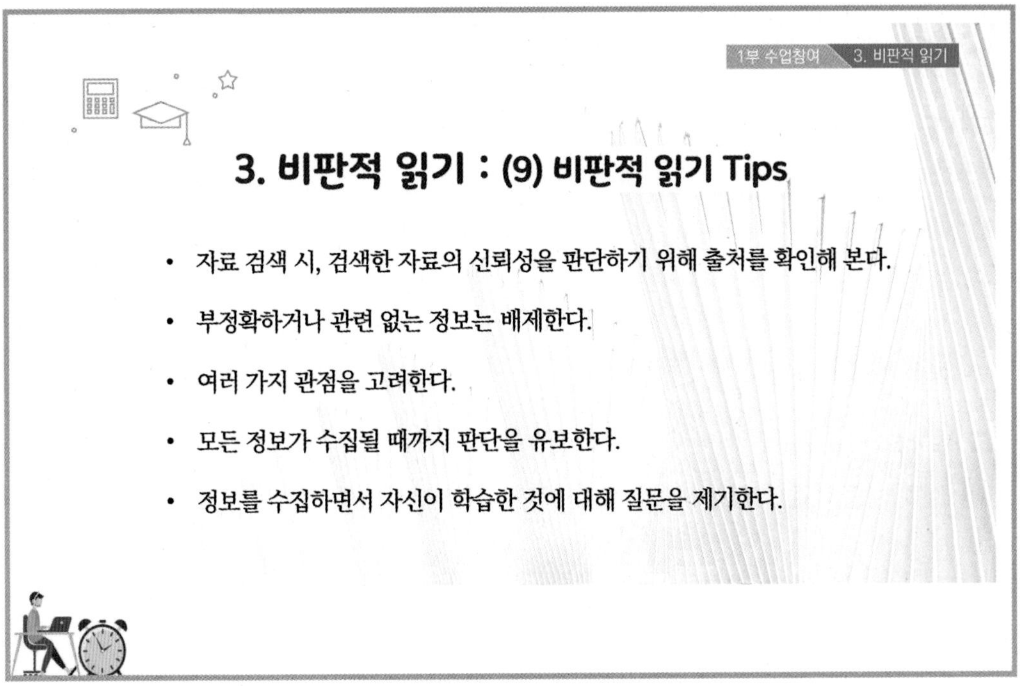

• 자료 출처 확인

리포트를 쓰기 위해서 자료를 검색할 때 검색한 자료의 신뢰성을 반드시 판단해야 합니다. 자료의 신뢰성에 따라 여러분의 주장에 대한 근거의 명확성이 달라지기 때문입니다. 그러므로 출처를 반드시 확인할 필요가 있습니다. 해당 자료가 전문적인지 아닌지, 신뢰할 만한 정보를 근거 자료를 제시하고 있는지 확인해야 합니다.

• 부정확하거나 관련 없는 정보 배제

여러분이 전달하고자 하는 내용을 설명하는 데 부정확하거나 관련 없는 정보는 배제해야 합니다. 단순히 여러분이 전달하고자 하는 내용과 관련되어 있다고 하여 모두 근거가 될 수는 없습니다. 논리적인 관계를 확인하고 정보를 사용해야 합니다.

• 여러 가지 관점 고려

여러 가지 관점을 고려해야 합니다. 예를 들어 여러분이 "사형제도"에 대해 이야기하고자 한다면 사형제도에 대해 찬성하는 입장과 반대하는 입장을 모두 고려해야 합니다. 뿐만 아니라 개인마다 주장하는 다양한 근거에 대해서도 살펴보아야 합니다. 다양한 관점을 고려하게 되면 다양한 정보를 수집할 수 있게 됩니다.

• 모든 정보가 수집될 때까지 판단 유보

모든 정보가 수집될 때까지 개인적인 판단을 유보하는 것이 좋습니다. 정보가 수집되기 전에 개인적인 판단을 먼저 하게 되면, 이후에도 편향적인 정보만을 수집하게 되기 때문입니다.

• 수집한 정보에 질문 제기

마지막으로 정보를 수집하면서 여러분이 새롭게 알게 된 것이 무엇인지 스스로 자문해 봅니다. 질문을 제기함으로써 여러분이 학습하게 된 내용이 사실인지 의견인지, 믿을 만한 것인지 아닌지를 확인할 수 있게 됩니다.

항상 비판적 읽기를 할 수 없을 수도 있습니다. 그러나 지금 제시되는 몇 가지 팁은 여러분이 스마트폰으로 기사를 읽을 때, SNS의 글을 읽을 때 등 생활 속에서 실천해 보길 바랍니다.

4. 수업내용 정리 : 노트필기

수강하는 과목의 교재에는 중요한 내용이 포함되어 있다. 그렇기 때문에 단순히 끄적거리거나 마음 가는 대로 몇몇 중요한 문장에 형광펜으로 줄을 긋고 그것을 옮겨 적는 것으로 그쳐서는 안 된다. 노트필기는 핵심 정보를 바르고 효율적으로 정리하고 연계성을 갖춰 내용 전체에 대한 이해를 확장하는 것이며, 외장 메모리와 같이 정보를 기억하게 하는 수단이다. 그러므로 잘 정리한 노트필기는 시험을 잘 치기 위한 한 가지 비결이 될 수 있다.

이 장에서는 효과적인 노트필기 전략과 교재, 노트 및 전자책에 필기하는 방법에 대해 알아볼 것이다. 이와 함께 수업단계별 노트필기 전략에 대해서도 알아보고자 한다.

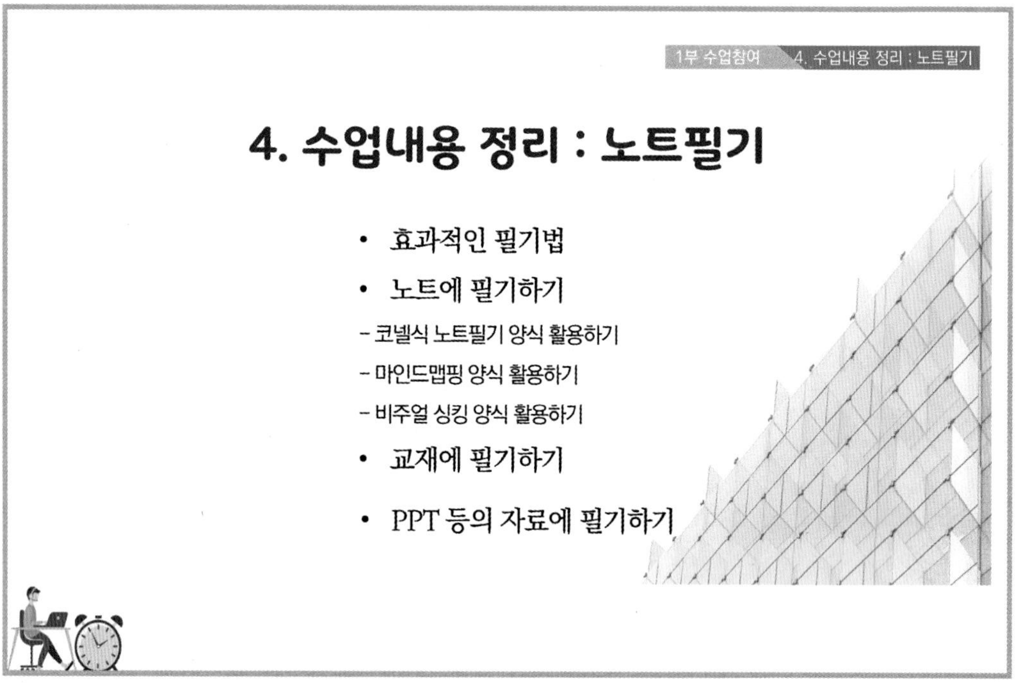

수업정리를 위한 노트필기에서는 먼저 효과적으로 필기를 하는 데 필요한 기본사항에 대해서 알아볼 것입니다.

먼저, 알아 볼 노트필기 전략은 가장 널리 알려지고, 오래된 코넬식 노트필기 방법입니다. 다음으로 많이 쓰는 노트필기 방법은 마인드맵핑 방법입니다. 이 방법은 내용을 한눈에 보기 쉽게 정리할 수 있다는 것이 장점입니다. 그리고 비주얼 씽킹 노트필기 방법이 있습니다. 비주얼 씽킹은 말 그대로 생각을 시각적으로 표현한다는 것입니다. 그리고 학생마다 다르겠지만 필요시 교재에 필기하기도 합니다. 교재에는 어떻게 필기를 하고 있나요? 대부분 강의를 들으면서 교재에 필기하게 되는데 어떻게 하면 효과적으로 할 수 있는지 알아보도록 하겠습니다.

마지막으로 대학수업에서 교수님들이 활용하시는 PPT 자료 필기 방법에 대해 알아보도록 하겠습니다.

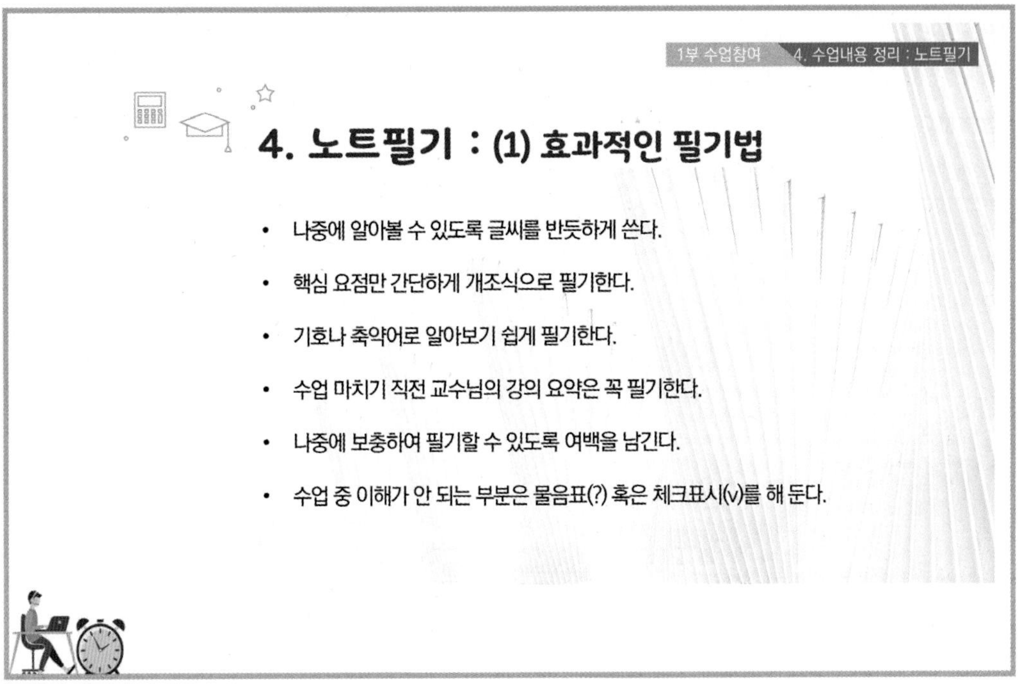

노트필기는 학습전략 중 하나로 학습자가 학습 내용의 핵심을 탐색하고 정리하는 과정을 통해 정보처리활용 능력을 향상하는 데 도움이 되는 전략입니다. 또한 학습 내용을 반복적으로 접하고 요약하여 핵심 내용을 정리하는 활동이기 때문에 학습 내용에 대한 기억력 향상에도 도움을 줍니다. 그러나 수업시간에 교수가 설명하는 내용을 전부 받아쓸 수는 없고 또 필기에만 집중하다 보면 자칫 중요한 설명을 놓칠 수도 있으므로 효과적인 필기법을 통해 수업시간 노트에 필기하는 방법을 살펴보도록 하겠습니다. 우선 여러분은 현재 필기를 어떤 방식으로 하고 있습니까? 스스로 자신의 노트필기 스타일에 대해 간단히 생각해 보고 다음에서 제시하는 팁을 보면서 실제 팁과 같이 하고 있는지 점검해 봅시다.

• 반듯하게 쓰기

필기할 때 나중에 알아볼 수 있도록 글씨는 반듯하게 쓰고 있나요? 수업 중 빠른 설명을 따라 글씨를 흘려서 쓰게 되면 수업 후 복습시간이나 시험기간에 글씨를 알아보지 못해서 난감한 상황에 빠질 수 있습니다. 특히 수업시간에 아무렇게나 필기한 내용을 나중에 따로 요약정리할 때도 글씨를 알아보지 못해 정리를 못 하는 경우도 발생할 수 있으니 자기 자신은 알아볼 수 있도록 필기해야 합니다.

- **개조식으로 쓰기**

필기할 때는 수업내용 전부를 옮겨 적기는 힘들기 때문에 핵심 요점만 간단하게 개조식으로 필기하는 것이 좋습니다. 필기를 할 때 모든 내용을 글로 쓸 필요는 없습니다.

- **기호나 축약어 쓰기**

반복되는 내용에 대해서는 자신이 이해할 수 있는 기호나 축약어를 사용하여 시각적으로 알아보기 쉽게 필기하는 것도 좋습니다. 기호나 축약어로 필기하면 수업 중 설명에 집중하면서 노트필기를 할 수 있는 장점이 있습니다.

- **강의 요약 필기하기**

수업시간 중간중간 설명에 집중하느라 놓친 필기가 있더라도 수업 마치기 직전에 교수님께서 요약해 주시는 강의 내용은 반드시 필기해야 합니다. 그 내용이 배운 내용의 핵심 내용이고 나중에 시험준비를 위해서 정리가 되어야 할 부분이기 때문입니다.

- **여백 남기기**

필기할 때는 빈틈 없이 빡빡하게 하기보다는 개인적으로 학습하는 시간에 보충하여 필기할 수 있도록 여백을 남겨 두는 것이 필요합니다.

- **이해 안 되는 부분 표시하기**

마지막으로 수업 중 이해가 안 되는 부분, 필기는 했지만 무슨 내용인지 모르는 부분은 물음표(?) 혹은 체크표시(v)를 해 두는 것도 필기하는 데 중요합니다. 자신이 알고 있는 내용과 그렇지 않은 내용을 구분할 수 있도록 도와주기 때문입니다.

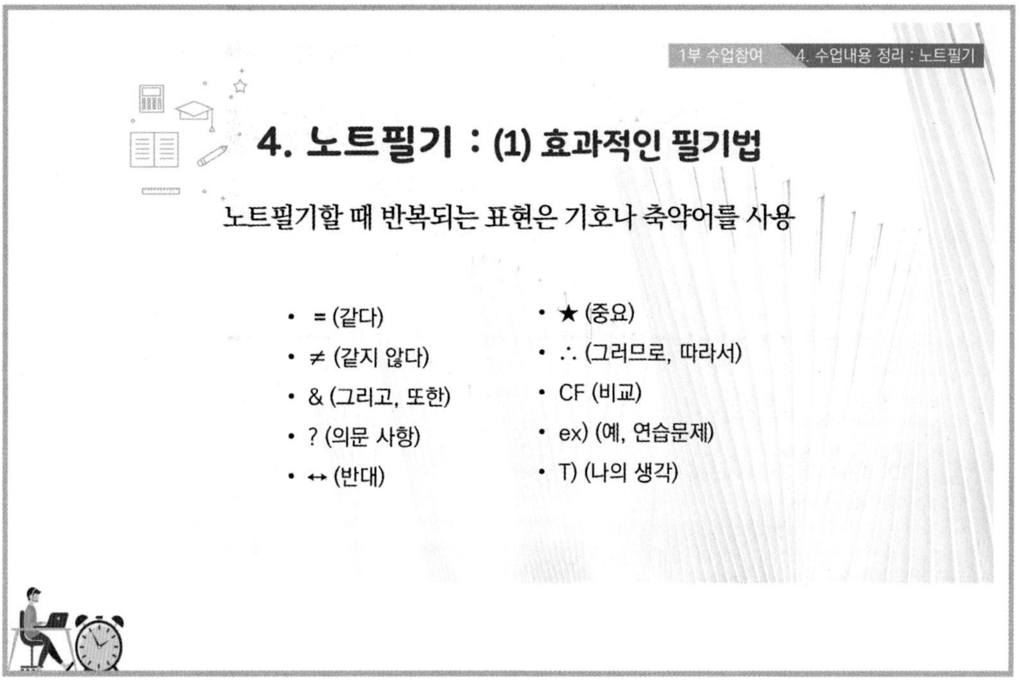

노트필기할 때 반복되는 표현에는 기호나 축약어를 사용할 수 있습니다. 그러면 시각적으로 알아보기 편할 뿐만 아니라 노트필기하는 시간도 단축되고, 기억하기도 쉽습니다. 위에 제시된 몇 가지 예를 포함한 기호나 축약어는 수업시간 설명을 들으면서 빠르게 필기할 때나 혼자서 공부할 때 활용할 수 있는 팁입니다. 그리고 여러분만의 기호나 축약어를 만들어서 노트필기에 사용하면 보다 효과적으로 노트필기할 수 있습니다.

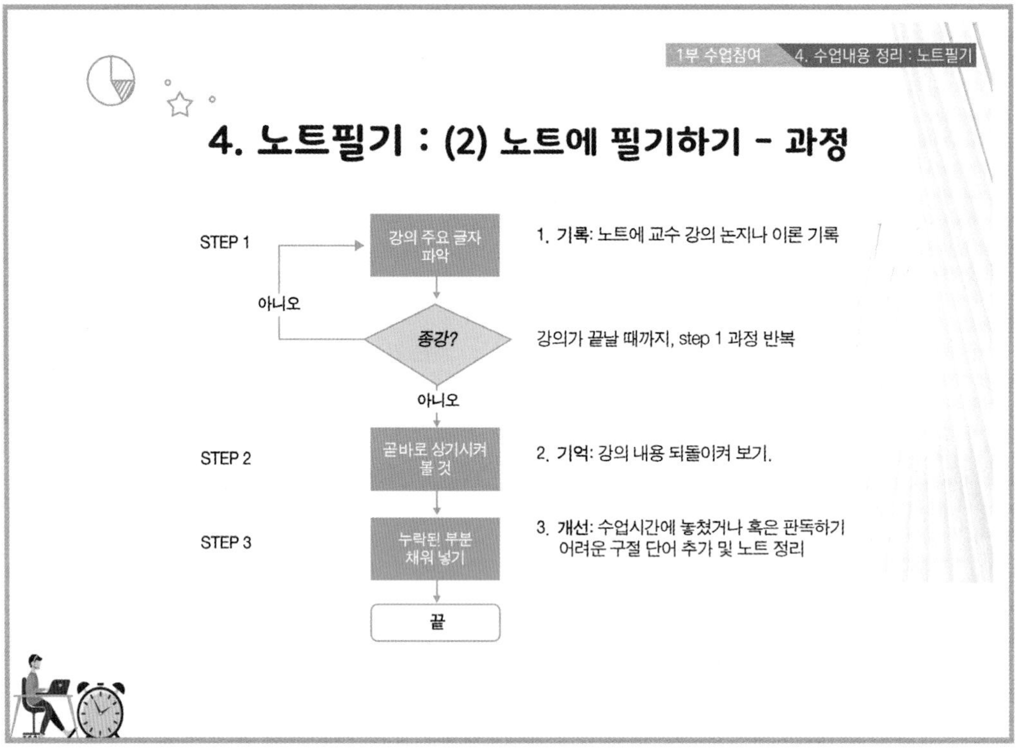

이 부분은 노트에 필기하는 방법에 대해 알려 줄 것입니다. 정확하게 말하면 강의 노트에 필기하는 절차에 대해 알려 줄 것입니다. 여러분은 총 3단계 중 몇 단계까지 하고 있습니까? 하고 있다면 제시하는 방법대로 하고 있는지 점검해 보길 바랍니다.

• 단계 1: 기록

교수의 아이디어와 강의 내용을 코넬식 노트필기법을 적용해 기록합니다. 코넬식 노트필기 전략은 제목, 필기, 키워드, 요약 영역을 구분하여 기록하는 것이고, 필기 영역에는 자기만의 기호나 축약어를 사용하여 핵심 내용을 정리합니다. 키워드 영역에는 필기 영역에 대한 질문이나 핵심 단어를 추출하여 정리합니다. 마지막으로 요약 영역에는 한두 문장으로 필기 영역과 키워드 영역의 내용을 정리합니다.

- **단계 2: 기억**

수업이 끝나면 이전의 강의 내용을 돌이켜 봅니다. 대부분의 학생들은 수업이 끝나면 재빨리 책을 정리하여 강의실을 나가려고 합니다. 하지만 가장 중요한 시간이 이 시간입니다. 5~10분 동안 "이번 강의 내용이 무엇이었지?", "강의의 요지가 무엇이었지?", "나는 무엇에 대해 배운 거지?", "내가 새롭게 알게 된 것은 뭐지?"라고 질문을 던져 보십시오. 강의실에 남아 할 수 없다면 다른 수업을 들으러 가면서 할 수도 있습니다.

- **단계 3: 개선**

노트를 보면서 수업시간에 놓쳤거나 혹은 이해하기 어려운 구절이나 단어를 추가하면서 최종 정리합니다. 강의 시간에 배운 내용을 완벽하게 노트필기하는 것은 어렵습니다. 혹시 놓친 부분이나 추가 설명이 필요한 부분은 확인하고 채워 넣습니다. 같은 수업을 들었던 친구에게 물어볼 수도 있고, 다른 자료를 찾아봐도 좋습니다. 꼭 다시 한 번 확인하고 빠진 내용이나 추가할 내용을 채워 넣는 작업을 하는 것이 중요합니다.

단계 1, 2, 3의 과정은 강의 중에 할 수도 있고, 개인 학습 시간에 과목별 정리를 위해 할 수도 있습니다.

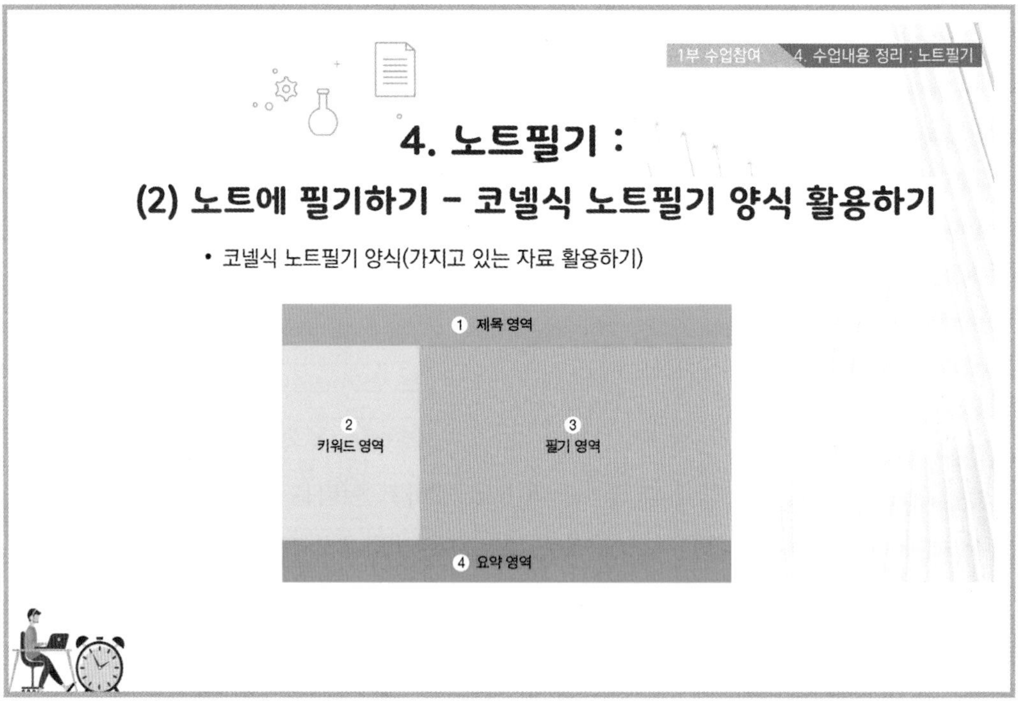

코넬식 노트필기 전략은 1950년 코넬(Cornell) 대학교에서 학생들의 학습능률을 올리기 위해서 개발한 효과적인 학습방법입니다. 코넬식 노트필기 전략은 코넬 노트 양식을 활용하는 것으로 코넬 노트는 제목 영역, 필기 영역, 키워드 영역, 요약 영역의 총 4영역으로 나눠집니다. 코넬식 노트필기 전략의 핵심은 본문과 별도로 좌측면과 하단에 여백을 두어 필기가 가능한 공간을 확보하는 것입니다. 즉 키워드 영역, 요약 영역이 중요하다는 뜻입니다. 키워드 영역은 필기 영역의 내용을 쉽게 기억할 수 있게 하는 단서 역할을 합니다. 그래서 필기 영역을 보지 않고 키워드 영역의 내용만으로 필기 영역의 내용이 무엇이었는지 기억해 낼 수 있습니다. 요약 영역은 한두 문장의 요약문을 작성해 봄으로써 여러분이 배운 내용을 자신의 말로 정리하여 쓸 수 있도록 도와줍니다. 다른 사람이 요약한 내용이 아닌 스스로 요약한 내용은 기억에 오랫동안 남을 뿐만 아니라 배운 내용 중에서 핵심 내용만을 파악하여 전체 내용에 대한 정리를 할 수 있게 도와줍니다. 만약 여러분만의 필기법이 있다면 그 필기법을 코넬 노트필기 양식에 적용해 보길 바랍니다. 그러면 더 효과적인 필기 전략을 가질 수 있을 것입니다.

- **제목 영역**

제목 영역에는 수업한 날짜와 강의 주제, 수업목표 등을 적습니다.

- **필기 영역**

필기 영역은 수업시간에 활용하는 영역으로 수업내용이나 교재내용, 교수님이 말씀하시는 내용, 교재의 중요 부분 등을 중심으로 기록하는 영역입니다. 여러분이 기억해야 할 내용들은 가급적 자세히 순서대로 기록하는 것이 좋으며 나중에 봤을 때 이해할 수 있도록 적습니다. 자주 사용하는 단어들은 기호 또는 축약어를 만들어 사용합니다. 그리고 중요한 내용은 다른 색으로 표시합니다.

- **키워드 영역**

키워드 영역은 수업 직후 활용하는 영역으로 필기 영역에 있는 중요한 사실들을 연결하여 연상할 수 있도록 해 주는 질문이나 핵심 단어를 간단히 기록하는 영역입니다. 나중에 복습을 할 때 이곳을 보면 중요한 사실들을 먼저 파악할 수 있습니다. 필기 영역의 내용을 확인할 때는 오른쪽의 필기 영역을 다른 종이로 가린 다음, 왼쪽의 키워드들을 보면서 오른쪽의 필기 내용을 떠올려 보면 됩니다.

- **요약 영역**

요약 영역은 그날 수업한 내용을 복습할 때 활용하는 영역으로써 키워드 영역에 기록된 핵심 단어와 필기 영역에 기록된 중요한 내용을 바탕으로 하여 한두 문장으로 요약문을 기록하는 곳입니다. 요약 영역은 전체 내용의 핵심 내용만 정리된 것이기 때문에 복습할 시간이 많지 않을 때 이곳의 요약문을 보면서 복습할 수 있습니다.

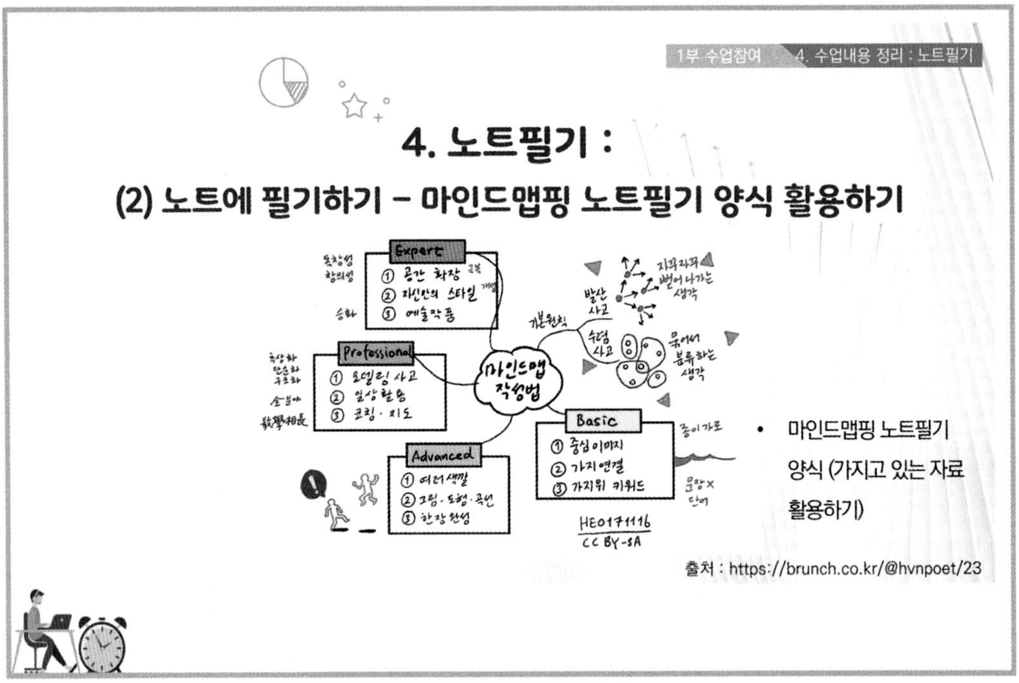

노트필기 방법으로 마인드맵핑을 활용하는 경우도 많습니다. 특히 시각적 학습 스타일을 지닌 학습자는 언어적 학습 스타일을 지닌 학습자에 비해서 마인드맵핑 필기법이 효과적일 수 있습니다. 마인드맵핑은 아이디어들 간 상호 연결 상태를 계층적으로, 시각적으로 보여 주는 노트필기법이라 볼 수 있습니다. 따라서 큰 개념(주 가지), 중간 개념(부 가지), 소개념(세부 가지) 등을 가지로 연결합니다. 이때 각 가지의 내용은 5~9개를 벗어나지 않는 것이 좋으며 9개도 많다고 생각되는 경우는 5~7개 정도로 정리하는 것이 나중에 내용을 기억할 때 효과적입니다. 지금부터는 마인드맵핑을 작성하는 방법을 살펴보도록 하겠습니다.

- **마인드맵 작성 7원칙**

① 종이의 중심에서 시작합니다.

② 중심 생각을 나타내기 위해 이미지나 사진을 이용합니다(3가지 이상의 색깔).

③ 전체적으로 색깔을 사용합니다.

④ 중심 이미지에서 주 가지로 연결합니다. 주 가지의 끝에서부터 부 가지로 연결합니다. 그리고 부 가지의 끝에서 세부 가지를 연결합니다.

⑤ 직선이든 곡선이든 다양한 형태로 흐름 있게 가지를 만들어 봅니다.

⑥ 각 가지당 하나의 키워드만을 사용해 봅니다.

⑦ 전체적으로 이미지를 사용해 봅니다.

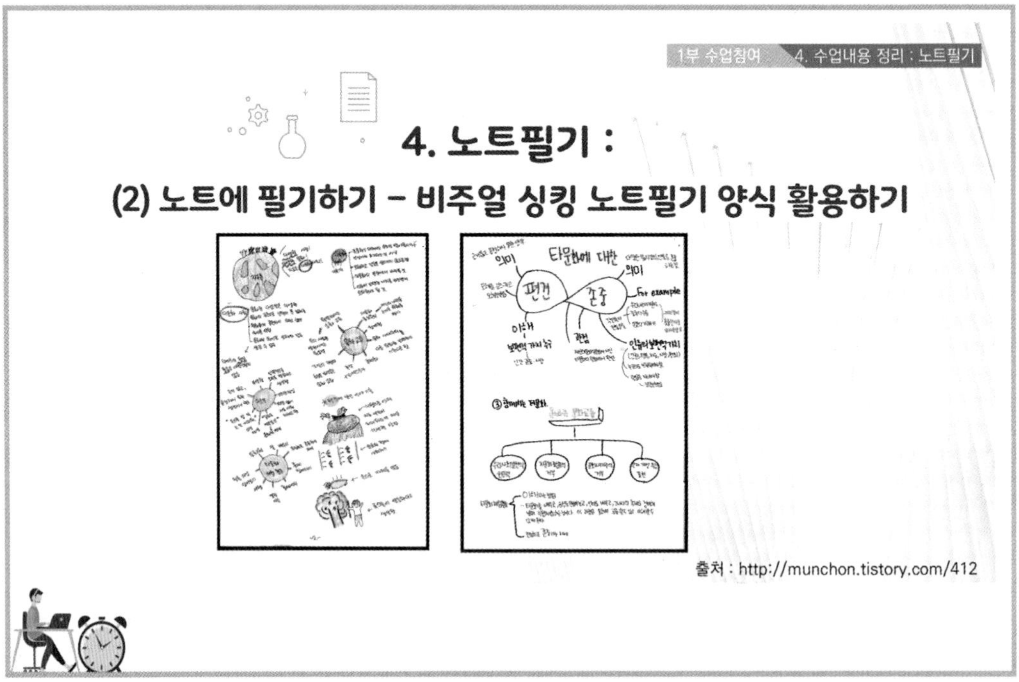

- 비주얼 싱킹 노트필기 양식(가지고 있는 자료 활용하기)

'생각의 그림'이라 할 수 있는 비주얼 싱킹(Visual thinking)으로 노트필기하면 생각과 정보와 지식을 보다 구조화하고 구체적인 이미지로 표현할 수 있습니다. 그래서 내용을 이해가 쉽고 기억은 오래가게 정리할 수 있으므로 공부가 재미있어집니다.

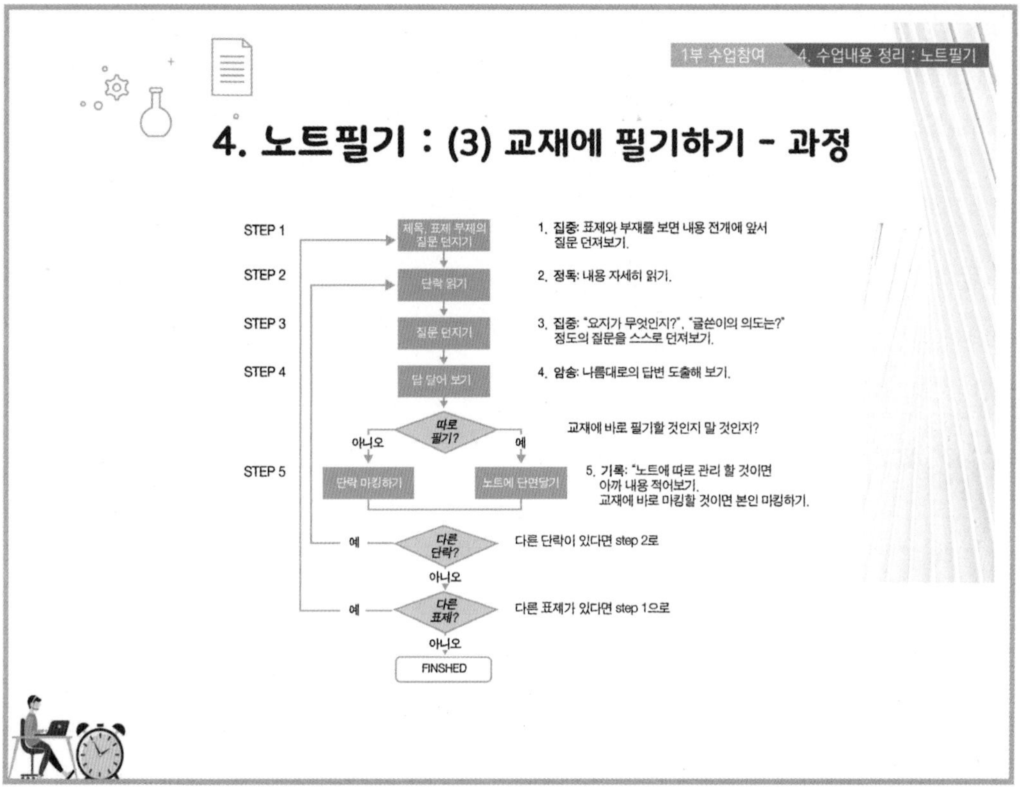

대부분의 노트필기는 강의 중에 이루어집니다. 여러분은 강의 중에 노트필기를 어떻게 하고 있습니까? 과목별로 노트에 하는 학생도 있고, 빈 A4 용지를 반으로 접어 사용하는 학생도 있고, 연습장에 필기하고 나중에 노트로 옮겨 적는 학생도 있으며, 교재에 노트필기를 하는 학생도 있을 것입니다. 수업시간 중에는 교재에 필기를 하는 것이 더 편할 수 있으므로 지금부터 교재에 필기하는 방법에 대해 살펴볼 것입니다. 정확하게 말하면 교재에 필기하는 절차에 대해 알려 줄 것입니다. 여러분은 총 5단계 중 몇 단계까지 하고 있는지 살펴보고, 다음에서 제시하는 방법대로 하고 있는지 점검하길 바랍니다.

• 단계 1: 집중

표제, 부제, 단원 또는 교재 일부분에 대한 제목을 보면서 이에 대한 대략적 몇 가지 물음을 가지고 정독을 시작합니다. 혹시 이 순간 기억나는 전략이 있습니까? 읽기 전략에서 배운 3가지 읽기 전략 중 SQ3R을 떠올려 보세요. Question이 이 단계와 관련됩니다.

- **단계 2: 정독**

교재 내용을 정독해 가면서 읽습니다. 한 번에 많은 양을 읽지 않아도 됩니다. 조절하면서 읽기를 바랍니다. 이 부분은 역시 SQ3R, S－RUN－R의 Read와 관련됩니다. P2R의 Read Actively와도 관련이 있으니 그 내용을 참고하면 도움이 될 것입니다.

- **단계 3: 질문**

다음 단락으로 넘어가기 전, 전 단락의 요지와 글쓴이의 의도가 무엇이었는지 자문해 봅니다. “요지가 무엇이었지?”, “글쓴이의 의도는?”의 질문을 스스로 던져 보고 답을 하면서 교재 내용을 봐야 합니다.

- **단계 4: 암송**

단계 3에서 도출한 질문에 대해 교재 내용을 떠올리며 자신만의 답을 되뇌어 봅니다.

- **단계 5: 기록**

암송 단계를 통해 나온 자신의 답변에 근거가 될 만한 구절이나 단어에 마킹하거나 필요하면 다른 노트나 메모지에 정리해 봅니다.

위 절차를 단락별로 살펴보면서 새로운 단락이 시작될 때마다 단계 2로 돌아가 다시 시작하면 됩니다. 만약 다른 소단원이 남아 있다면 단계 1부터 시작합니다. 이렇게 하면 효과적으로 교재에 필기할 수 있습니다. 한 번에 많은 양을 하려고 하지 마세요. 처음 시작할 때는 1페이지 분량으로 시작하길 추천합니다. 절차가 익숙해지면 페이지 분량을 조금씩 늘려 가면서 연습하세요. 그러면 여러분은 교재를 노트로도 활용할 수 있을 것입니다.

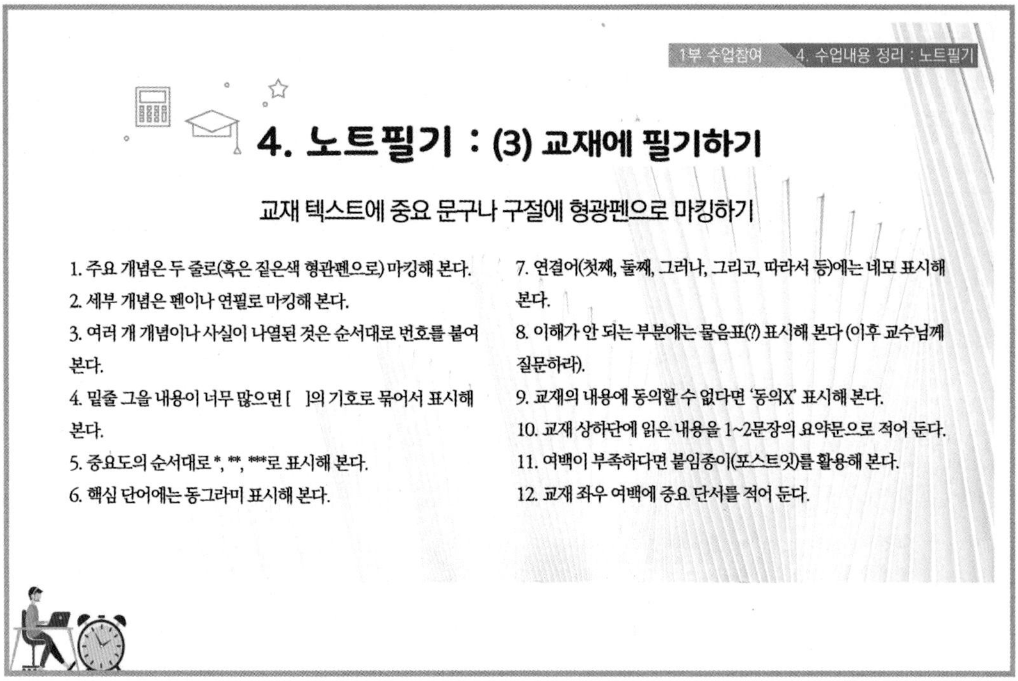

노트필기를 할 때 코넬 필기법이 유용하게 쓰이는 것처럼 교재에 곧바로 필기할 때도 코넬 필기 전략을 적용할 수 있습니다. 교재에 곧바로 필기를 해야 할 경우, 교재 좌우 여백이 단서 영역(cue column)이 될 수도 있고, 상단이나 하단의 여백이 요약 영역(summary area)이 될 수도 있습니다. 물론 큰 차이점이 있다면 노트필기할 공간의 차이라 할 수 있습니다. 교재는 각 페이지마다 글이 적혀 있습니다. 코넬 필기법의 필기 영역(note taking area)에 해당되는 부분이 글로 가득 채워져 있기 때문에 글을 적을 수 있는 공간이 없습니다. 그럴 경우 중요 문구나 구절에 형광펜이나 볼펜으로 밑줄을 그어 마킹(marking)함으로써 해결할 수 있는데 그 구체적인 방법을 살펴보도록 하겠습니다. 교재를 한 권 준비하여 필기를 해야 할 단원을 펼쳐 봅니다.

- **중요 문구 및 구절 형광펜으로 표시하기(12가지 방법)**

① 책 내용을 읽어 보고 수업시간에 들었던 주요 개념을 찾아서 두 줄 혹은 짙은색의 형광펜으로 표시합니다.

② 주요 개념을 설명하는 세부 개념은 펜이나 연필로 표시합니다.

③ 어떤 내용이 '~ 하고, ~ 하며, ~ 한다'라는 식으로 나열된 경우 그 각각에 순서대로 번호를 매깁니다.

④ 밑줄을 칠 내용이 많은 경우 [ ] 안에 묶어서 표시를 합니다.

⑤ 중요도의 순서에 따라 각각 별표의 개수를 다르게 표시합니다.

⑥ 교재에 나오는 핵심 단어는 동그라미 표시를 합니다.

⑦ 연결어(첫째, 그러나, 그리고 등)에는 네모 표시를 합니다.

⑧ 이해가 안 되는 부분에 물음표 표시를 합니다.

⑨ 교재의 내용에 동의할 수 없다면 '동의 ×' 표시를 합니다.

⑩ 교재 상·하단에 빈 여백에 읽은 내용을 1~2문장 요약해서 적어 둡니다.

⑪ 여백이 부족하면 포스트잇을 활용하여 내용을 채웁니다.

⑫ 교재 좌우 여백에 중요 단서를 적어 둡니다.

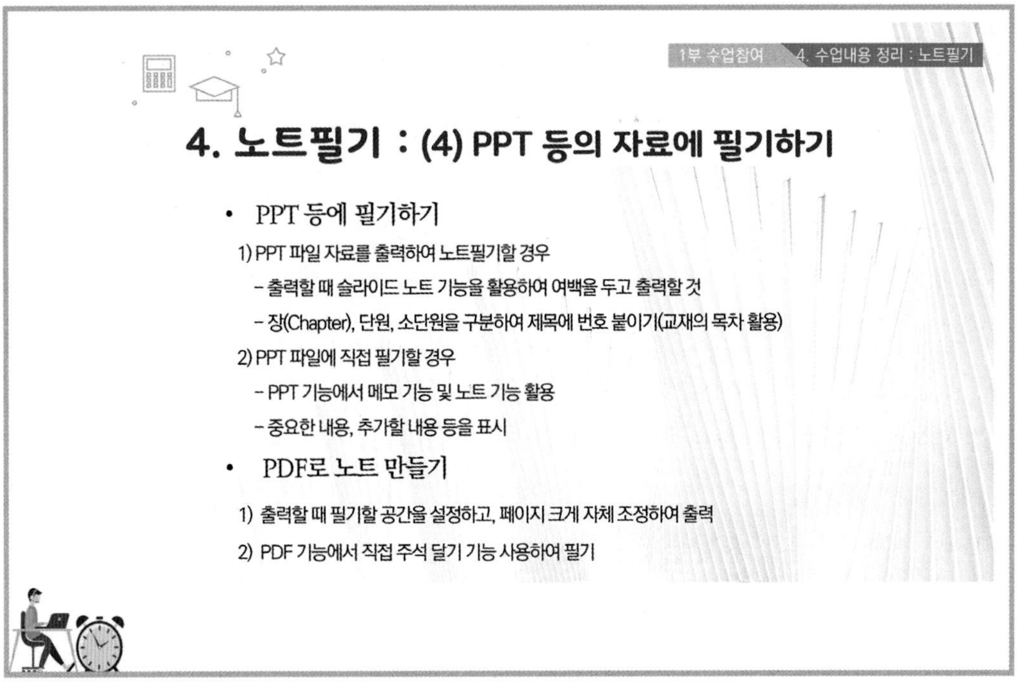

앞에서도 잠깐 언급했듯이 대학수업에서는 교재를 활용하여 수업하는 교수님도 있지만 PPT 강의안 위주로 수업을 하는 경우도 자주 있습니다. 이때 일부 학습자들은 교수님의 PPT 강의안이 교재 내용을 요약한 것이라고 생각하고 그 PPT 강의안만 외우면 공부는 잘될 것이라고 착각합니다. 그러나 그 요약된 PPT 자료는 교수님이 요약한 자료이지 학습자가 요약한 자료가 아니기 때문에 오히려 교재를 읽을 때보다 이해하기가 더 어려울 수도 있습니다. 이럴 경우 학습자는 요약하여 정리하는 것이 아니라 요약된 내용에 살을 붙이는 연습을 해야 합니다. 교수님의 자료는 뼈대만 있기 때문에 그 뼈대만 보고서는 형체를 짐작하기 어려울 수 있습니다. 그렇기 때문에 뼈대에 살을 붙여서 실제 형체가 무엇인지 찾아가는 작업을 해야 하는 것입니다. 그래서 노트필기를 무조건 요약정리하는 것이라고 생각해서는 안 됩니다.

• PPT 자료에 필기하기

PPT 자료 또는 수업시간에 교수님이 주는 파일로만 강의 노트를 만들어야 한다면 재구성이 필요합니다. PPT 자료를 출력해서 필기를 하고 싶다면 슬라이드의 노트 기능을 활용하여 여백을 충분히 두고 출력을 합니다. 수업시간 전 출력한 PPT에 교재의 목차를 보면서 장(Chapter), 단원, 소단원 등 제목을 미리 적어 둡니다. 그리고 수업시간 전 포스트잇도 미리 준비를 합니다. 수업시간에 교수가 설명하는 내용을 슬라이드 노트 칸에 적고, 설명하는 내용이 많을 경우에는 포스트잇을 활용하도록 합니다. PPT 파일에 직접 필기를 할 경우도 노트 기능을 활용하면 됩니다. 그리고 포스트잇 대신 메모 기능을 활용하여 내용을 덧붙이면 됩니다. 다시 한 번 말하지만 PPT 강의 자료로 수업하는 경우에는 수업이 끝난 후, 복습을 할 때 그 내용을 이해할 수 있게끔 설명을 덧붙이는 필기를 하는 것이 중요합니다. 개조식으로 간략하게 적힌 내용을 수업시간에 이해했다 하더라도 시간이 지난 후 다시 살펴볼 때는 무슨 말인지 이해를 못 하는 경우가 많으므로 반드시 내용을 이해할 수 있게 살을 붙이는 작업이 필요합니다.

• PDF로 노트 만들기

간혹 PDF에 내용을 필기해야 하는 경우도 있는데 이때는 파일을 출력할 때 필기할 공간을 두고 출력하여 그 빈 공간에 설명을 필기하면 됩니다. 그리고 직접적으로 주석 달기 기능 등을 활용하여 필기를 하는 것도 방법이 될 수 있습니다.

참고문헌

- 김영채 (2005). 생각하는 독서. 서울: 박영사.
- 김혜온, 김수정 (2008). 대학생을 위한 자기주도학습 기술. 서울: 학지사.
- 동의대학교 진로터틀북 Chapter 5. 학습방법편.
- Browne, M. N., & Keeley, S. M. (2000). *Critical thinking: Asking the right questions.* Pearson Custom Publishing.
- Constance Staley (2015). *FOCUS on College Success,* Fourth Edition. Boston. USA: Cengage Learning.
- Dianna L. Van Blerkom (2012). *College Study Skills: Becoming a Strategic Leaner,* Seventh Edition. Boston. USA: Wadsworth.
- Walter Pauk, Ross J. Q. Owens (2014). *How To Study In College,* Eleventh Edition. Boston. USA: Wadsworth.

2. 교재 이해를 위한 읽기 : (8-1) P2R 전략

활동지번호: 1-2-8-1

활동지명: P2R 전략

지금 읽고 있는 교재에서 한 단원을 선택하여 P2R 전략을 적용해 봅시다. 전략과 함께 제시되어 있는 실천 내용을 확인하면서 전략을 천천히 적용해 봅시다. 혼자 하기보다는 같은 교재를 읽는 친구와 함께 하면 전략을 점검하면서 실천할 수 있습니다.

P2R 과정	실천 내용
개관(Preview) – 미리 훑어보기	• 훑어 읽어 보니 대충 어떤 내용인 것 같나요? • 제목, 진한 글씨, 삽화, 그림, 표나 그래프 등을 봤나요? • 요약문을 읽거나 마지막 두 단락을 읽었나요?
읽기(Read Actively) – 적극적인 읽기 활동	• 형광펜 등을 이용해서 핵심 내용에 강조 표시를 했나요? • 노트에 제목을 적고, 중요한 내용을 간략히 적었나요? • 교재의 여백을 이용하여 질문을 적거나 주요 내용을 적었나요?
복습(Review) – 이해 점검	• 질문에 대해 답할 수 있나요? • 제목을 활용하여 읽었던 주요 내용이나 개념을 암송할 수 있나요? • 단원 끝에 있는 질문에 답해 보았나요?

4. 수업정리: 노트필기 :
(3) 노트에 필기하기

활동지번호: 1-4-3

활동지명: 마인드맵핑 노트필기 양식 활용

노트필기해야 할 내용을 교재에서 선정한 다음 아래의 마인드맵 양식을 활용하여 노트필기합니다. 가운데 동그라미에는 제목이나 핵심 키워드를 적고 그 다음 작은 동그라미에는 하위 세부 내용을 적습니다.

제2부

과 제

1. 리포트 작성
2. 발표
3. 팀프로젝트

1. 리포트 작성

대학에서 리포트 작성은 문제풀이 위주의 과제와는 다른 종합 글쓰기 과정이다. 리포트 작성에는 ①주제를 정확히 이해하고, 주제에 맞는 자료를 수집하고 분석하여 종합적으로 정리할 수 있는 능력과 ②방대한 자료를 통합하고 수렴할 수 있는 비판적 사고 능력, ③수렴한 자료를 바탕으로 한 창의적 글쓰기 능력이 요구된다. 이들 중 본 장에서는 주제 이해, 자료 수집과 자료 정리, 글쓰기, 편집 방법에 대해 다룰 것이다. 이 장의 내용은 대학생이 효율적으로 리포트를 작성하는 데 도움이 될 것이다.

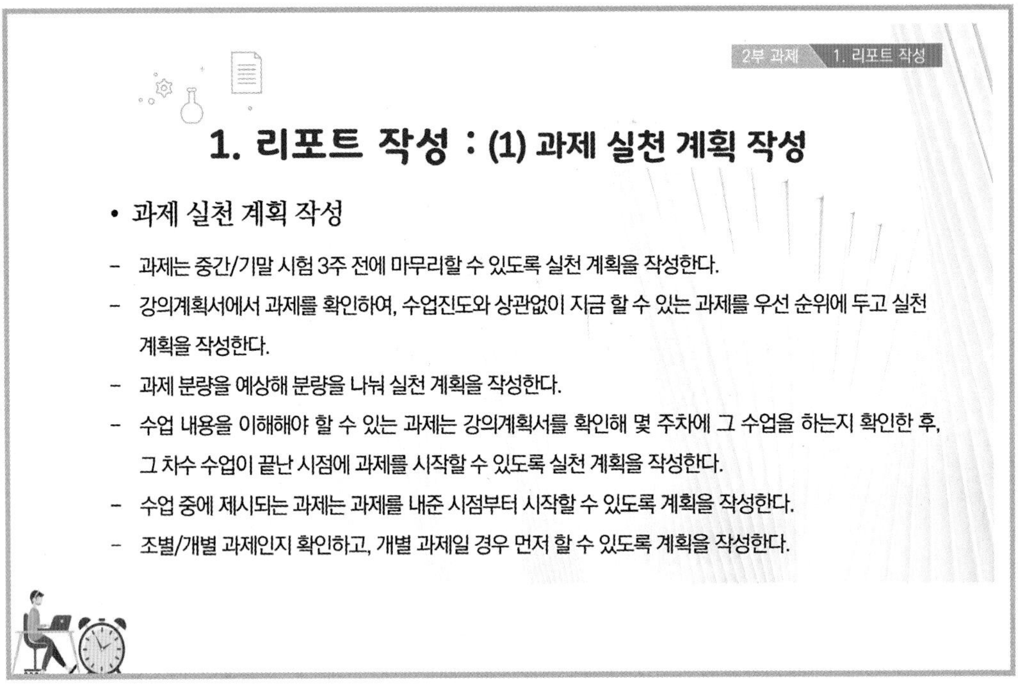

이 시간에는 리포트 작성을 시작하기 전에 과제 실천 계획을 세우는 방법에 대해 살펴보겠습니다. 대학수업에서 과제는 주로 중간고사 및 기말고사 전후에 한 번씩 제출하게 됩니다. 우리는 시험준비를 할 때 계획을 세워 공부하지만, 과제는 계획을 세워서 하는 경우가 많지 않습니다. 대학 공부에서 점수 비중이 낮은 과제를 하느라 시험공부를 할 시간을 놓치는 경우를 종종 봅니다. 따라서 과제 실천 계획을 세우는 것은 대학 학점관리에서 중요한 부분입니다. 워크시트를 활용해서 과제 실천 계획을 세우면 이해가 더욱 쉬울 것입니다.

• 과제는 중간/기말 시험 3주 전에 마무리할 수 있도록 계획하기

먼저 과제 계획을 세울 때 중요한 것은 중간시험과 기말시험을 기준으로 3주 전에 과제를 모두 마무리할 수 있게 계획을 세워야 한다는 것입니다. 만약 시험기간 3주 전에 과제를 마무리 짓지 못하면 시험공부를 해야 할 시간에 과제를 해야 할 수 있습니다.

그럴 경우 과제하느라 시간을 빼앗겨 시험공부에 집중하지 못해 시험까지 망치게 될 수 있습니다.

• 강의계획서에서 과제 확인하고 과제 우선순위 정하기

수업 첫 시간 오리엔테이션에서 강의계획서를 통해 교수님이 언급한 과제명을 보고 과제 계획을 세웁니다. 어떤 내용을 요약하라는 과제일 경우, 수업과 상관없이 미리 할 수 있는 과제이므로 그런 과제를 우선순위로 두고 계획을 작성합니다.

• 과제 분량을 예상한 후 분량을 소분하여 실천 계획 짜기

과제 계획을 세울 때는 과제의 분량을 개략적으로 생각해 보고 시간이 얼마나 걸릴지 예상해 본 후 시간 계획을 세웁니다.

• 수업내용을 이해하고 시작해야 하는 과제는 관련 수업 종료 후 바로 시작하기

특정한 장을 배워야 할 수 있는 과제도 있습니다. 그럴 경우는 그 장의 수업이 끝나는 날부터 과제를 시작할 수 있도록 계획을 세워야 합니다.

• 수업 중에 제시한 과제는 바로 시작하기

교수님이 강의계획서에서 제시하지 않은 과제를 수업 중에 내주는 경우가 종종 있습니다. 그럴 때는 과제 마감일을 중심으로 과제를 시작하는 것이 아니라, 과제를 내준 시점부터 바로 과제를 시작하도록 해야 합니다.

• 조별 및 개별 과제 구분하여 계획 작성하기

과제가 조별 과제인지 개별 과제인지 구분하여 개별 과제를 먼저 할 수 있도록 계획을 세워서 실천해야 합니다. 개별 과제를 먼저 다하고 나면, 조별 과제모임에도 여유 있게 참여할 수 있고 개인 시간을 방해받는다는 생각도 줄어들 것입니다.

2부 과제 1. 리포트 작성

1. 리포트 작성 : (2) 과제 실천 전략

• 과제 실천 전략

1. 어려운 과제나 좋아하지 않는 과제를 먼저 시작한다.
2. 매주 특정 요일이나 특정 시간을 '과제 시간'으로 정하고 그 시간에는 과제만 한다.
3. 조별 과제보다 개별 과제를 미리 끝낼 수 있도록 한다.
4. 자신이 과제하는 스타일을 파악한다.
5. 부득이한 경우(수시시험이나 시험이 있는 경우) 과제를 포기하거나 연기한다.

과제는 과제 계획표를 세웠다고 저절로 완성되지 않습니다. 많은 대학생이 계획을 충실히 세우지만 '잘 세운' 계획에 만족하는 경우가 허다합니다. 아무리 계획을 잘 세웠더라도 실천을 하지 않는다면 아무런 소용이 없습니다. 어떤 대학생은 계획을 세우는 그 시간마저 낭비로 느끼고, 실천하지 않는 계획을 세우지 않으며, 계획 자체를 무의미한 것으로 보기도 합니다. 정말 계획이 의미가 없을까요? 당연히 아닙니다. 계획을 탓하지 말고 계획을 실천하지 않는 스스로를 탓해야 합니다. 그리고 과제 계획을 제대로 실천하기 위한 전략이 필요합니다. 지금부터 어떻게 과제를 수행할지 그 전략을 살펴보겠습니다.

• 어려운 과제나 좋아하지 않는 교과목 과제 먼저 시작하기

과제는 어려운 과제나 좋아하지 않는 과제를 먼저 하는 것이 좋습니다. 이것은 교과학습을 할 때도 마찬가지입니다. 왜냐하면 어려운 과제는 시간 여유가 충분할 때, 보다 더 집중이 잘되고, 좋아하지 않는 과목은 하기 싫은 마음을 이겨 내고 완료했을 때, 성취감이 생겨 다른 과제를 수행하는 데 도움이 되기 때문입니다.

• 시간 정해서 과제하기

매주 특정 요일이나 특정 시간을 '과제 시간'으로 정하고 그때는 과제만 하는 것이 좋습니다. 그렇게 하면 일반적으로 전공 교과목을 예습하거나 영어공부를 할 때도 집중하여 할 수 있는 장점이 있습니다. 그리고 갑자기 공강 시간이 되었을 때 할 과제도 미리 계획해 두는 것도 좋은 전략입니다.

• 조별 과제보다 개별 과제 먼저 하기

과제 계획을 실천할 때는 조별 과제보다는 개별 과제를 미리 끝내는 것이 좋습니다. 조별 과제는 조원들과 시간 맞추느라 자신의 계획대로 되지 않을 수 있습니다. 개별 과제를 계획에 맞춰 먼저 끝내는 것이 추후 변동성이 큰 조별 과제 수행에 유연하게 대처할 수 있어 유리합니다.

• 자신의 과제 스타일 파악하기

자신이 과제를 수행하는 스타일을 점검하여 계획에 반영하는 것이 도움이 됩니다. 자신이 과제하는 스타일이 마감일이 다가와야 집중이 잘되는 편이라면 마감 직전부터 필요한 시간만큼 예상해 계획을 잡는 것이 좋을 수 있습니다. 반면, 미리 과제를 해 둬야 마음이 편한 스타일이라면 과제가 공지된 즉시 과제를 시작하는 것이 좋을 수 있습니다. 단, 스타일이 다르더라도 제출 전에는 한 번 점검할 시간을 반드시 계획해 두는 것이 좋습니다.

• 과제를 포기하거나 연기하기

과제는 마감일에 맞춰 제출하는 것이 최선입니다. 하지만 교수님이 갑자기 수시시험을 친다고 하거나 혹은 다른 더 배점이 높고 중요한 과제를 해야 하는 부득이한 상황이 닥칠 수 있습니다. 이럴 경우, 과제를 포기하거나 연기하는 것도 방법이 됩니다. 왜냐하면 일반적으로 과제 점수보다는 시험 배점이 높기 때문입니다. 그러나 이런 일이 최대한 생기지 않아야 좋은 학점이나 국가 장학금을 받는 데 유리할 것입니다.

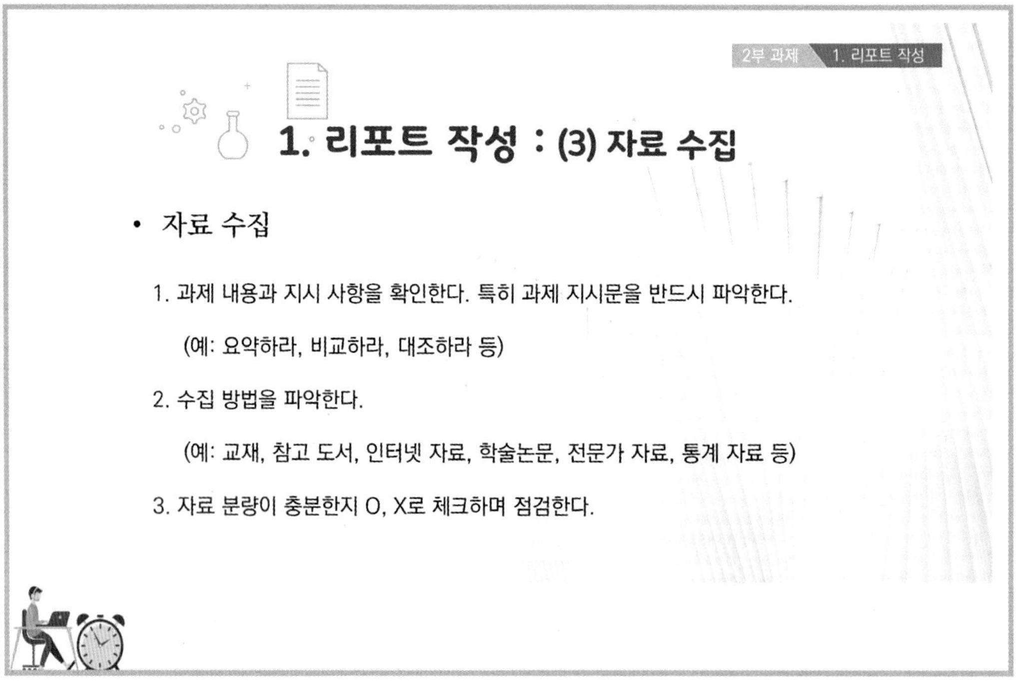

과제 실천 계획을 세우고 실천 전략을 습득하였다면, 리포트 작성을 시작해야 합니다. 대학에서 리포트 작성은 학술적 글쓰기에 해당합니다. 또한 리포트 작성은 배운 지식을 바탕으로 스스로 문제를 탐구하기 위한 방법이고 교과목의 내용을 더욱 심도 있게 이해하였는지를 평가받는 수단이 됩니다(안상희, 2013). 따라서 학술적 글쓰기에 해당하는 리포트 작성을 위해서는 지시 사항을 확인하고, 리포트 내용과 관련된 다양하고 많은 근거 자료를 수집하여 충분한 분량으로 작성하는 것이 중요합니다. 이를 위해 자료 수집 방법에 대해 살펴보도록 보겠습니다.

• 과제 내용과 지시 사항 확인하기

자료 수집에 앞서 해야 할 일은 과제 내용부터 정확하게 파악해야 합니다. 과제에서 요구하는 사항을 잘 확인해야 합니다. 교재 주요 내용을 요약하는 과제인지, 서로 다른 내용을 비교하는 하는 과제인지, 대조하는 과제인지 등을 명확하게 살펴보아야 합니다.

만약 교재 주요 내용을 요약하는 과제라면 내용을 정확하게 읽고 이해하여 주요 내용을 중심으로 정리하면 될 것입니다. 비교·분석하는 과제는 두 가지 이상의 내용을 파악하여 공통점이나 차이점을 반드시 기술해야 합니다. 대조하는 과제는 두 가지 이상 내용에서 반대되는 내용의 차이를 기술하면 됩니다.

• 자료 수집 방법 파악하기

과제가 요구하는 바를 정확하게 파악하였다면, 과제 주제와 관련된 자료를 수집해야 합니다. 교재 내용을 훑어보고 과제를 할 수 있는지 파악합니다. 교재만으로는 부족할 경우에는 다른 도서, 인터넷 자료, 논문, 전문가 자료, 통계 자료 등을 찾아봐야 합니다. 이때 자료는 되도록 최신 자료를 수집합니다. 그리고 논문은 권위 있는 학술지에 실린 논문을 수집하며, 전문가 자료도 그 분야에서 최고로 꼽히는 전문가가 작성한 자료를 수집합니다. 특히 인터넷 자료에서 지식인 검색 자료 등은 신뢰성이 떨어지는 경우가 있으므로 신뢰성 여부를 확인하면서 자료를 수집하도록 합니다.

• 자료 수집 분량 체크하기

자료 수집이 완료되면 자료 분량이 과제를 할 만큼 충분한지 확인합니다. 자료 분량이 부족하다는 생각이 들면 주제에 맞는 자료를 더 수집합니다. 자료가 충분히 확보가 되었다는 확신이 들 때, 리포트 작성에 들어가야 합니다. 그러나 과제를 수행하는 과정에서 자료가 부족하다고 생각되면, 수시로 필요한 자료를 보충 수집하여 과제를 완성할 수도 있습니다.

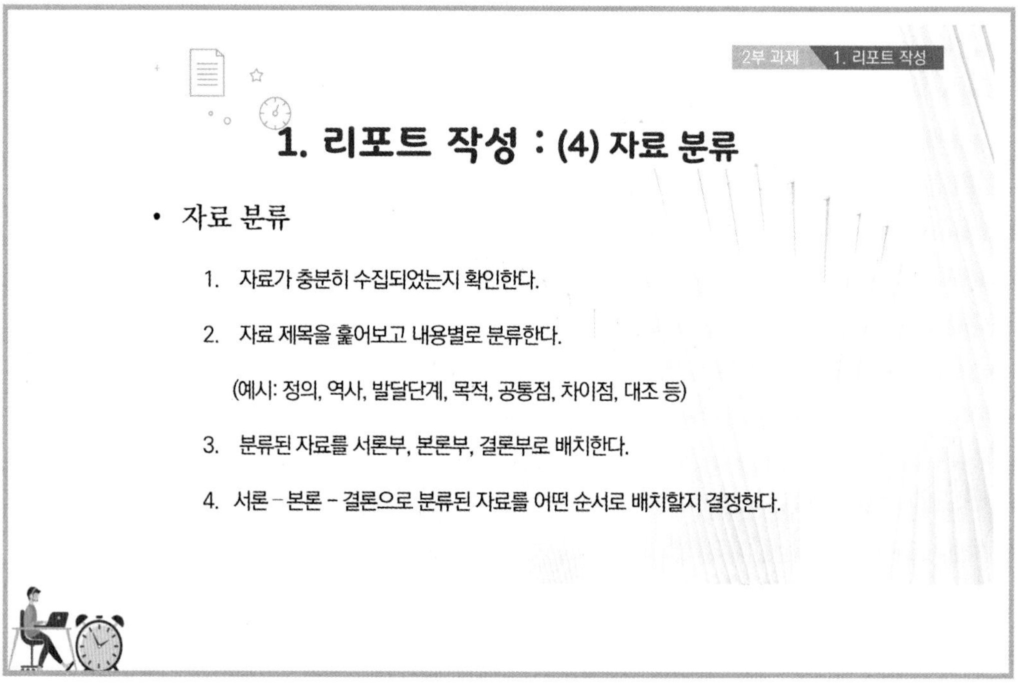

자료를 충분히 수집하였다면 수집된 자료를 분류하는 작업을 해야 합니다. 분류 작업을 하지 않고 과제 작성을 바로 시작할 경우, 자료 내용이 섞여 있어 체계적인 정리가 어렵습니다.

● 주제에 맞게 자료가 충분히 수집되었는지 확인하기

과제 주제에 맞게 자료가 충분히 수집되었는지 확인합니다. 자료가 부족하다고 생각될 경우에는 자료를 추가적으로 최대한 수집한 후 분류작업을 하는 것이 좋습니다.

● 제목 확인 후 내용별 분류하기

수집된 자료의 제목이나 내용을 훑어본 후 각 자료를 비슷한 내용별로 분류합니다. 용어의 정의는 정의대로, 역사는 역사대로, 필요성은 필요성대로, 통계 자료는 통계 자료대로, 공통점, 차이점 등 각각 내용에 맞춰 분류를 합니다.

• **자료를 서론부, 본론부, 결론부로 배치하기**

내용별로 분류한 자료를 다시 읽으면서 서론부, 본론부, 결론부 중 어느 위치에 넣으면 좋을지를 결정합니다. 분류된 자료는 처음 정한 위치에 꼭 넣어야 하는 것은 아닙니다. 나중에 과제를 작성하는 과정에서 위치는 언제든지 바꿀 수 있습니다. 처음에는 자료가 어디에 들어가면 좋을지만 결정하면 됩니다.

• **자료 순서 배열하기**

서론부, 본론부, 결론부로 분류된 자료의 내용을 읽어 보고 어떤 순서로 배치할지를 결정합니다. 이때도 과제 작성 과정에서 자료 순서와 내용은 언제든지 바뀔 수 있습니다.

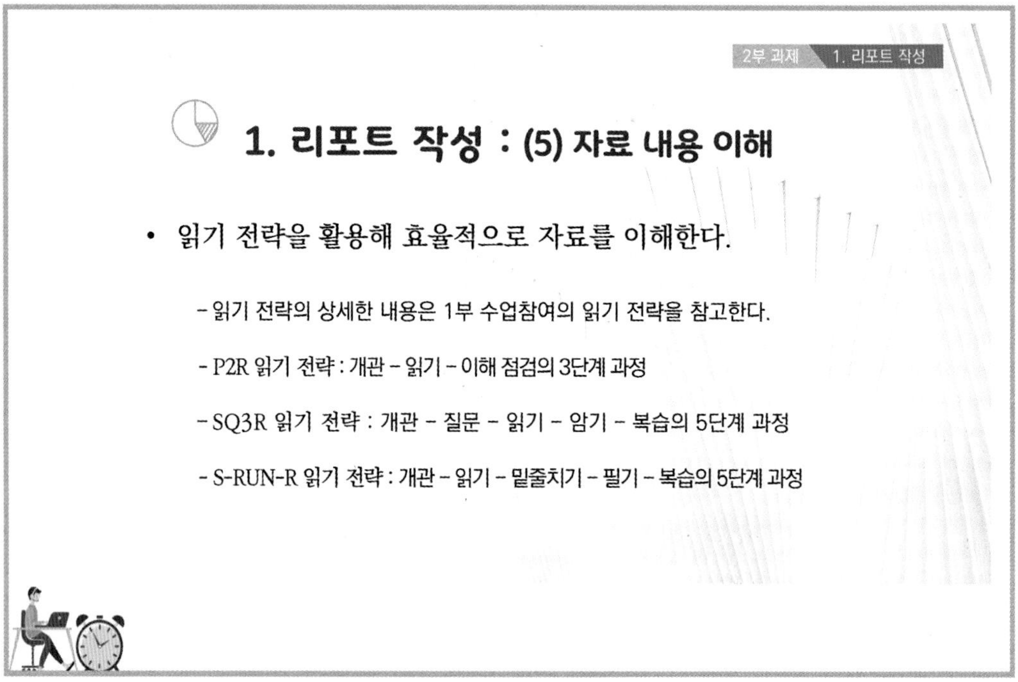

자료 내용 이해는 앞 장에서 배운 읽기 전략을 다시 한 번 살펴보고 P2R, SQ3R, S－RUN－R 전략을 참고하여 자료가 완전히 이해가 될 때까지 탐독합니다. 세 가지 읽기 전략 중 자료를 읽고 이해하는 데 가장 적합하다고 생각되는 전략을 한 가지만 사용합니다.

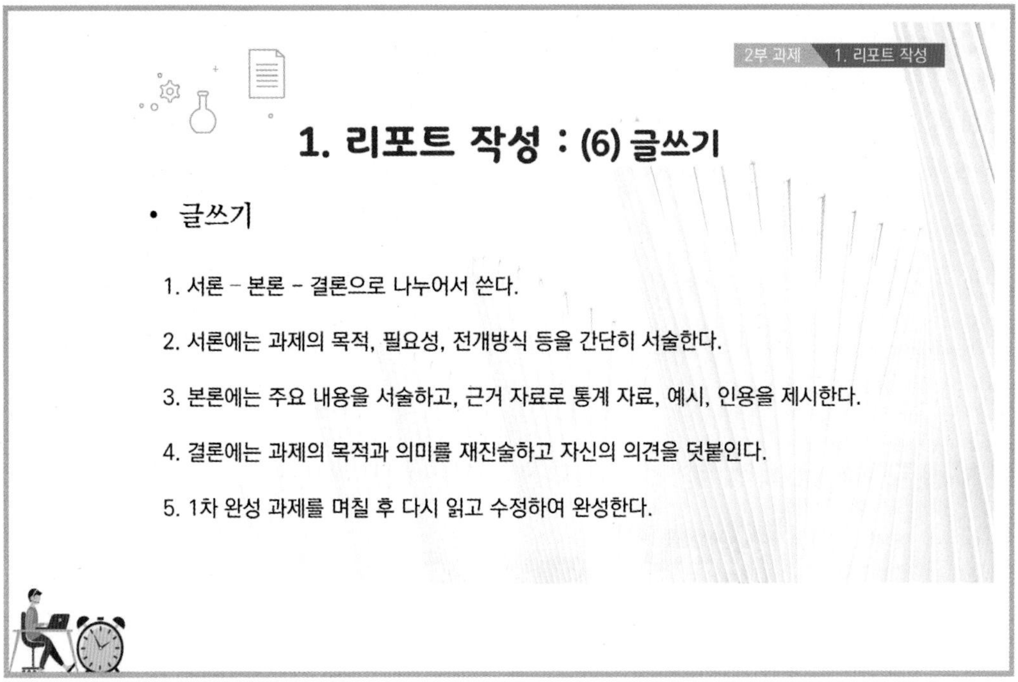

리포트 작성은 글쓰기입니다. 리포트 작성을 할 때는 표지, 목차, 서론, 본론, 결론, 부록, 참고문헌 등 개요부터 작성하고 각 개요에 들어갈 내용을 고민해야 합니다.

• 서론 – 본론 – 결론으로 나누어서 글쓰기

글쓰기에서는 서론, 본론, 결론으로 나누어서 내용을 제시해야 내용을 체계적이고 논리적으로 전달할 수 있습니다.

• 서론은 목적, 필요성, 전개방식 등 서술하기

서론에서 언급해야 할 중요한 내용은 주제에 대한 목적과 필요성입니다. 또한 앞으로 과제에서 본문을 어떤 식으로 전개해 나갈 것인지 본문에 대한 내용과 범위를 개략적으로 적어 주는 것도 필요합니다. 만약 자율 주제에 관해 작성하는 과제라면 왜 그 주제에 대해 관심을 가지게 되었는지에 대한 내용도 첨가하면 좋습니다.

• 본론은 주요 내용과 근거 자료(통계 자료, 예시, 인용 등) 제시하기

본론에서는 서론에서 제시한 범위에 맞게 주요 내용을 기술합니다. 그리고 근거가 될 수 있는 자료나 예시, 인용문 등을 제시합니다. 예를 들어, 본문에서 '과제 작성법을 습득한 학생은 과제 점수를 높게 받았다'라고 서술한 후 수집한 자료 중에서 근거로 제시할 만한 통계 자료를 찾아 '과제 작성법을 습득한 학생 중 70%는 A+를 받은 반면, 과제 작성법을 습득하지 않은 학생 중 A+를 받은 학생은 10%에 불과했다(자료명)'라는 근거를 제시합니다.

• 결론은 과제 목적 및 의미를 재진술하고, 의견 덧붙이기

결론에서는 과제 목적과 의미 등을 포함하여 전반적인 내용을 한 번 요약합니다. 그리고 앞으로의 전망 및 자신의 의견을 담아 서술합니다.

• 과제 완성한 후, 윤문하기

서론, 본론, 결론의 내용을 모두 작성했다면 과제 요구 형식에 맞게 글쓰기를 하였는지 확인하고 맞춤법, 오타 등도 확인합니다. 또한 글을 서술할 때는 '~일지도 모른다.' 등과 같이 모호한 문장을 쓰거나, 자신의 주관적인 생각을 담아서 글을 쓰지 않도록 주의합니다. 마감일에 임박해서 과제를 완성하여 제출하면, 실수가 많고 내용에서 놓치는 부분이 생길 수 있습니다. 그래서 제출일 며칠 전에 1차 초고를 완성하고, 제출일 하루 이틀 전에 다시 한 번 읽고 수정하며 제출하면 과제 완성도가 높아질 것입니다.

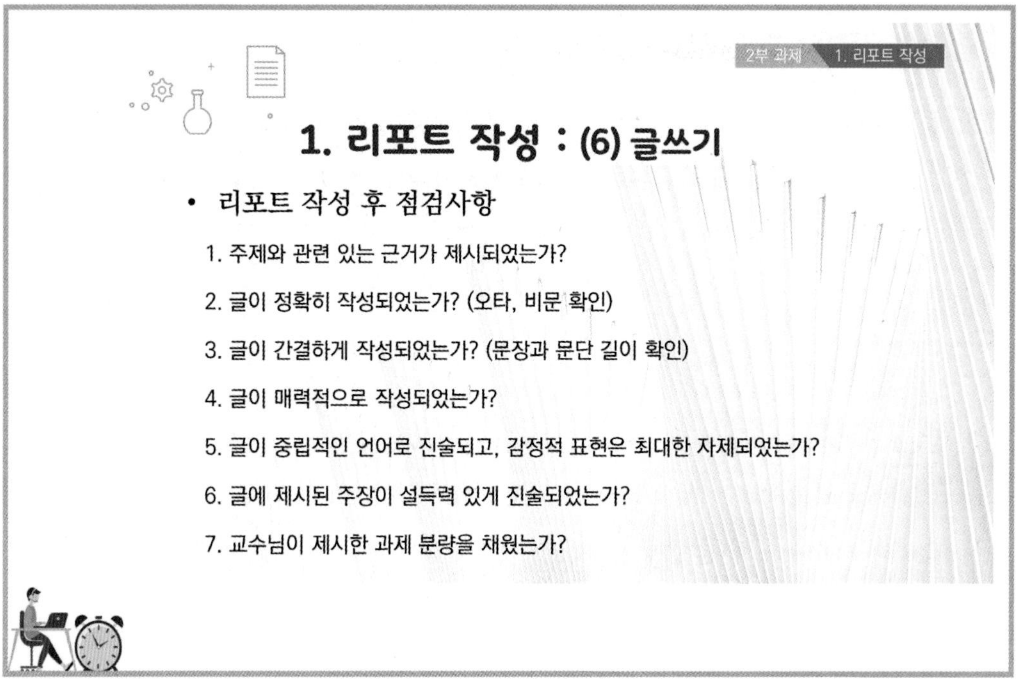

과제의 서론, 본론, 결론의 내용을 모두 서술하였다면, 과제 내용을 다시 한 번 더 검토해 봅니다. 어떤 부분을 중심으로 완성된 과제를 점검해야 하는지 그 내용을 살펴보겠습니다.

• 주제 관련 근거 제시 여부 확인하기

과제 제목이 주제와 비교했을 때 적절한지, 제목과 주제에 맞게 내용이 일관적으로 서술되었는지, 근거로 제시된 내용이 주제를 벗어나지 않았는지 점검해 봐야 합니다. 전체 내용을 읽으면서 글이 논리적이고 짜임새 있게 잘 구성되었는지 살펴봐야 합니다.

• 글의 정확성 확인하기

전체적인 내용을 읽는 동안 오타나 문법적으로 잘못된 문장은 없는지 확인해야 합니다.

- **글의 간결성 확인하기**

한 문단 안에 너무 많은 내용과 중심 생각이 포함되어 문단 길이가 너무 길지 않은지 점검합니다. 한 문장이 너무 긴 경우에는 글을 읽는 사람이 이해하기 쉽도록 문장을 나누어서 간결하게 작성하는 것이 좋습니다.

- **글의 매력 확인하기**

글 내용이 읽는 사람의 호기심과 시선을 끌 수 있는지 살펴봅니다. 매력적인 글이 되려면 같은 단어를 반복적으로 나열하기보다는 의미는 같더라도 비슷한 단어를 찾아서 글을 구성하는 것이 좋습니다. 또한 글 내용이 너무 건조하고 딱딱하지 않은지 확인해 보기 바랍니다.

- **글의 중립성 확인하기**

작성된 글을 읽으면서 감정적인 표현은 없는지 확인해야 합니다. 감정을 호소하는 글이 아니라면 최대한 중립적인 언어로 표현하여 글쓴이의 감정이 독자에게 전달되지 않도록 해야 글 속의 정보를 잘 전달할 수 있습니다.

- **글의 설득력 확인하기**

글이 객관적이고 논리적 내용으로 설득력 있게 서술되었는지 점검합니다. 만약 너무 주관적으로 작성된 글이라면 내용을 수정할 필요가 있습니다.

- **글의 분량 확인하기**

작성한 과제 분량이 적절한지를 검토합니다. 교수님이 요구한 과제 분량이 10페이지 내외인데 20페이지 넘게 작성했다면 내용을 좀 더 간결하게 줄이고, 분량이 적다면 추가 자료를 수집하여 요구하는 분량에 어느 정도 맞게 작성하여 제출합니다.

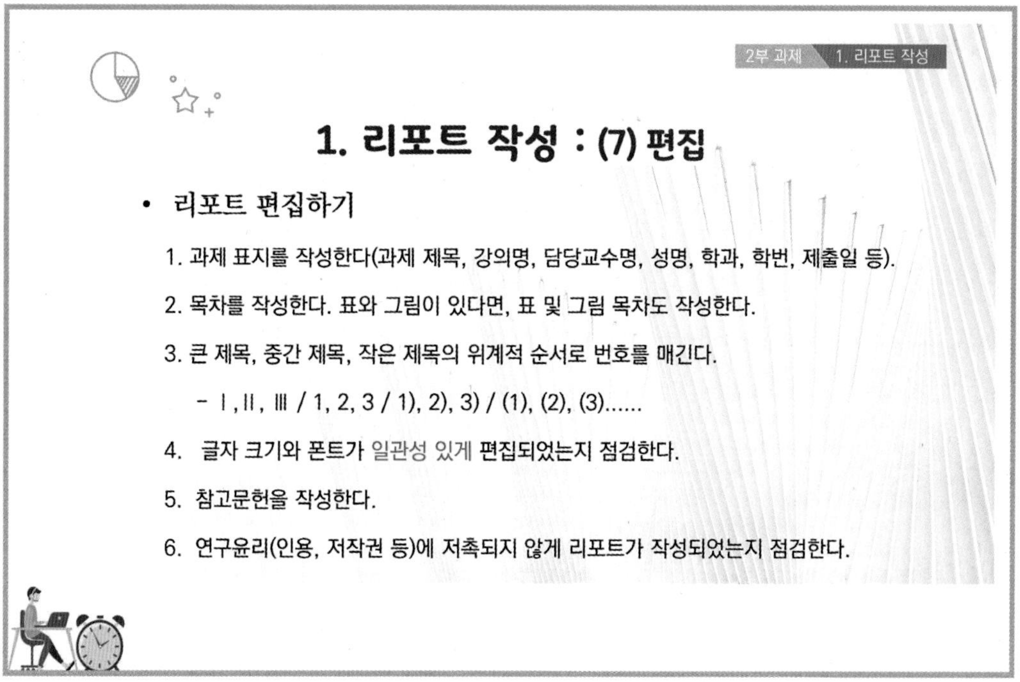

과제의 초고를 작성한 후 초고 과제 내용을 점검했다면, 최종적으로 해야 할 일은 과제 편집입니다. 여기서는 리포트의 전체적인 틀을 어떻게 편집할지에 대해 살펴보겠습니다.

• 과제 표지 작성하기

과제를 제출할 때 표지를 만들지 않고 과제 첫 페이지 상단에 학번과 이름만 적어서 제출하는 학생이 간혹 있습니다. 이럴 경우 교수에게 성의 없이 보일 수 있으므로 과제 표지를 작성해서 제출하는 것이 좋습니다. 과제의 표지에는 과제 제목, 강의명, 담당교수, 성명, 학과, 학번, 제출일 등을 적습니다. 제목은 한눈에 띌 수 있도록 글자체를 크고 진하게 표시합니다. 그리고 여유가 된다면 표지에 학교 마크를 삽입하는 것도 좋은 방법입니다.

• 목차 작성하기

과제를 제출할 때 목차까지 작성하면 과제의 구성 요소를 한눈에 알아볼 수 있고 교수님께도 성의 있게 과제를 작성한 것으로 보일 것입니다. 과제 목차를 작성할 때 큰 제목, 중간 제목, 작은 제목 등 제목만 쓰는 학생이 있는데 목차를 작성할 때는 각 제목의 내용이 시작되는 첫 페이지를 함께 기록해 주는 것이 좋습니다. 또한 본문 내용에서 제시한 표와 그림이 많을 때는 표 목차와 그림 목차를 함께 제시할 필요도 있습니다. 본문에 제시한 표와 그림의 제목과 표, 그림 목차에서 작성한 제목이 동일한지 반드시 확인해야 합니다. 그리고 본문에서 표 제목은 주로 표의 좌측 상단에, 그림 제목은 그림의 하단 중간에 적습니다.

• 위계적 순서에 맞추어 제목 번호 매기기

목차를 모두 작성하였다면 서론, 본론, 결론에 제시된 내용을 중심으로 제목을 잘 기술하였는지 살펴보고 제목의 순서에 따라 위계적으로 번호를 매깁니다.

• 글자 크기 및 폰트 편집하고 점검하기

글자 크기, 폰트 등이 과제 작성방법에 대한 요구사항에 맞게 잘 작성되었는지 확인합니다.

• 참고문헌 작성하기

참고문헌 작성하는 방법은 다음 페이지에서 따로 살펴보겠습니다.

• 연구윤리 확인하기

과제에서 인용한 자료나 내용 등이 저작권을 침해하는 것은 아닌지 점검합니다. 특히 인터넷에서 가져온 사진이나 그림 자료 등은 저작권 침해의 여부가 없는지 반드시 확인한 후에 제출해야 합니다.

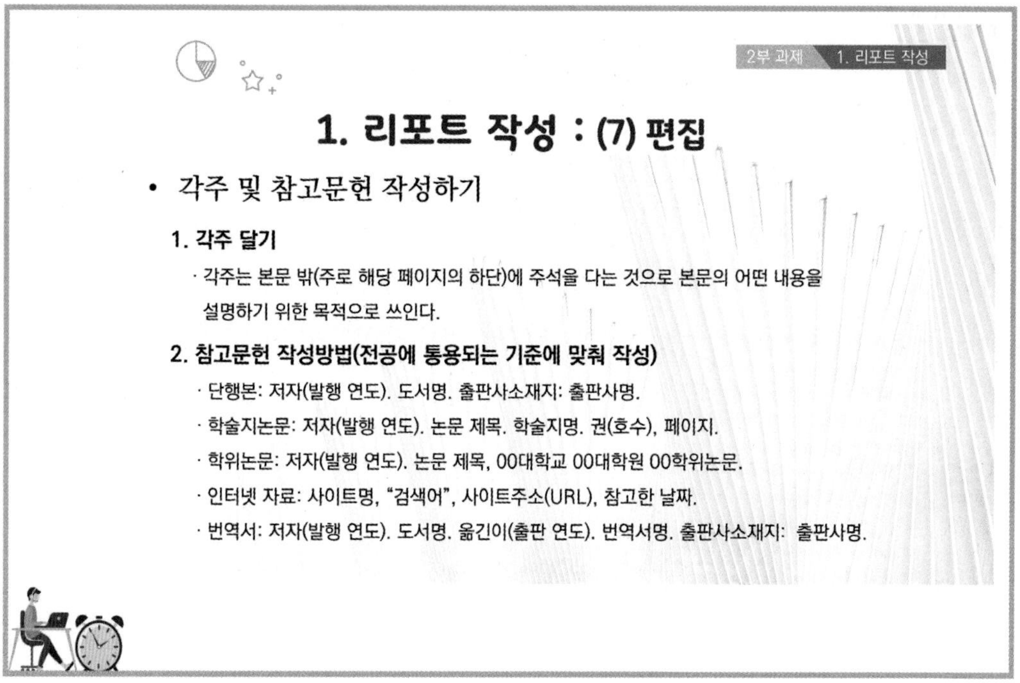

리포트 작성에서 각주 달기 및 참고문헌 작성은 중요합니다. 각주는 어떤 개념이나 내용을 본문에서 밝히지 않고 따로 설명해야 할 필요가 있을 때 그 페이지 하단에 부연 설명하는 글을 다는 것입니다. 참고문헌은 본문에서 인용한 내용의 자료 출처를 밝혀 주는 것으로 대개 과제 맨 마지막 부분에 참고문헌을 모두 모아서 작성합니다. 여기서는 APA(미국심리학회)양식의 참고문헌 작성법을 살펴보겠습니다. 참고문헌 작성법은 계열이나 전공에 따라 조금씩 차이가 있으므로 전공별 참고문헌 작성양식을 찾아본 후 그 양식에 맞춰 작성할 것을 권합니다.

• 참고문헌 작성방법

참고문헌 작성 시 외국 자료보다 우리나라 자료를 먼저 적습니다. 저자 이름은 제1저자를 기준으로 가나다순으로 나열하고, 같은 저자의 자료를 여러 개 사용할 경우에는 발행 연도순으로 나열합니다. 단행본 자료를 작성하는 방법은 저자명을 먼저 쓰고 괄호 안에 발행 연도를 적고 도서명, 발행 장소, 출판사명을 적습니다. 발행 장소는 출판사가 소재한 지역을 말합니다. 발행 장소를 적은 후 콜론(:)을 찍고 출판사명을 적으면 됩니다.

논문 자료 중 학술지 논문을 작성하는 방법은 저자명을 먼저 적고 괄호 안에 발행 연도를 적고 논문 제목, 논문이 게재된 학술지명, 권(호수), 학술지에 게재된 페이지 순으로 적으면 됩니다. 학위논문 작성은 저자, 발행 연도, 논문 제목, 학교명 및 대학원명, 학위명순으로 적습니다. 인터넷 자료는 사이트명, 검색어, 사이트주소, 참고한 날짜순으로 적습니다. 번역서는 저자, 발행 연도, 원저서명을 적고 옮긴이, 출판 연도, 번역서명, 출판사 소재지를 쓴 후 콜론을 찍고 출판사명을 적습니다.

2. 발표

발표는 정해진 시간 내에 청중에게 전달하고자 하는 내용을 설명하고 설득하는 것이다. 대학수업에서는 4~5명이 한 팀을 이루어 수업활동을 토론하고 발표를 하거나, 과제를 주로 발표하게 된다. 다른 사람 앞에서 발표하는 것이 부담이 되어 발표를 기피하기도 한다. 하지만, 대학수업에서 자주 이루어지는 발표에 잘 대처할 수 있어야 한다.

이 장에서는 발표 준비, 발표 시 고려사항, 발표 자료 제작 및 발표하기 전략을 다룰 것이다. 이 장의 내용은 대학생이 실제 수업발표에 적극적으로 활용하는 데 도움이 될 것이다.

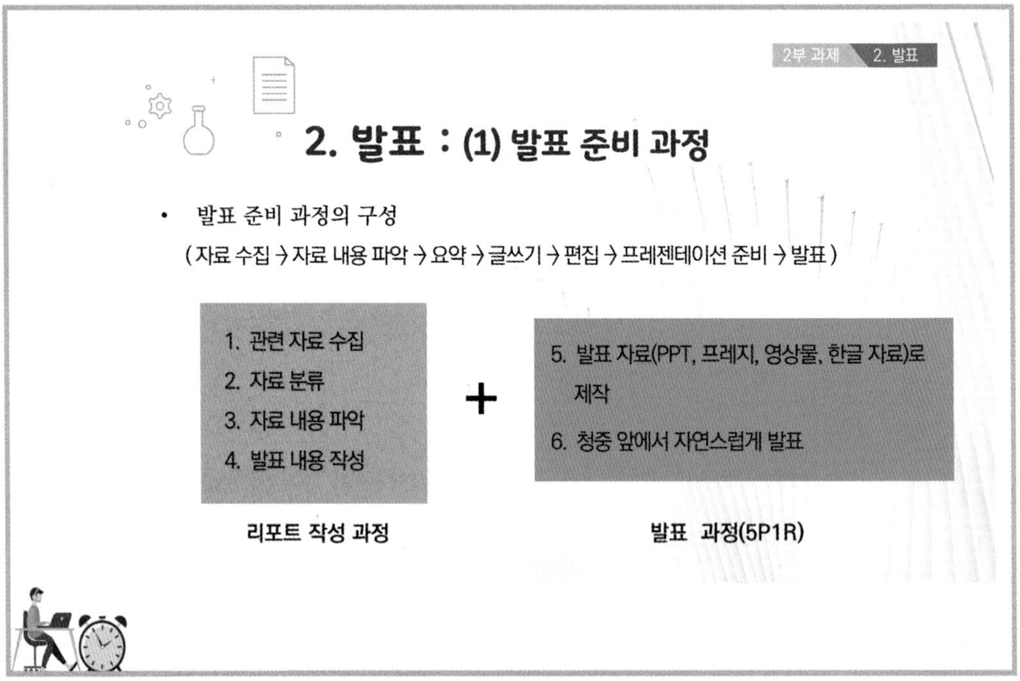

대학수업에서는 발표를 할 기회가 많습니다. 발표를 준비하는 과정은 리포트 작성 과정에 발표 과정을 추가한다고 생각하면 됩니다. 발표 준비 과정은 관련 자료를 수집하여, 분류하고 정리하는 일부터 시작됩니다. 수집된 자료를 읽고 이해하여 발표 내용을 작성합니다. 작성된 내용을 바탕으로 발표 자료를 만들어야 합니다. 그런 다음, 발표 자료는 파워포인트나 프레지, 동영상, 워드, 오피스 한글 등으로 제작합니다. 발표 자료가 완성되면 청중 앞에서 직접 발표하게 됩니다. 발표 자료를 충분히 수집하여 내용을 짜임새 있게 잘 구성합니다. 그렇지 못하면 청중이 발표 내용을 이해하기 힘들 수 있으므로 청중의 입장을 고려하여 자료 수집에서 발표까지의 과정을 꼼꼼히 살펴봐야 합니다.

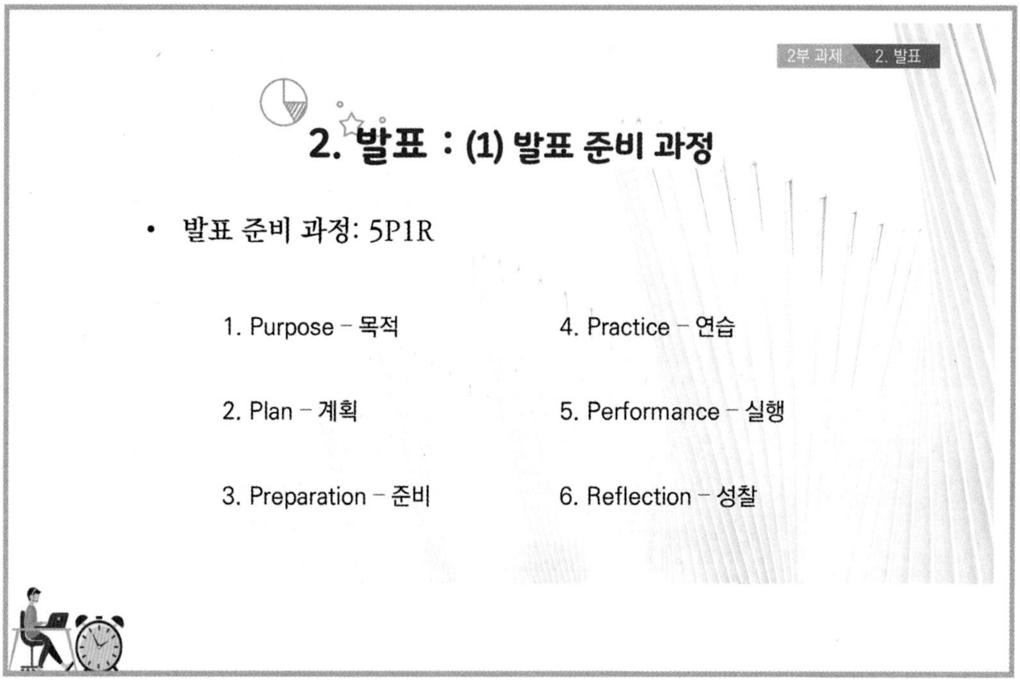

1. [Purpose] 발표의 목적 파악하기

발표의 목적이 청중에게 설명, 설득, 재미, 영감 등 무엇을 위한 것인지 파악해야 합니다. 설명을 위한 발표라면 내용을 충실히 준비하여 그 내용 전달에 집중해야 할 것이고, 설득을 위한 발표라면 청중을 어떻게 설득시킬지 설득의 기술을 부가적으로 생각하면서 발표를 준비해야 할 것입니다.

2. [Plan] 전체적인 발표 계획 수립하기

발표 계획에는 자료 수집 및 분류, 자료 정리, 자료 제작, 시연 횟수 등 전체적인 일정이 포함되어야 합니다. 발표 날짜를 기준으로 자료 수집에서 정리, 발표 자료 제작까지 어느 정도 시간이 걸릴지를 예측해야 합니다. 또한 준비된 자료로 시연을 한 후 피드백을 받아서 수정할 수 있는 시간도 확보할 수 있도록 여유 있게 계획을 세워야 할 것입니다.

3. [Preparation] 발표 준비하기

발표 준비를 할 때는 청중, 발표 시간, 발표 장소 등을 고려하여 발표 자료를 준비해야 합니다. 발표를 듣는 대상의 특성, 인원수 등에 맞게 발표 내용을 준비하고, 발표 분량은 정해진 발표 시간에 맞게 준비합니다. 발표 장소를 파악한 후 필요한 준비물을 점검하고 목소리 크기도 어떻게 할지 미리 고려해야 합니다.

4. [Practice] 발표 연습하기

발표 전에 여러 차례 연습을 해야 발표 당일 목소리, 시선, 위치를 조절하면서 자신감 있게 발표할 수 있습니다. 발표 자료를 아무리 많이 준비하였더라도 발표 당일 자신감 있게 발표하지 못하면 그동안의 노력이 다 헛수고가 될 수 있으니 반드시 여러 번 연습을 하고 발표를 해야 합니다. 발표 연습은 혼자서 하는 것보다 주변 친구나 가족들 앞에서 하는 것이 좋습니다. 주변 피드백에 따라 수정한 후 실제 발표하면 실수 없이 발표를 잘할 수 있을 것입니다.

5. [Performance] 실제 발표하기

자신이 전문가로서 발표를 할지, 친절한 가이드로서 발표를 할지, 코미디언으로서 발표할지 사전에 생각해 보도록 합니다. 발표 목적에 맞게 당당하고 자신감 있게 발표하는 것이 가장 중요합니다. 발표를 할 때는 그동안 준비한 내용을 청중들에게 긍정적인 태도와 열정적인 자세로 전달하는 것이 중요합니다.

6. [Reflection] 발표 과정을 성찰하기

대학수업에서 발표는 한 번으로 끝나는 것이 아니므로 다음 발표를 위해 이번 발표에서 나의 강점과 부족한 점을 성찰해 봅니다. 강점은 더욱 발전시키고 부족한 영역은 보완하는 것이 중요합니다. 발표 목적은 잘 파악했는지, 전체적인 발표 계획을 잘 수립했는지, 준비는 철저하게 잘 하였는지, 연습은 충분했는지, 실제 발표에서 실수 없이 발표를 잘하였는지 등 전체적인 과정을 점검하고 성찰한 후, 다음 발표를 준비한다면 더욱 훌륭한 발표자가 될 것입니다.

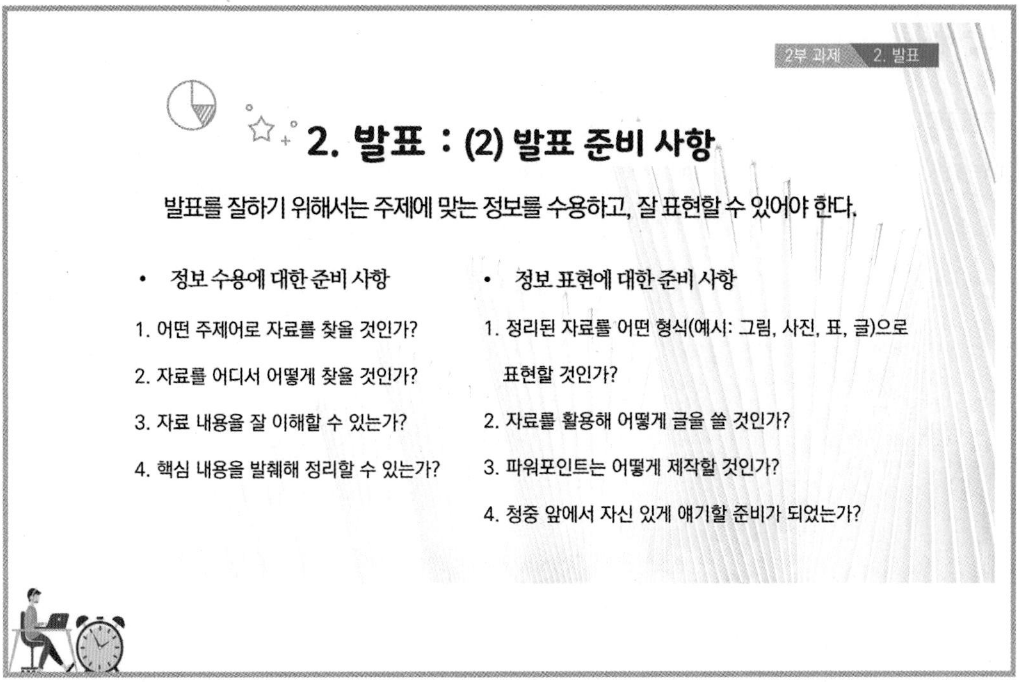

무엇보다 중요한 것은 나의 발표를 듣게 될 대상자는 누구인가를 먼저 생각하고서 발표 자료를 준비해야 합니다. 대학수업 발표에서는 청중이 주로 같은 수업을 듣는 동료일 가능성이 높으므로 또래 수준에 맞추어 발표 준비를 하면 될 것입니다.

• 정보 수용에 대한 준비 사항

발표는 다른 사람에게 설명하거나 설득을 위한 목적이 있기 때문에 내가 그 내용을 정확하게 이해하며 잘 알고 있어야 다른 사람 역시 이해시키고 설득할 수 있다는 점을 명심하여야 합니다. 따라서 발표자인 내가 먼저 정보의 내용을 정확하게 수용할 수 있는 능력이 필요합니다. 정보를 충분히 습득하기 위해서는 어떤 주제어(키워드)로 자료를 찾을 것인지, 자료 수집 방법은 무엇이 있는지를 고민해 보고 내가 충분히 이해할 수 있을 정도로 자료를 수집해야 합니다. 또한 다양한 종류, 많은 내용의 자료를 잘 수렴하여 핵심 내용을 정리하였는지 점검할 필요가 있습니다.

• 정보 표현에 대한 준비 사항

발표자가 이해한 정보를 청중도 잘 이해하도록 하기 위해서는 자료의 내용을 어떻게 표현할 것인가를 먼저 고민해야 합니다. 또한 글을 어떻게 쓸 것인가도 고민해야 합니다. 발표 자료는 글만 길게 나열하기보다는 흥미를 끌 수 있는 그림이나 키워드 중심으로 내용을 준비하여 쉽게 설명하는 것이 좋은 방법일 수도 있습니다. 그리고 파워포인트는 어떻게 제작할 것인지, 청중 앞에서 자신감을 가지고 발표할 준비가 되었는지를 점검해야 합니다. 정보 정리가 충분히 잘되어 있으면 자신감 있게 발표를 할 수 있으므로 지금까지 살펴본 발표 준비 사항을 고려하여 발표 준비를 해야 할 것입니다.

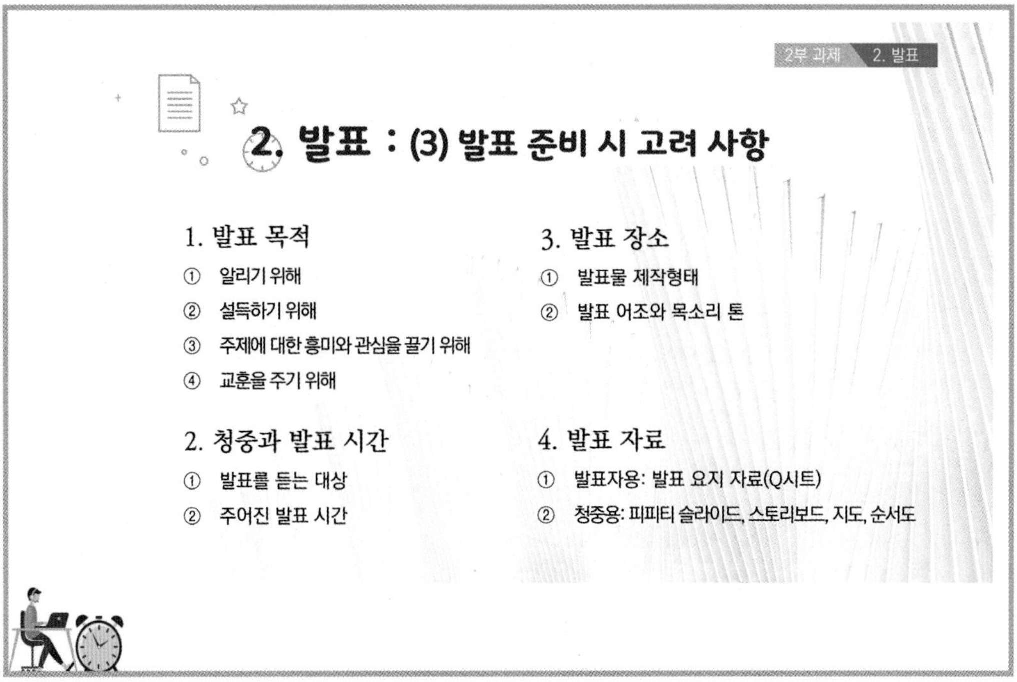

발표 준비를 철저하게 했다 하더라도 다음 네 가지 사항을 고려했는지 다시 한 번 점검하도록 합니다. 이런 철저한 준비가 실제 자신감 있게 발표할 수 있게 할 것입니다.

- **발표 목적 고려하기**

발표 준비를 할 때는 발표의 목적을 고려해서 준비해야 합니다. 내용을 알리거나 홍보를 위한 목적이라면 청중이 이해하기 쉽게 설명할 수 있도록 내용을 준비합니다. 그리고 설득하기 위한 목적이라면 객관적 자료나 권위 있는 전문가의 말을 인용하여 객관적이고 논리적으로 발표할 수 있도록 준비하면 좋을 것입니다. 발표 목적이 흥미와 관심을 끌기 위해서라면 무거운 내용보다는 재미와 유머를 섞어서 준비하고, 교훈(영감)을 주고자 한다면 스토리텔링 방식으로 준비하면 좋을 것입니다.

• **청중과 발표 시간 고려하기**

발표를 듣는 대상이 누구인지를 파악하고 청중 수준에 맞추어 자료를 준비해야 합니다. 특히 발표 시간에 제한이 있으므로 시간 내에 발표를 마칠 수 있도록 자료를 준비하는 것이 좋습니다.

• **발표 장소 고려하기**

대학에서 발표는 주로 강의실 내에서 이루어집니다. 발표 준비 시에는 발표 장소의 여건도 고려해서 발표 자료를 준비해야 합니다. 수강하는 학생이 많으면 대형 강의실일 가능성이 높으므로 발표 자료의 글자 크기 등을 강의실 뒤쪽에서도 알아보기 쉽게 제작할 필요가 있습니다. 또한 발표 장소에 따라 목소리 크기를 조절해야 할 것입니다. 발표 장소에 대한 정보는 사전에 확인하여 발표하는 날 장소를 보고 당황하거나 위축되는 일이 없도록 하는 것이 좋습니다.

• **발표 자료 고려하기**

발표 자료를 준비할 때는 간단하게 Q시트를 만들어서 전체 내용이 떠오르지 않을 때 활용하는 것이 좋습니다. 그리고 청중들이 발표를 들을 때 참고할 수 있도록 PPT 등 발표 자료는 따로 제작하여 배부하는 것이 좋습니다.

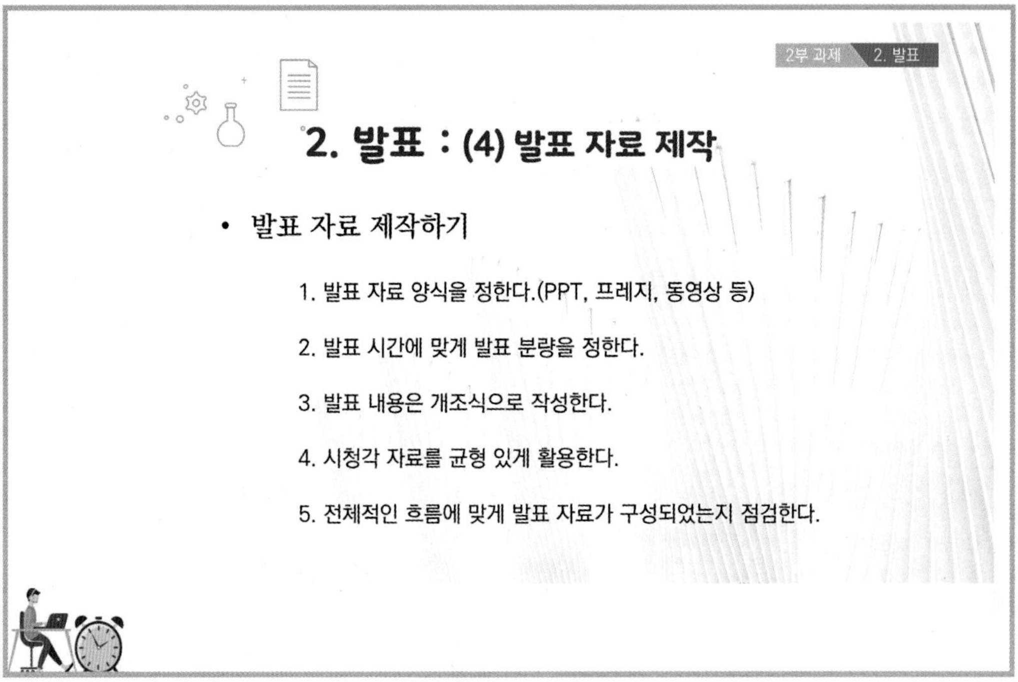

• 발표 자료 정하기

발표 자료는 주로 파워포인트로 제작하지만, 발표자가 사용 가능한 자료 저작도구(예를 들면 프레지, 동영상 등)가 있다면 그 저작도구를 활용합니다. 그러나 어떤 프로그램을 사용하든 발표 자료는 발표자가 발표하기에 가장 편한 프로그램을 활용하는 것이 좋습니다.

• 발표 분량 정하기

발표는 대부분 제한 시간이 있습니다. 발표 자료를 충실하게 준비하였더라도, 발표 시간이 15분인데 1시간 분량 내용을 준비했다면 발표 준비가 잘되었다고 볼 수 없을 것입니다. 발표는 주제에 가장 적합한 자료를 준비하여 제한 시간 내에 전달할 수 있도록 준비하는 것이 가장 좋습니다.

• 발표 내용 작성하기

발표 자료는 장문으로 나열하지 말고 간단하게 개조식으로 작성하는 것이 좋습니다. 내용이 지나치게 많으면 글을 읽느라 청중은 발표에 집중하지 못할 가능성이 높습니다. 따라서 키워드 중심으로 핵심 내용만 볼 수 있게 하고, 부연 내용은 발표자가 발표를 하면서 전달하는 것이 좋습니다.

• 시청각 자료 활용하기

발표 내용을 글로 된 자료로 전달하면 청중이 지루해하고 흥미를 잃을 수 있으므로 다양한 이미지나 동영상 자료를 사용하여 청중이 발표 내용에도 흥미를 유지하도록 하는 것이 좋습니다.

• 전체적인 발표 자료 구성 점검하기

발표 자료를 다 준비하였다면 자료의 전체적인 내용을 다시 훑어보면서 짜임새 있게 잘 구성되었는지 최종적으로 점검합니다. 부족한 내용이 있으면 보완해서 발표 준비를 하도록 합니다.

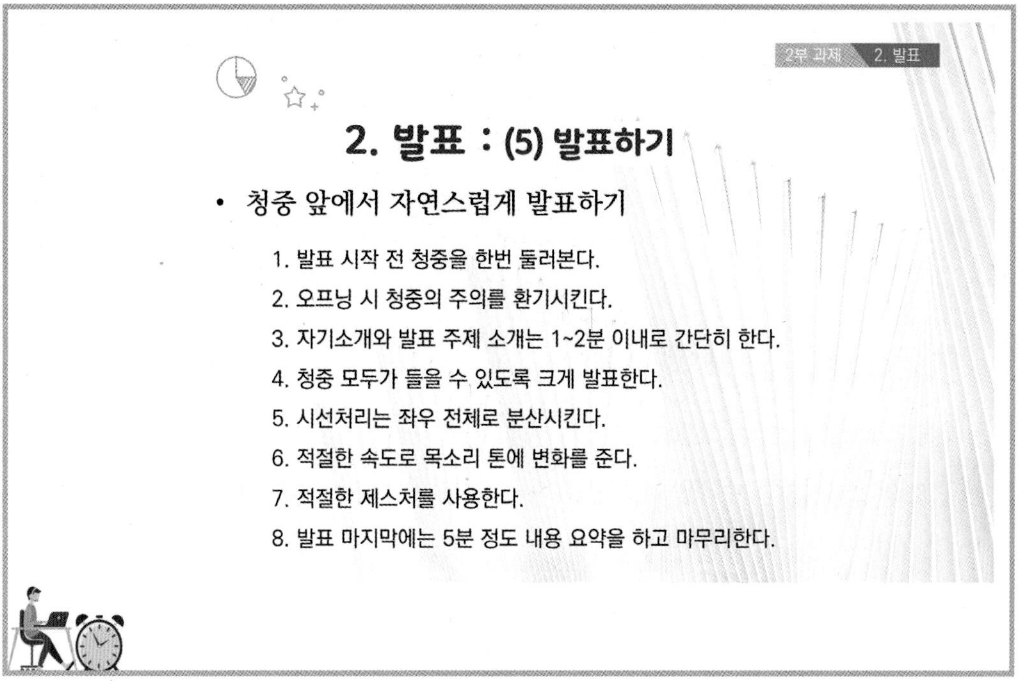

발표는 청중들에게 발표 내용을 잘 전달하는 것이 가장 중요합니다. 발표를 하기에 앞서 반드시 3~5회 정도 발표 연습을 해 보고 발표에 임하도록 하는 것이 좋습니다. 연단공포증이 있는 경우라면 더더욱 여러 번 연습을 한 후 발표에 임해야 합니다. 발표 시 글쓰기의 7C처럼 명확성, 완벽성, 정확성, 간결성, 일관성, 배려심, 설득력을 갖추어서 발표를 한다면 청중은 매력적인 발표라고 생각할 것입니다.

- **청중 둘러보기**

발표를 시작하기 전에 청중들을 한번 쭉 둘러보고 청중이 발표를 들을 준비가 되었는지 확인하고 발표를 시작해야 합니다.

- **주의 환기시키기**

청중들이 집중할 수 있는 오프닝 멘트를 준비하는 것도 하나의 방법입니다. 발표자는 오프닝에서 오프닝멘트를 하면서 주의를 환기시키고 호기심도 불러일으키면서 자연스럽게 주제를 소개할 수 있게 됩니다. 그 방법으로는 주제와 관련된 질문을 던져서 청중의 시선을 모을 수 있고, 주제와 관련된 그림이나 사진 등을 보여 주며 주의를 환기시킬 수 있습니다. 주제와 관련된 명언을 들려 주며 오늘 발표와 어떤 관련이 있는지를 전달할 수도 있습니다. 발표자가 원하는 다양한 방법으로 주의를 이끌고 호기심을 자극하는 것이 중요합니다.

- **자기소개 및 발표 주제 소개하기**

간단히 자기소개를 한 후 발표를 시작합니다. 그리고 발표 주제를 소개하면서 전체적인 발표의 흐름을 함께 소개하고 발표를 시작하면 청중이 발표 내용을 이해하기가 더 쉬울 것입니다.

- **적절한 크기로 발표하기**

발표할 때는 청중의 규모를 확인한 후 목소리 높낮이를 조절하여 모든 청중들이 다 들을 수 있게 발표하여야 합니다. 발음, 고저, 강약, 속도 등을 조절하면서 청중의 주의를 끌어들이는 것이 필요합니다.

- **시선처리하기**

발표 시 한 자리에 꼿꼿이 서 있거나 시선을 한곳에만 고정하지 말고 자리를 조금씩 옮겨 가면서 청중들과 시선도 골고루 맞추며 발표를 합니다. 발표자의 시선처리와 자연스러운 이동은 청중이 발표 시간 내 집중력을 유지하게 할 것입니다.

- **목소리 톤 조절하기**

발표 내용이 어려우면, 발표 속도를 조금 늦추고 이해하기 쉬운 내용에는 발표 속도를 조금 빠르게 하는 것이 좋습니다. 그리고 중요한 내용에는 목소리를 조금 크게 하고 덜 중요한 내용에는 목소리를 낮추는 등 목소리 톤에 변화를 주면서 발표하면 청중들이 덜 지루하게 느낄 것입니다.

• 제스처 사용하기

발표에서는 언어적 표현도 중요하지만 비언어적 표현도 내용 전달에 중요한 역할을 합니다. 표정이나 손짓, 시선, 몸짓 등 다양한 비언어적 표현하는 언어 표현보다 전달력이 더 클 수 있습니다. 발표 시작부터 자신감 있고 밝은 표정을 짓는 것도 청중에게 호감을 줄 수 있습니다. 발표 내내 자신감 있는 표정과 태도를 보이도록 합니다. 또한 시선을 골고루 하면서 청중들이 나의 발표를 잘 이해하고 있는지를 확인하고 필요에 따라 손짓도 사용하는 것이 좋습니다. 예를 들어 '두 가지가 있다'라고 할 때는 손가락을 두 개 들어 보이면서 말하는 것이 말만 하는 것보다는 더 효과적일 수 있습니다.

• 내용 요약하고 마무리하기

도입부에 오프닝을 통해 주제 및 내용 소개를 하고 전개부에 내용을 모두 설명하였다면, 결론부에서는 2~3분 정도 마무리 발언을 통해 내용을 정리해 주는 것이 좋습니다. '지금까지 설명한 내용을 다시 한 번 요약해서 알려드리겠습니다'라는 말을 하고 마무리하면 그동안 내용을 놓쳤던 청중도 마지막이라는 생각에 좀 더 집중하여 발표를 들을 가능성이 있습니다. 모두가 집중한 상태에서 발표를 마무리 짓는 것이 발표자도 자신감 있게 발표를 끝낼 수 있는 방법이 될 것입니다.

3. 팀프로젝트

대학 수업에서 팀프로젝트는 팀원 간 다양한 아이디어와 의견을 교환하여 학습 내용을 효과적으로 습득하게 하고, 이 경험에서 대인관계 기술을 배워 대학생활 적응에 도움을 주는 장점이 있다. 그러나 팀프로젝트를 진행하다 간혹 팀원 간 의견 마찰로 갈등이 유발될 수 있다. 이로 인해 개별 과제보다 성과가 더 나쁠 수도 있고, 대학졸업 후에도 직장에서 팀프로젝트에서 협업할 때 과거 부정적 경험으로 적응하지 못해 성과를 내는 데 어려움을 겪을 수도 있다.

따라서 이 장에서는 팀프로젝트의 장점, 유의점 및 효과적인 활동 전략, 실천 전략 등을 살펴보고, 팀프로젝트를 효과적으로 수행해 그 이점을 잘 활용할 수 있도록 도움을 주고자 한다.

- 3.1 전략 활용 점검
- 3.2 장점
- 3.3 유의점
- 3.4 효과적인 활동 전략
- 3.5 실행 계획 작성

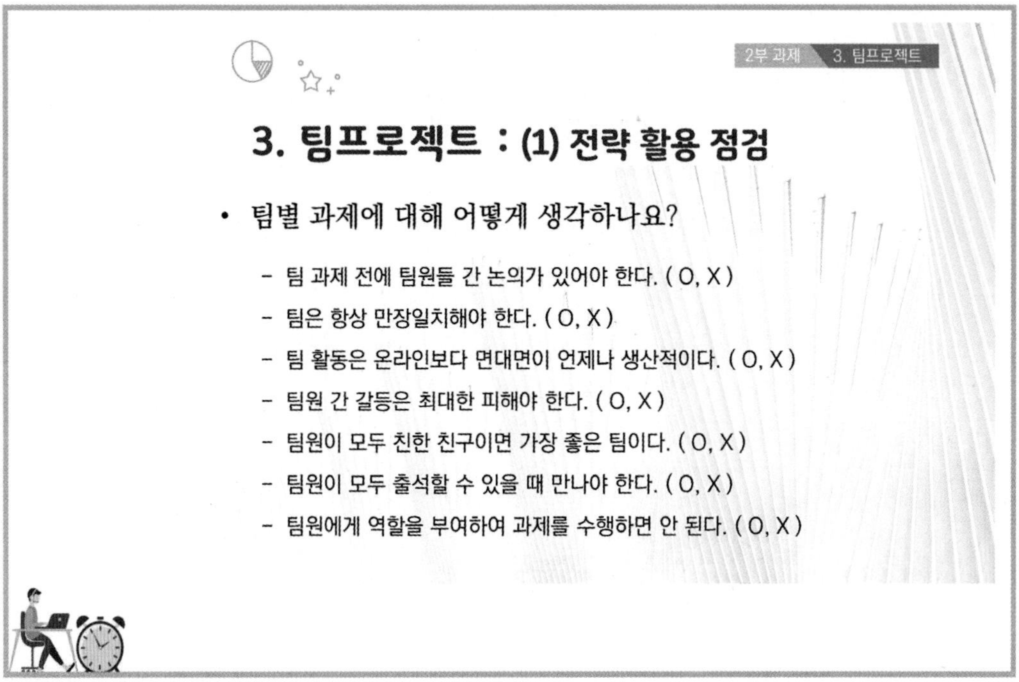

지금부터는 팀프로젝트에 대해서 살펴보겠습니다. 대학에서 팀프로젝트의 대표적인 예가 조별 과제나 조별 활동입니다. 교수님들은 팀프로젝트를 통해 학생들에게 협업의 효과성 및 중요성을 알려 주고 싶어 하지만 간혹 팀프로젝트 때문에 대학생활이 힘들다고 불만을 품는 학생들도 있습니다. 하지만 팀프로젝트는 학교생활뿐만 아니라 직장생활에서도 도움을 줄 수 있는 중요한 활동임을 알아야 합니다. 먼저 팀프로젝트에 대한 ○, × 퀴즈를 한 번 풀어보겠습니다. 위의 문항의 답이 ○라고 생각되나요? ×라고 생각되나요?

- 팀프로젝트를 할 때는 사전에 팀원들 간의 논의가 필요하다고 생각되죠? 팀프로젝트를 하기 전에 논의를 할 때는 가능한 한 모든 팀원이 모여 논의를 하는 것이 좋습니다.
- 팀프로젝트를 할 때 팀원들 간 논의는 필요하겠지만 반드시 의견이 일치해야 하는

것은 아닙니다. 다양한 의견을 조율하는 과정에서 배우는 것이 더 많고 또 좀 더 나은 아이디어를 채택할 가능성도 생길 수 있습니다.

- 팀프로젝트를 할 때 항상 만나서 과제에 대한 의논을 하지 않아도 됩니다. 한 번도 안 만나는 것은 문제가 있을 수 있지만 만나는 날짜 조율이 힘들 때나 간단한 논의만 필요할 때는 온라인이나 SNS를 통해 의견을 교환하는 것도 효율적인 방법입니다.
- 갈등이 지나치면 나쁠 수 있지만 너무 갈등이 없는 것도 팀프로젝트의 발전에 좋지 않을 수 있습니다. 약간의 갈등이 있더라도 대립되는 의견을 조절하는 과정에서 팀워크가 더 좋을 수도 있고 결과물로 나아질 수 있습니다.
- 팀 구성원이 친한 친구이면 의견이 서로 잘 맞아서 좋은 결과물을 낼 수 있지만 반대로 너무 비슷한 아이디어만 낼 수 있어서 성향이 서로 다른 구성원들이 팀이 되면 다양한 의견을 통해 좀 더 진취적이고 효과적인 결과를 도출할 수 있습니다.
- 팀 구성원이 모두 출석할 수 있을 때 만나는 것이 최선이겠지만 바쁜 학교생활에서 모두가 같은 시간에 만날 수 없을 때는 대다수가 만날 수 있는 시간을 정해서 과제에 대한 의논을 하고 참석 못 한 팀원에게 정보를 전달하는 것도 한 방법입니다. 자칫 다 같이 만나는 날을 정하느라 과제 수행을 자꾸만 미루게 될 수 있습니다.
- 팀 구성원 간 역할을 정해서 각자 맡은 역할에 최선을 다하는 것이 중요하지만 경우에 따라서 역할에 변화를 주는 것도 팀프로젝트 결과물을 완성하는 데 효과적일 수 있습니다.

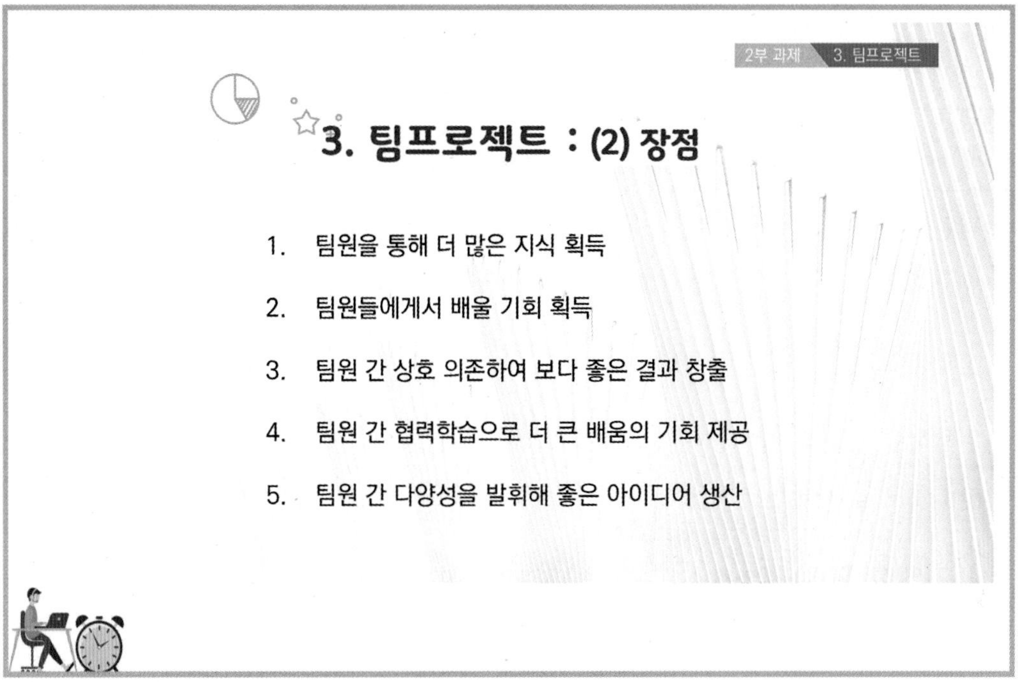

혼자서 과제 수행을 잘하는 학생의 경우 팀프로젝트를 귀찮아하거나 싫어하는 경우가 종종 있지만 여러 면에서 팀프로젝트도 장점이 있습니다.

• 많은 지식 획득

브레인스토밍이나 브레인라이팅 등을 해 본 경험이 있다면 알겠지만 혼자서 생각해 내는 아이디어보다 팀원들과 같이 아이디어를 도출하면 훨씬 더 많은 아이디어를 낼 수 있습니다. 개인이 알고 있는 지식의 양보다 집단이 모이면 개개인의 지식과 생각의 방식이 합해져서 훨씬 다양한 아이디어를 낼 수 있기 때문입니다.

• 배울 기회 획득

과제의 내용에 대해 팀원의 누군가는 다른 팀원보다 훨씬 더 많이 알고 있는 경우가 있습니다. 마찬가지로 내가 관심이 많은 주제인 경우는 내가 다른 팀원보다 그 주제에 대해 훨씬 더 많이 알고 있을 수도 있습니다. 팀프로젝트를 하면 이렇게 다른 사람에게서 배울 수 있고 나 역시 다른 사람에게 가르쳐 줄 수 있습니다.

- **좋은 결과 창출**

팀원들은 좋은 학점이라는 공통의 목표가 있으므로 좋은 결과를 만들기 위해 서로에게 의존하면서 보다 나은 결과를 만들어 내게 됩니다.

- **배움 기회 제공**

일방적인 강의식 강의보다 소그룹으로 팀을 만들어서 서로 토론하면서 하는 활동은 능동적 참여를 유도하여 더 잘 배울 수 있도록 합니다.

- **다양한 아이디어 생성**

팀 구성원이 서로 다른 학과 학생이나 다른 동아리 학생으로 구성되면 다양한 구성원을 통해 좋은 아이디어들이 다양하게 나타날 수 있는 장점이 있습니다.

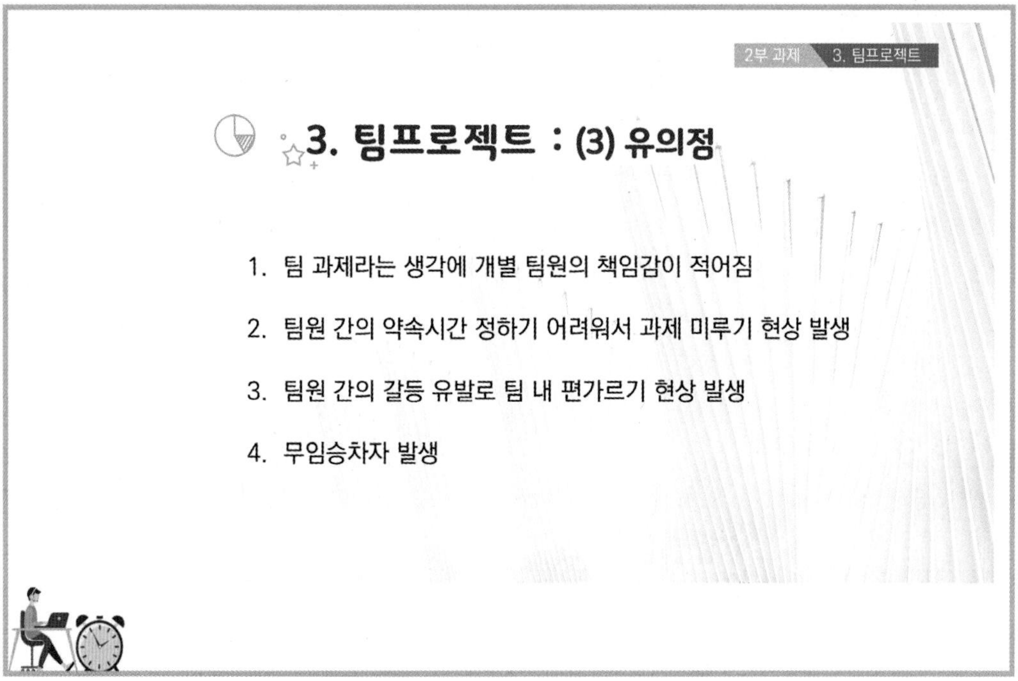

팀프로젝트를 수행할 때는 여러 가지 장점도 있지만 팀원들이 프로젝트를 수행하면서 유의해야 할 점도 있습니다. 장점을 잘 살리고 유의점을 고려하여 팀프로젝트에 임한다면 팀원 간의 갈등을 줄이고 팀프로젝트의 결과를 창출하는 데 큰 도움이 될 것입니다. 팀프로젝트를 잘해 내는 것은 대학생활에서 학업적 수행을 잘했다는 의미도 있지만 팀프로젝트가 팀워크나 협업 능력을 길러 주는 중요한 과정이라는 점도 알아야 합니다. 다음에서 살펴볼 유의점을 극복하면서 팀 활동에 적극적으로 임하려고 노력한다면 혼자서 과제를 수행하는 것에 비해 훨씬 더 훌륭한 결과물을 접할 기회를 얻게 될 것입니다.

• 책임감 감소

팀 활동을 하면 '나 아니어도 다른 누군가가 하겠지'라는 생각에 혼자서 개인 과제를 할 때에 비해 효과적인 생산물이 나오지 않을 수 있습니다. 즉 책임을 분산시켜서 자기가 크게 책임을 지지 않으려고 하는 경우가 발생할 수 있습니다.

- **미루기 현상**

팀원들이 다 같이 만나야 팀 과제나 활동을 할 수 있다는 생각 때문에 과제를 미루다가 마감일이 다 돼서 허겁지겁 제출하느라 최종 결과물이 만족스럽지 않은 상태로 제출할 가능성도 있습니다.

- **갈등 및 편가르기 현상**

팀원 간 갈등이 생겨서 팀 내에서도 몇몇 팀원끼리 편을 가르고 갈등하게 되어 생산적인 아이디어를 차단하는 부정적인 효과가 나타날 수도 있습니다.

- **무임승차 현상**

팀 활동에서 가장 크게 나타나는 문제 중 하나가 팀원 한두 명이 전체 과제를 떠안는 경우입니다. 경쟁심이 높은 학생이나 과제를 미리 하지 않으면 불안한 학생들은 팀원들이 활동에 적극적으로 참여하지 않고 미루고 있을 경우 답답하고 불안한 마음에 과제를 혼자서 다 떠맡아서 하는 경우가 발생하게 됩니다. 이러한 점들을 유의하여 팀프젝트를 수행해야 합니다.

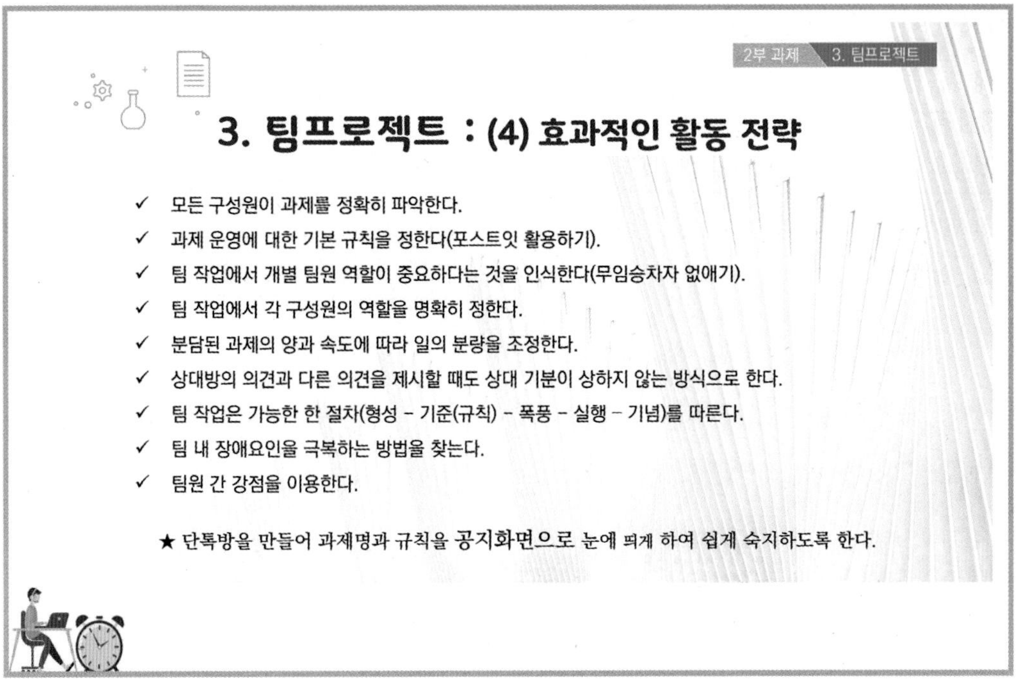

지금부터는 팀프로젝트의 유의점을 참고하여 효과적인 팀 활동을 하기 위한 9가지 전략을 살펴보기로 하겠습니다. 팀원 각자가 책임감을 가지고 9가지 전략을 활용하면 큰 갈등 없이 팀프로젝트를 잘할 수 있을 것이며 또한 팀원 모두가 만족스러운 결과를 만들어 낼 수 있을 것입니다.

- **과제 파악하기**

팀원 전체가 함께 모여서 과제의 구체적인 주제와 내용이 무엇인지를 파악하고 어떤 식으로 과제를 완성할지에 대해 구성원들이 합의하는 모임을 하여야 합니다. 외부 자원은 어떻게 활용하고 마감까지 어떤 식으로 과제를 진행할지를 합의한 후 팀프로젝트를 시작합니다.

• 팀 활동(과제) 기본 규칙 정하기

팀원끼리 포스트잇을 활용해서 우리 팀이 꼭 지켜야 할 약속이나 규칙을 각각 2~3가지씩 적습니다. 그중에서 꼭 지켜야 할 것을 세 가지 정도 정해서 팀원 모두가 그 규칙을 지키기로 약속합니다(예, 모임에 모두 참석하고 급한 일이 있는 경우 알린다/각자 맡은 과제를 제시간에 완성하고 최선을 다해 노력한다/갈등이 생기면 팀 내에서 해결하고 자기주장만 옳다고 내세우지 않는다/만나는 시간과 요일을 처음부터 고정적으로 정해 약속을 잡는다 등).

• 무임승차 없애기

팀원 간에 각자가 맡은 개인의 역할이 중요하다는 사실을 기억하고 팀 활동이지만 개인의 활동이라고 여기고서 무임승차자를 없애도록 서로 약속해야 합니다. 팀프로젝트에서는 무임승차자로 인해 갈등이 야기되는 경우를 자주 볼 수 있으므로 개개인의 역할이 중요함을 꼭 명심해야 합니다.

• 구성원 역할 명확히 하기

팀프로젝트를 하다 보면 팀의 분위기를 긍정적으로 이끌어 가는 역할을 하는 사람이 있는가 하면 조정 역할을 잘하는 사람도 있습니다. 간혹 팀의 분위기를 망치는 사람이 나타나면 팀 분위기를 긍정적으로 이끌거나 의견 조율 역할을 잘하는 사람들은 팀 분위기를 망치는 사람에게 그런 행동을 하지 말라고 명확하게 이야기할 수 있어야 합니다.

• 역할 조정하기

팀에서 누군가가 과제를 빨리 끝냈으면 협력과 조정을 통해 일을 서로 조정하여 합리적으로 과제를 수행하는 방법도 필요합니다.

• 상호 의견 존중하기

서로 다양한 성격의 사람들이 팀으로 모여서 과제를 수행하다 보면 상대방의 의견이나 행동이 마음에 들지 않을 수도 있습니다. 이때 서로 갈등을 유발하지 않고 효율적으로 과제를 수행하기 위해서는 자신의 생각을 전달하되 감정적으로 대하지 말고 상대방이 기분 나쁘지 않게 비판하거나 의견을 제시할 필요가 있습니다.

• 절차 인식하기

팀프로젝트는 팀을 형성하는 단계, 서로 규칙을 정하는 단계, 갈등이 발생되는 폭풍단계, 실제로 과제를 발표하는 실행단계, 팀 활동의 마감을 기념하는 기념단계를 반드시 거친다고 합니다. 따라서 과제를 하는 과정에서 갈등이 생기더라도 어느 팀이나 거치는 단계라고 생각하고 서로 의견을 조율하여 팀프로젝트를 잘 마무리 지을 수 있도록 노력해야 합니다.

• 장애요인 극복하기

팀프로젝트 수행 중 문제 상황이 발생하거나 팀원들이 바쁘고 정신이 없어서 일이 잘 진행되지 않을 때는 서로 생산적인 아이디어를 생각하고 적극적이고 능동적으로 참여하여 위기를 극복할 수 있도록 팀원 각자가 노력해야 합니다.

• 강점 활용하기

팀 구성원들이 역할을 분담하거나 과제를 나눌 때 자기가 잘할 수 있거나 호기심이 있는 역할을 적극적으로 이야기하여 자신의 강점을 살릴 수 있도록 역할과 과제를 분담하는 것이 좋습니다. 특히 어떤 과제를 남에게 떠밀려서 하는 것보다 스스로 선택하고 결정해서 하는 경우에 더욱 적극적으로 참여할 가능성이 높고 자신이 잘하는 일을 수행할 때 과제 수행에 대한 부담도 줄어들 것입니다.

• TIP

팀 내 규칙은 단톡방을 만들어서 공지사항으로 설정해 두는 것이 도움이 됩니다. 단톡방에서 팀원끼리 의논을 할 때마다 규칙을 볼 수 있으므로 혼자의 과제가 아닌 팀의 과제라는 사실을 인식시켜서 책임감을 부여할 수 있는 장점이 있기 때문입니다.

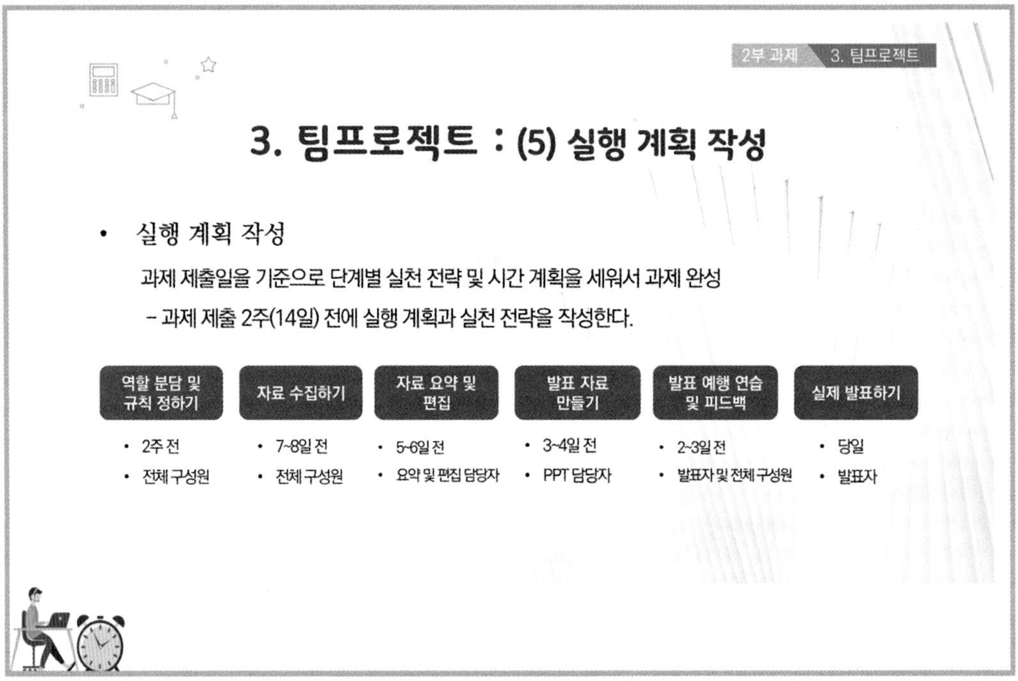

어떤 일이든 목표에 따른 계획을 세워서 실천하는 일이 계획 없이 바로 실천에 옮기는 일보다 목표달성 효과가 큽니다. 과제 마감일이 2주가 남았다고 가정한 후 팀프로젝트를 효과적으로 수행할 수 있는 실행 계획 및 실천 전략을 살펴보겠습니다. 지금부터 살펴볼 절차를 따라 팀프로젝트를 한다면 분명히 팀원 전체가 좋은 점수를 받을 수 있을 것이고 만족스럽고 긍정적인 팀프로젝트 경험을 하게 될 것입니다.

• 역할 분담 및 규칙 정하기

과제 제출 2주 전에 전체 구성원이 모여 사전에 과제 실행 계획을 의논해야 합니다. 만약 팀 과제의 주제가 자율 주제라고 하면 단톡방을 미리 만들어서 각자 원하는 주제 2가지와 그 주제를 원하는 이유를 단톡방에 올려서 주제에 대한 의견을 서로 먼저 의논한 후 만나는 것이 좋습니다. 주제에 대한 의논 없이 만나면 첫날은 서로 주제 정하느라고 시간을 허비할 가능성이 많습니다. 주제에 대한 의논을 단톡방에서 어느 정도 하고 첫 모임을 하면 그날 팀원의 역할을 정하기가 쉽습니다. 또한 팀 과제를 효과적으로 수행하기 위한 규칙은 첫날 모임에서 반드시 정하는 것이 좋습니다. 규칙을 어길 경우, 벌칙도 함께 정하면 강제성을 띠어서 서로 규칙을 지키려고 노력할 것입니다.

- **자료 수집하기**

다음으로 과제 7~8일 전까지 전체 구성원이 분량을 나누거나 자료 수집 출처를 다양하게 구분하여 자료를 수집합니다. 도서, 인터넷 자료, 논문 등 반드시 전체 구성원이 모두 참여하여 자료를 수집하고 유용한 자료를 종합해야 합니다. 따라서 자료 수집은 담당자를 따로 정하지 말고 모든 팀원이 참여하여 도서 자료를 수집할 사람, 인터넷 자료를 수집할 사람, 논문 자료를 수집할 사람 등으로 역할을 분담하여 각자 자료 수집을 모두 하도록 하는 것이 중요합니다.

- **자료 요약 및 편집**

그 다음으로 5~6일 전에는 자료 요약 및 편집 담당자가 자료를 요약하고 편집합니다. 그 후 발표 자료 제작을 담당한 팀원에게 요약하고 편집한 자료를 넘겨 줍니다.

- **발표 자료 만들기**

3~4일 전에 프레젠테이션용 파일 제작 담당자는 요약 및 편집 자료를 통해 발표 자료를 만들어서 발표자에게 넘겨 줍니다.

- **발표 연습 및 피드백**

2~3일 전에 전체 구성원이 모두 모여서 발표자가 발표하는 하는 모습을 경청한 후 피드백을 제공합니다.

- **발표하기**

피드백을 받은 발표자는 피드백 내용을 잘 수용하여 발표 내용을 수정한 후, 과제 발표 당일에 발표를 하도록 합니다.

참고문헌

- 손연아 , 이석열, 이은화, 이희원, 장상필, 전명남, 조용개 (2007). 성공적인 대학생활을 위한 학습전략. 서울: 학지사.
- 장영희 (2009). 토론 능력과 토론 전략. 한국콘텐츠학회논문지, 9(2), 446-452.
- 정문성 (2011). 토의토론 수업방법. 서울: 교육과학사.
- 안상희 (2013). 리포트 쓰기에 대한 대학생과 교수의 인식연구. 고려대학교 석사학위논문 .
- 황지원 (2013). 대학 토론 교육의 의미와 구체적 적용 - 토론 관련 교양 교과목의 실제 활용을 중심으로. 교양교육연구, 7(3), 565-595.
- Constance Staley (2015). *FOCUS on College Success*, Fourth Edition. Boston. USA: Cengage Learning.
- Dianna L. Van Blerkom (2012). *College Study Skills: Becoming a Strategic Leaner*, Seventh Edition. Boston. USA: Wadsworth.
- Walter Pauk, Ross J. Q. Owens (2014). *How To Study In College*, Eleventh Edition. Boston. USA: Wadsworth.

1. 리포트 작성 :
(1) 과제계획 작성

활동지번호: 2-1-1

활동지명: 과제 실천 계획 세우기

[과제 실천 계획 세우기]

과목명 (과제점수)	과제명	제출일	예상시간	완료일	방식(개별/조별)

2. 발표 :
(2) 점검

활동지번호: 2-2-2

활동지명: 나의 발표가 끝났다면 발표에 대한 평가를 해 봅시다.

나의 발표가 끝났다면 발표에 대한 평가를 해 봅시다.

	매우 그렇다	←	보통이다	→	그렇지 않다
1. 나는 청중을 분석했다.	5	4	3	2	1
2. 나는 프레젠테이션을 계획하기 전에 기본 목표를 정했다.	5	4	3	2	1
3. 나는 프레젠테이션 구성을 위해 메인 아이디어들을 적었다.	5	4	3	2	1
4. 나는 프레젠테이션을 구성하면서 메인 아이디어들을 구체화했다.	5	4	3	2	1
5. 나는 청중의 주의를 끌 수 있는 도입부를 만들었다.	5	4	3	2	1
6. 나는 결론에서 도입부에 얘기한 것을 다시 언급했다.	5	4	3	2	1
7. 내가 사용한 시각 보조물은 단순하고, 읽기 쉽고, 임팩트가 있었다.	5	4	3	2	1
8. 내가 사용한 시각 보조물은 주의를 집중시키는 효과가 있었다.	5	4	3	2	1
9. 나는 힘 있고 침착하게 프레젠테이션을 했다.	5	4	3	2	1
10. 내가 청중에게 제안한 이익은 명확하고 강력했다.	5	4	3	2	1
11. 나는 열정적으로 내 생각을 전달했다.	5	4	3	2	1
12. 나는 충분히 연습해서 메모를 보지 않고 청중에게 주의를 기울였다.	5	4	3	2	1
13. 내 메모에 키워드만 써서 원고를 읽는 잘못을 범하지 않았다.	5	4	3	2	1
14. 나는 일어서서 시각 보조물을 사용하면서 연습했다.	5	4	3	2	1

	매우 그렇다	←	보통이다	→	그렇지 않다
15. 나는 예상되는 질문에 답변을 준비하고, 응답 연습을 했다.	5	4	3	2	1
16. 나는 프레젠테이션 전에 좌석배치와 시청각 도구를 체크했다.	5	4	3	2	1
17. 나는 끝까지 청중들과 시선을 교환했다.	5	4	3	2	1
18. 나의 제스처는 긴장되지 않고 자연스러웠다.	5	4	3	2	1
19. 나의 목소리는 강하고 명확했으며, 단조롭지 않았다.	5	4	3	2	1
합계	총점				

출처: Steve Mande(2002), Effective Presentation Skills, Crisp Publications.
재인용: 〈프레젠테이션 프로페셔널〉, 유종숙, 최환진 저, 커뮤니케이션북스, 2014.

[평가 기준]

총점	평가
80~95	뛰어난 프레젠터, 연습을 통해 기본 기술을 유지할 필요가 있다.
60~80	효과적인 프레젠터가 될 수 있는 잠재력을 가지고 있다.
40~60	이번 학기를 통해 많이 성장할 수 있다.
30~40	연습을 통해 극적인 개선이 필요하다.
30 이하	쉽지 않지만 최선을 다한다면 많은 진전을 할 수 있다.

제3부

시험관리

1. 시험계획

대학생활에서 시험은 중요한 부분을 차지한다. 매 학기마다 수강하는 과목에서 좋은 성적을 받기 위해서는 출석, 과제, 발표와 함께 시험을 잘 보아야 한다. 시험의 목적은 교수들로 하여금 학생들이 학습한 내용을 얼마나 이해했는지를 확인하는 것이므로 준비하는 전략에 따라 결과가 달라질 수 있다. 학생들의 입장에서 시험은 학점 관리를 위한 필수적인 과정이며, 학점 관리를 잘해서 낙제하지 않는 것부터 장학금을 받고 원하는 목표를 이루게 하는 도구이다.

시험을 잘 보기 위해서는 먼저 시험계획을 잘 세우는 것이 중요하다. 이 장은 평소 시험에 대처하는 자세를 점검해 보고, 시험개요를 작성하여 시험계획을 세우는 것을 목적으로 한다.

- 1.1 시험대처자세
- 1.2 시험공부 순서 정하기
- 1.3 시험개요 작성
- 1.4 시험계획 작성

3부 시험관리 1. 시험계획

1. 시험계획 : (1) 시험대처자세

- 아래 문항을 읽고 자신이 해당하는 곳에 표시한다.

	내용	O	X
1	나는 시험 치기 전 성적에 관한 목표를 세운다.		
2	나는 늦어도 시험 2주 전에는 시험대비를 하는 편이다.		
3	나는 시험계획을 세우면 그대로 실행하려고 노력한다.		
4	나는 주어진 시간과 시험범위의 분량을 생각하고 시험계획을 세운다.		
5	나는 좋아하는 과목보다 중요한 과목에 더 많은 시간과 노력을 투자한다.		
6	내가 세운 시험계획대로 실행하면 좋은 성과를 얻을 수 있을 것이다.		
7	나는 실행하지 못한 내용을 보충할 수 있도록 여유 있게 계획을 세운다.		
8	나는 시험공부를 할 때 시험범위의 내용을 2번 이상 살펴보는 편이다.		

• 시험대처자세 점검하기

시험계획을 세우기에 앞서 평소 시험을 어떻게 준비하는지 여러분의 시험대처자세를 알아보겠습니다. 활동지에 있는 15개의 문항을 읽고 해당하는 곳에 표시해 보세요.

• 시험대처자세 결과 알아보기

15개 문항 중에서 동그라미를 친 것은 몇 개인지 세어 보고 해당하는 결과를 읽어 보세요.

- 12~15개: 시험에 대처하는 기본적인 방법을 알고 실천하고 있습니다. 잘하고 있는 부분은 계속 유지하며 잘 안 되는 부분을 보충하도록 합니다.
- 8~11개: 시험에 대처하는 방법들을 대체적으로 알고 있는 편입니다. 부족한 부분을 전략적으로 보충하도록 합니다.
- 7개 이하: 시험을 준비하는 자세와 방법들에 대한 노력이 필요합니다.

1. 시험계획 : (1) 시험대처자세

	내용	O	X
9	나는 시험 전, 마지막 수업에 반드시 출석한다.		
10	나는 수강과목에 맞는 시험공부방법을 알고 있다.		
11	나는 그룹 스터디를 통해 어려운 시험공부를 한다.		
12	나는 시험공부 자료를 따로 정리해서 공부한다.		
13	나는 시험유형에 맞는 시험공부방법을 알고 있다.		
14	나는 시험이 끝나면 나에게 보상을 주는 편이다.		
15	나는 시험이 끝난 후, 틀린 부분을 다시 살펴본다.		

3부 시험관리 1. 시험계획

1. 시험계획 : (2) 시험공부 순서 정하기

• 과목별 중요도 확인하기

1. 진로에 있어 중요한 과목 ○ 표하기

2. ○ 표시한 과목 중 어려운 과목 ★ 표하기

3. 집중 안 되는 시간에 배치된 과목 △ 표하기

4. 비교적 수월하게 들을 수 있는 과목 ♥ 표하기

시험공부 전 수강하고 있는 과목의 중요도와 난이도를 먼저 파악하는 것이 필요하므로 수강시간표를 펼쳐 놓고 설명에 해당하는 과목에는 제시한 기호로 표시해 보세요.

• 진로에 중요한 과목 ○ 표 하기

가장 중요하다고 생각되는 과목이나 앞으로 취업을 하는 데 그 과목 지식이 중요하다고 생각되는 과목이 있으면 ○표시를 합니다.

• ○ 표시한 과목 중 어려운 과목 ★ 표 하기

동그라미 한 과목 중에서 특히 어려운 과목은 ★ 표를 합니다.

• 집중 안 되는 시간에 배치된 과목 △ 표 하기

점심시간 직후 졸리는 시간 등 본인에게 집중 안되는 시간에 배치된 과목은 △표시를 해 둡니다.

• **비교적 수월하게 들을 수 있는 과목 ♥표 하기**

비교적 이해가 쉽고 정리가 잘되어 있어서 수업시간에 집중이 잘되는 과목은 ♥표시를 해 둡니다.

3부 시험관리 1. 시험계획

1. 시험계획 : (2) 시험공부 순서 정하기

1. ○ 와 ★ 표시된 과목(중요하고 어려운)부터 공부하기
2. ○ 만 표시된 과목(중요하지만 이해가 되는) 공부하기
3. △ 만 표시된 과목(집중이 안되는 시간대 수업) 수업자료 정리 후 공부하기
4. ♥ 표시된 과목(재미있고 이해가 잘 되는) 공부하면서 필요한 부분 암기하기

과목별 중요도 표시한 것을 살펴보면서 시험공부를 어떤 순서로 할지 고려해 보기 바랍니다.

• ○ 와 ★ 표 과목부터 공부하기

○와 ★가 있는 과목들을 가장 먼저 공부해야 합니다. 이런 과목이 3개 이상이라면 적어도 2주 전에는 시험공부를 시작하는 것이 좋습니다. 또, 평소에 시간이 날 때마다 복습을 조금씩 해 두어야 합니다. 자신이 어렵다고 느끼는 과목이기 때문에 미리 복습하여 공부해 나가면서 불안감을 줄이는 것이 필요합니다. 그리고 어려운 공부는 여유가 있을 때, 긴장이 덜 될 때 하면 집중이 더 잘됩니다.

• ○ 만 표시된 과목 공부하기

○표 한 과목은 중요한 과목이지만, 이해가 잘되므로 공부하는 데 문제가 없는 과목

입니다. 평소 교수님의 설명이나 교재 내용이 이해가 잘되지만 중요한 과목이므로 꼼꼼히 공부하는 것이 좋습니다. 이 과목의 수업을 들을 때에는 중요한 내용에 색깔 펜으로 표시하거나 붙임 종이를 활용하여 눈에 잘 띄도록 정리를 해 두는 것이 공부에 도움될 것입니다.

- △ 표시 과목 공부하기

△는 아침잠이 깨지 않은 오전 이른 시간에 배치되거나 점심 먹은 직후, 또는 주말 기대감이 큰 금요일 오전 등 집중이 안 되는 시간대에 배치된 과목입니다. 따라서 △과목은 노트필기가 제대로 안 되어 있거나 수업에 집중을 못해 수업내용을 잘 이해하지 못했을 수 있습니다. 따라서 이런 과목은 시험공부를 시작할 때, 노트나 교재를 친구와 비교해 보는 것부터 하는 것이 좋습니다. 빠뜨린 노트정리를 하거나 본인이 이해한 내용을 친구와 이야기하면서 확인해 보는 것이 필요합니다.

- ♥ 표시 과목 공부하기

이번 한 학기에 ♥표한 과목이 한두 과목 정도 있다면 시험공부 기간에 O와 ★표시된 과목에 더욱 집중하여 공부할 수 있으므로 학점관리가 용이할 수 있습니다. ♥표시된 과목은 마지막에 공부하는 것이 좋습니다. 가벼운 마음에 공부할 수 있다고 ♥표시된 과목부터 하면 중요하고 어려운 과목을 공부하는 시간이 상대적으로 줄어들어 성적 평점이 좋아지지 않을 가능성이 있습니다. 따라서 가능하다면 ♥표시된 과목은 별도의 공부시간을 마련하기보다는 수업시간에 집중해서 내용을 완벽하게 이해하는 것으로 생각하면 가장 좋습니다.

1. 시험계획 : (3) 시험개요 작성

· 시험개요 작성 방법

1. 수강하고 있는 전 과목명 적기
2. 과목별 목표 점수 적기
3. 시험범위 적기
4. 시험공부 자료 적기

· 시험개요 작성해 보기(활동지 참고)

과목명	내용(범위)	1차 자료(유인물)	점검	1차 자료(유인물)	점검
	시험범위는 페이지가 아닌 단원명으로 적기	교재 및 단원 별 유인물 점검		단원별 평소 복습 상태 점검	
목표점숨 적기					

본격적인 시험계획을 짜기 전에 먼저 시험개요를 작성합니다. 시험개요는 수강과목, 목표 점수, 공부해야 할 교재 및 유인물 등을 표로 정리하여 시험에 대한 큰 그림을 먼저 보는 것입니다.

• 수강과목명 모두 적기

과목명 칸에 이번 학기에 수강하고 있는 과목을 모두 적습니다. 과목명을 적을 때는 시험을 보는 과목과 그렇지 않은 과목을 구분하여 적을 수도 있습니다.

• 과목별 목표 점수 적기

과목명 아래 칸에 목표 점수를 적습니다. 이때 점수는 A나 B와 같은 평점이 아닌 100점을 기준으로 한 점수를 뜻합니다. 이번 학기에 평점 3.5 이상을 받겠다고 하면 전 과목 평균이 85점 이상은 되어야 합니다. 이때 출석점수 배점이 10점일 경우, 결석만

하지 않으면 10점을 받을 수 있습니다. 과제점수 배점이 10점이라면 평균적으로 과제를 했을 경우 7~8점은 받을 수 있을 것입니다. 평점 3.5 이상이 되도록 합계 85점을 받으려면 중간고사와 기말고사 점수를 합하여 68점(85점-17점) 이상을 받아야 합니다. 그럼 중간고사에서 34점, 기말고사에서 34점을 받아야 합니다. 이것이 바로 목표 점수입니다.

• 시험범위 적기

이번 학기 과목별 교재를 전부 준비합니다. 중간고사라면 학기 시작부터 지금까지 과목별 배운 단원을 모두 적습니다. 기말고사라면 중간고사 이후 과목별 배운 단원명을 적습니다. 페이지가 아니고 단원명을 적어야 합니다. 단원명을 적어 보면 그동안 무엇을 배웠고 그 분량과 난이도가 어느 정도인지를 예상할 수 있습니다.

• 시험공부 자료 적기

시험공부 자료는 1차 자료와 2차 자료로 구분하는데 1차 자료는 교재와 유인물을 뜻하고 2차 자료는 복습자료를 의미합니다. 1차 자료 점검은 교재와 교수님이 주신 유인물을 잘 챙기고 있는가를 확인하는 것입니다. 교재는 대부분 있는데 유인물을 챙기지 못하는 학생들이 가끔 있으므로 유인물이 없으면 온라인 강의실에서 출력해 두거나 친구에게 부탁하여 미리 복사해서 준비해 두어야 합니다. 2차 자료는 평소 복습 정도를 점검하는 것입니다. 어려운 과목 두세 과목은 평소에 복습이 되어 있어야 합니다. 본인이 복습을 했고 요약정리가 되어 있으면 그 단원은 ○, 책은 한번 훑어보았으나 요약정리가 되어 있지 않으면 △, 한 번도 보지 않았으면 ×표시를 합니다.

3부 시험관리 1. 시험계획

1. 시험계획 : (4) 시험계획 작성

- 시험계획 작성 방법

1. 시험 2, 3주 전: 1차 수준 복습 계획 세우기
2. 시험 1주 전: 2차 수준 복습 계획 세우기
3. 시험 기간 중: 3차 수준 복습 계획 세우기

시험계획을 세울 때 앞서 작성한 시험개요를 펼쳐 놓고 합니다. 시험 3주 전이면 시험시간표가 아직 나오지 않았기 때문에 시험시간표와 상관없이 계획을 세우면 됩니다. 시험 3주 전, 시험 2주 전, 시험 1주 전 일정에 따라 계획을 다르게 세워야 합니다.

• 시험 2, 3주 전: 1차 수준 복습 계획 세우기

시험 2~3주 전에 계획을 세워야 하는 이유는 모든 과목을 1차 수준으로 복습하기 위해서입니다. 1차 수준의 복습이란 시험개요를 작성했을 때 단원별 △나 ×로 표시된 것을 모두 ○로 만드는 것입니다. 1차 수준의 복습에서 제일 중요한 것은 '이해'입니다. 이해 없이 요약정리만 하는 것은 복습이 아닙니다. 깔끔하고 보기 좋게 노트정리한 것을 복습했다고 생각하는 경우가 있는데 내용 이해 없이 노트에 정리만 했다면 복습이라 할 수 없습니다. 오히려 시간 낭비일 수 있습니다. 1차 수준의 복습은 친구들이 어떤 내용에 대해 물어보았을 때 교재나 유인물을 보고 설명을 할 수 있을 정도입니다. 책을

보고도 설명을 할 수 없다면 그것은 이해가 된 것이 아닙니다. 이럴 때는 다른 친구에게 묻거나 자료를 찾아서 반드시 책을 보고 설명할 수 있는 수준까지 공부할 수 있도록 해야 합니다.

시험 3주 전에는 어려운 과목, 전공, 학점이 높은 과목부터 먼저 공부하도록 계획을 세워야 합니다. 대부분의 학생들은 시험공부를 할 때 쉬운 과목부터 먼저 공부하고 어려운 과목은 나중에 하려고 하는 경우가 많습니다. 하지만 그렇게 계획을 세우면 어려운 과목을 완벽하게 공부할 수 없습니다. 전체 과목이 9과목이라면 3주 전에 적어도 4과목 이상은 공부를 마치되 어려운 과목부터 먼저 공부할 수 있게 계획을 세워야 합니다.

시험 2주 전에는 나머지 과목을 1차 수준으로 복습할 계획을 세우고 복습해야 합니다. 이때 시험개요 작성에서 반드시 ○를 체크를 하면서 복습하는 것이 중요합니다. △나 ×가 ○로 하나씩 바뀌어 갈 때마다 자신감이 생기고 뿌듯한 마음이 생길 것입니다.

1. 시험계획 : (4) 시험계획 작성

· 시험계획 작성해 보기(활동지 참고)

날짜		계획	날짜		계획	날짜		계획	날짜		계획
3주전			2주전			1주전			시험주간		

● 시험 1주 전: 2차 수준 복습 계획 세우기

시험 1주 전에는 2차 수준의 복습을 하는 단계입니다. 2차 수준의 복습은 바로 시험 공부입니다. 이때는 책이나 요약정리한 내용을 보지 않고 설명할 수 있을 정도로 공부해야 합니다. 공부한 내용을 아무것도 보지 않은 상태에서 온전히 머릿속에 든 내용만으로 설명할 수 있어야 합니다. 이해 없이 내용만 요약정리한 후 반복적으로 암기만 하면 절대 2차 수준의 복습은 불가능합니다. 그래서 2~3주 전에 계획을 세워서 하는 1차 수준의 복습이 아주 중요합니다.

이때는 시험시간표가 정해졌을 겁니다. 학과에 따라 또는 교과에 따라서 시험시간이 수업시간과 같아 따로 나오지 않는 경우도 있으니 시험시간표는 본인의 학과에 맞추어 생각하면 될 것입니다.

2차 수준 복습 계획을 세울 때 시험기간이 일주일이라고 가정한다면 금요일 시험과목을 월요일에, 목요일 시험과목을 화요일, 수요일 시험과목은 수요일, 화요일 시험과목은 목요일, 월요일 시험과목을 금요일에 공부할 수 있게 계획을 세웁니다. 이렇게 계획을 세우면 일주일 동안 전 과목을 한번은 학습할 수 있습니다. 주말에는 좀 더 시간이 많으니 토요일은 화요일에서 금요일 시험과목 중 주중에 공부가 조금 부족했다는 느낌이 드는 과목을 위주로 공부를 합니다. 그리고 일요일은 월요일 시험 치는 과목만 중점적으로 공부합니다. 그럼 다시 월요일 시험 후 화요일 시험과목을 공부할 수 있고, 화요일 시험 후 수요일 시험과목, 수요일 시험 후 목요일 시험과목, 목요일 시험 후 금요일 시험과목을 공부할 수 있습니다. 이렇게 계획을 세우면 전체적으로 과목당 시험범위를 3번씩 보고 시험을 칠 수 있습니다.

• 시험기간 중: 3차 수준 복습 계획 세우기

시험기간 중에 하는 복습은 3차 수준의 복습으로 이때는 정말 핵심 내용만 뽑아서 한 번 더 공부를 하는 것입니다. 시간적으로 여유가 많이 없으므로 평소 수업시간에 교수님이 강조한 내용과 선배나 친구들한테서 얻은 정보 중심으로 마무리를 하는 단계입니다. 이렇게 3번에 걸쳐 1~3차 수준까지 공부를 하면 여러분이 원하는 성적을 얻을 수 있을 것입니다.

• 시험계획 작성해 보기

활동지에 시험계획을 직접 작성하여 봅시다.

2. 객관식 시험준비

시험 점수를 결정하는 두 가지 요인은 얼마나 준비했는가와 얼마나 전략적인 문제풀이 방법을 아는가이다. 특히 단답형 시험을 포함한 객관식 시험에서 보다 높은 점수를 받기 위해서는 유형별 문제풀이 전략을 잘 아는 것이 필요하다.

이 장에서는 객관식 시험을 준비하기 위해 교재 내용을 정리하고 어휘 카드, 질문 카드 및 수학문제 카드를 만드는 방법을 소개하고 있다.

- 2.1 교재 내용 정리하기
- 2.2 어휘 카드 제작하기
- 2.3 질문 카드 제작하기
- 2.4 수학문제 카드 제작하기

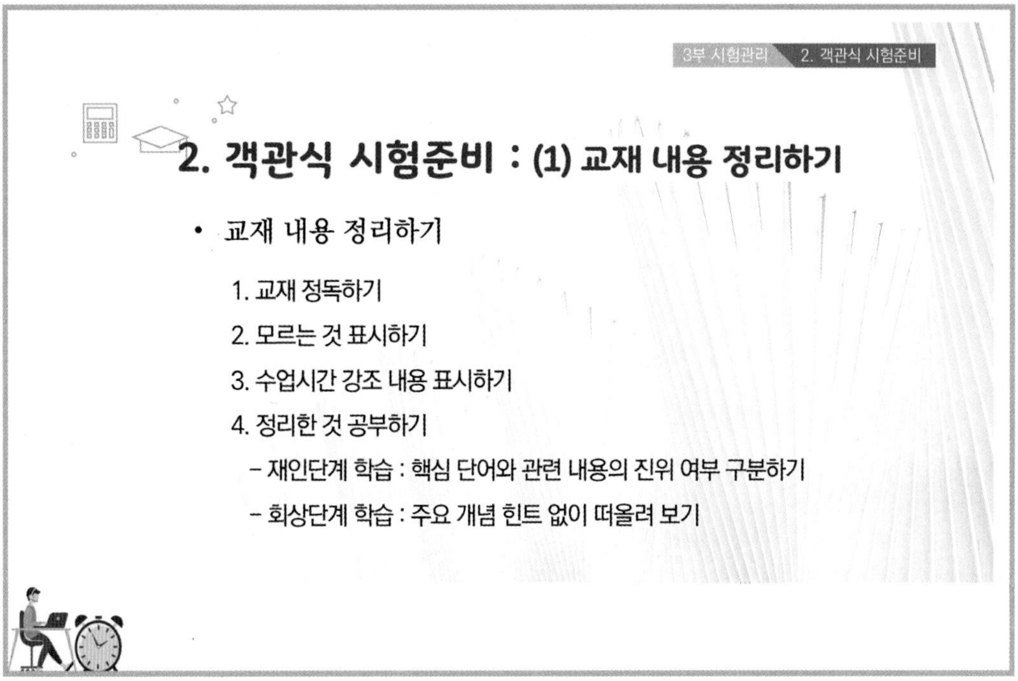

객관식 시험공부법의 핵심은 주요 개념들을 여러 번 보고 익혀서 개념 간의 위계를 분류하여 정확히 이해하는 것입니다. 객관식 시험 문제는 요구하는 개념이 어디에 속하는지 또는 속하지 않는 것인지를 묻는 것이 대부분이므로 교재의 핵심 내용을 정리하여 외울 수 있도록 준비하는 것이 우선입니다.

• 교재 정독하기

먼저 내용을 정확히 이해하기 위해 교재를 정독하여 읽어야 합니다. 읽고 이해가 안 되는 부분이 있으면 반복해서 읽어야 합니다.

• 모르는 것 표시하기

이해가 안 되는 부분은 붙임 종이를 붙여 표시해 둡니다. 이런 붙임 종이를 이용할 때 색깔로 구분하는 것이 좋습니다. 예를 들어 모르는 것은 빨간색, 중요한 것은 초록색

등 자신이 쉽게 확인할 수 있는 색깔을 사용하면 효율적입니다. 모르는 부분으로 표시된 것은 친구에게 물어보거나 다른 보조 교재를 참고하여 이해하도록 해야 합니다.

- **수업시간 강조 내용 표시하기**

수업시간 교수님이 강조한 내용을 표시해 두었다면 요약정리할 때 다시 중요 표시를 합니다. 또 중요해서 나올 것 같은 내용에는 붙임 종이를 붙여 본인이 쉽게 확인할 수 있도록 구별해 둡니다.

- **정리한 것 공부하기**

교재를 요약하여 정리한 것을 보고 핵심 단어와 관련 내용의 진위 여부를 구분하는 재인단계 학습, 주요 개념 힌트 없이 아는 것을 떠올려 보는 회상단계 학습으로 객관식 시험을 준비합니다. 정리한 것을 공부할 때에는 예상문제를 만들어 재인단계 학습, 회상단계 학습이 되었는지 확인하는 것도 도움이 됩니다.

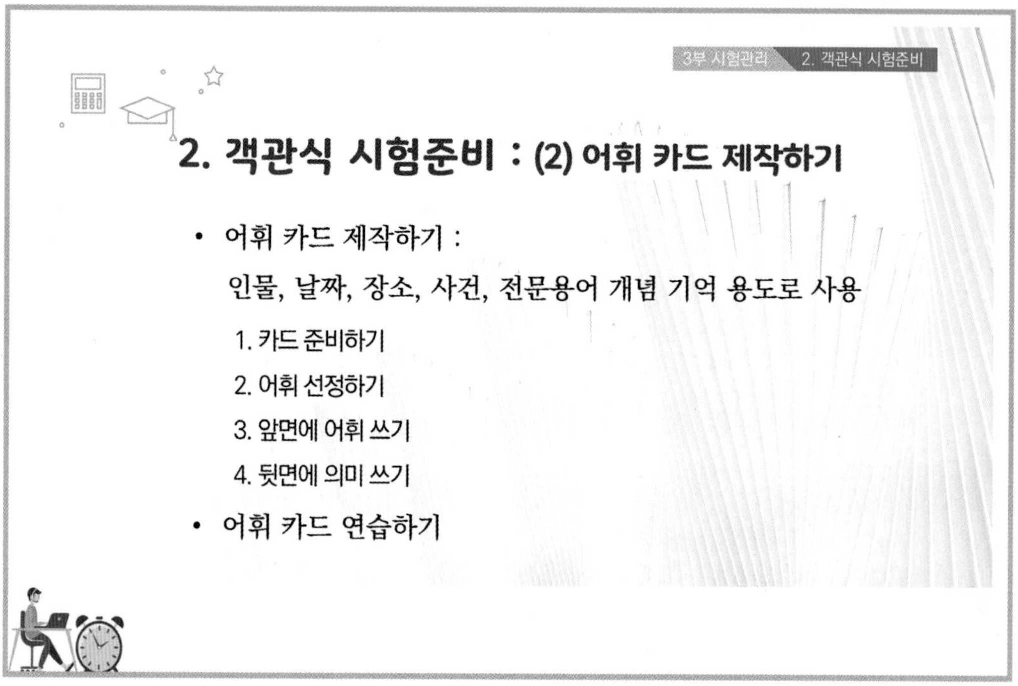

어휘 카드는 앞면에는 중요한 핵심 어휘를 적고 뒷면에는 그 단어의 의미를 적어 놓은 카드로 어휘의 의미를 공부할 때 아주 효과적인 방법입니다. 어휘 카드는 단어의 의미를 파악하는 용도로 사용될 수 있으며 인물, 장소, 날짜 혹은 사건 등 전문용어 개념을 기억하는 용도로도 사용됩니다. 어휘 카드를 만들면서 어휘를 쓰는 것 자체가 이미 그 어휘들을 암기하는 효과를 발휘합니다.

• 카드 준비하기

색인 카드라고 하는 카드를 활용하거나 A4종이를 8등분하여 사용해도 됩니다. 단, 카드 하나에는 어휘가 하나씩 들어가도록 씁니다.

• 어휘 선정하기

어휘 카드에 쓸 어휘는 수강하는 과목의 성격에 따라 주제가 다를 수 있습니다. 예를 들어, 심리학 수업에서 교재의 각 단원마다 10~20개 전문 용어를 어휘로 선택할 수 있습니다. 또는 심리학자와 그의 업적, 이론, 교수님이 강조한 주제 등을 어휘 카드에 작성할 수 있습니다. 역사학 수업에서는 인물, 일자, 사건, 사상 등을 공부하면서 사건 혹은 인물을 어휘로 선정할 수 있습니다.

• 앞면에 어휘 쓰기

어휘를 선정하였다면 앞면에는 기억해야 할 어휘를 씁니다.

• 뒷면에 의미와 설명 쓰기

뒷면에는 앞면에 적은 어휘의 의미 또는 설명을 씁니다.

• 어휘 카드 연습하기

① 만들어 놓은 어휘 카드는 한 번에 10~15개 정도 활용합니다.
② 카드를 항상 가지고 다니며 자투리 시간을 활용해 보면서 중얼거리며 외웁니다.
③ 처음 선택한 카드를 완벽히 익혔다면 다음에 외울 카드를 10~15개 또 준비합니다.
④ 카드로 공부할 때 가능하면 어휘의 의미를 소리 내어 암송하는 것이 효과적입니다.
⑤ 제대로 의미를 이해했는지 카드를 섞어서 확인해 봅니다. 또는 뒷면의 설명이나 뜻을 보고 앞면의 어휘를 떠올리는 연습을 합니다.

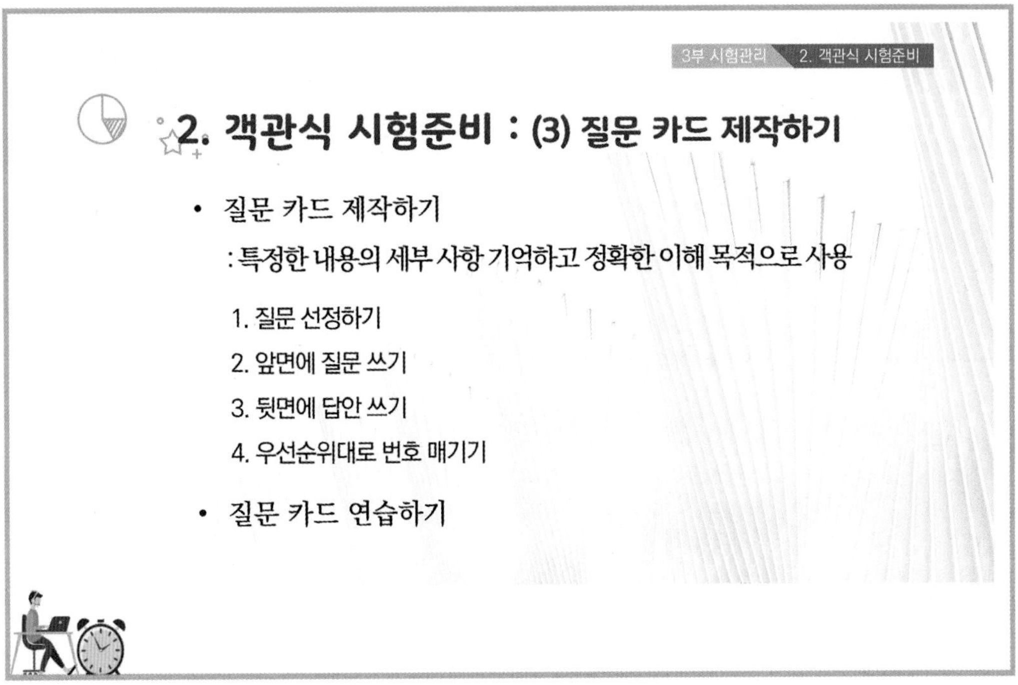

질문 카드는 단순히 암기하기보다는 정확한 이해에 초점을 맞추는 전략으로 필기한 내용을 깊이 있게 다루며 특정한 세부 사항을 기억할 수 있도록 해 줍니다. 평소에 책 여백이나 노트 공란에 질문을 이미 적어 놓았다면 질문 카드에는 이와는 다른 질문을 적거나 틀리기 쉬운 질문들을 적습니다. 질문 카드를 활용하여 공부하면 셀프 테스트의 효과가 있으며, 스스로 대답을 소리 내어 암송할 때마다 기억력을 향상시킬 수 있습니다.

• 질문 카드 제작하기

질문은 한 장(chapter)에서 20~30개 정도 만들 수 있습니다. 앞면에는 질문을 쓰고 뒷면에는 답을 씁니다. 질문을 만든 후에는 중요도에 따라 우선순위를 정해서 번호를 매깁니다.

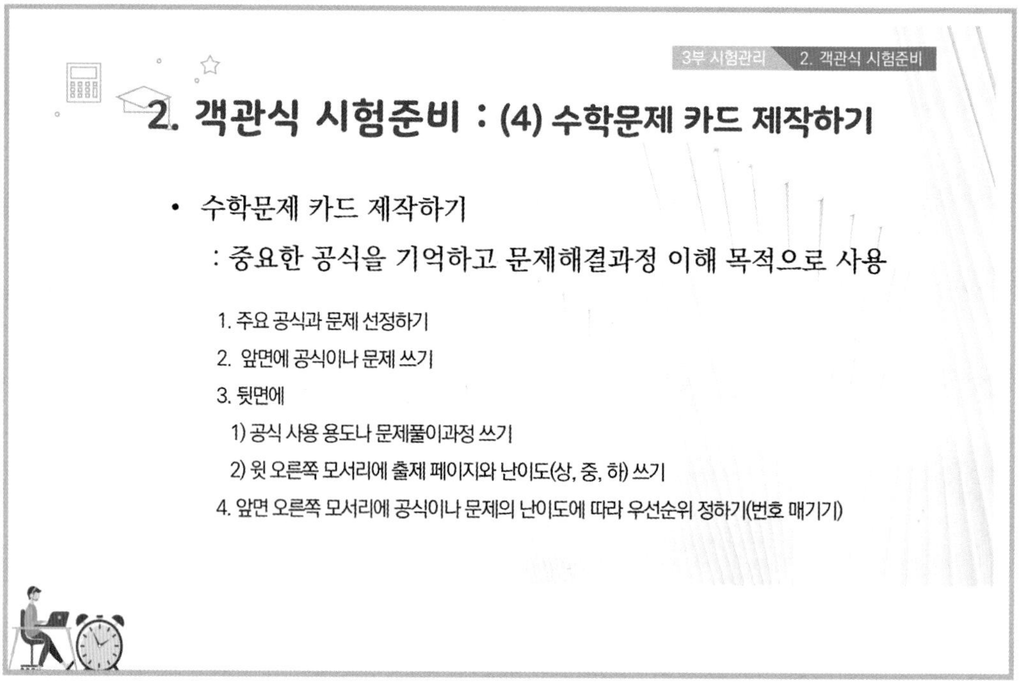

수학 및 과학 수업을 듣는 학생들의 경우 시험을 앞두고 있다면 문제 카드를 만들어 공부하면 좋은 점수를 받을 수 있습니다. 문제 카드를 제작하면 내용을 요약정리할 수 있으므로 중요한 공식을 기억하고 문제해결과정을 이해하는 데 도움이 됩니다.

수학/과학 문제 카드를 만드는 방법은 어휘 카드나 질문 카드와 같습니다. 앞면에는 공식 또는 문제를 쓰고 뒷면에는 풀이과정 또는 답을 쓰면 됩니다. 앞면 오른쪽 모서리 위에 문제의 난이도에 따라 우선순위 번호를 매겨 놓으면 중요한 것을 자주 복습하는 데 유용합니다.

3. 서술형 시험준비

서술형 시험은 배운 내용을 떠올리며 작성해야 하므로 학생들은 객관식 시험보다 어렵게 생각한다. 서술형 시험을 준비하기 위해서는 먼저 학습 계획을 세우고 여러 자료를 학습해야 한다. 그리고 학습한 내용을 바탕으로 예상문제를 만들고, 글의 짜임과 양식을 고려하여 좋은 답안을 작성할 수 있어야 한다. 이 장에서는 서술형 시험준비를 문제 예측하기, 답안 작성 계획, 시험 연습하기로 구성하였으며, 서술형 시험점수에 영향을 주는 요인을 팁으로 제안한다.

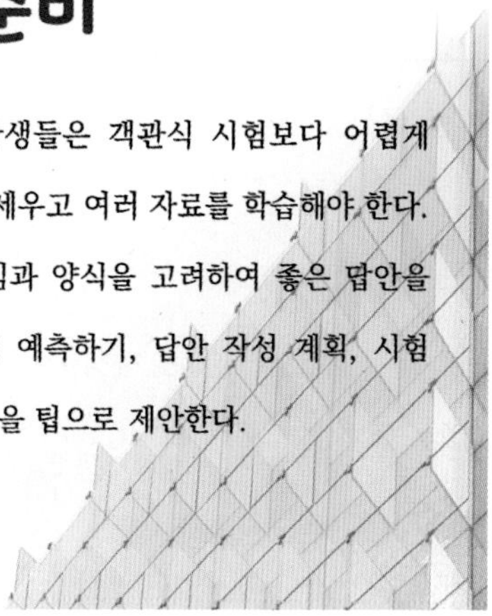

- 3.1 서술형 시험공부법
- 3.2 문제 유형 알기
- 3.3 예상문제 만들기
- 3.4 답안 작성 준비
- 3.5 답안 작성 연습
- 3.6 서술형 시험 대비 Tips

3부 시험관리 3. 서술형 시험준비

3. 서술형 시험준비 : (1) 서술형 시험공부법

- 서술형 시험공부법

1. 그림이나 도표로 만들기
2. 적절한 예시 기록하기
3. 예상문제와 답안 정리하기
4. 사전 테스트 해 보기

서술형 시험공부법의 핵심은 단서를 암기하고 단서를 중심으로 문장을 작성할 수 있도록 연습하는 것입니다. 서술형 시험에는 객관식처럼 문제단서가 제시되지 않기 때문에 그 단서를 여러분 자신이 만들어야 합니다. 개별 또는 집단 스터디를 통해서 예상문제를 만들어 답안을 작성해 보고 실제 시험처럼 시간을 제한하여 사전테스트를 해 보는 것은 시험준비에 도움이 될 것입니다.

• 그림이나 도표로 만들기

그림이나 도표의 내용은 기술할 내용의 단서가 되므로 수업 중 필기할 때 또는 복습하고 정리할 때 공부한 내용을 그림이나 표로 작성해 봅니다. 그리고 그림과 도표의 내용을 말로 설명해 보고 자신의 글로 써 봅니다. 시험을 칠 때 시험지를 받자마자 기억하고 있는 그림이나 도표를 그려 놓고 그것을 설명하는 글을 쓰면서 답안을 작성하면 막연히 글을 쓰는 것보다 서술하기가 쉽습니다.

- **적절한 예시 기록하기**

만약 교수님이 수업시간에 말씀하신 예시가 있으면 노트나 교재에 기록해 둡니다. 서술형 시험에서 그런 예시를 활용해도 좋습니다.

- **예상문제와 답안 정리하기**

서술형 시험공부법에서 성적을 좌우할 만큼 중요한 것은 예상문제를 잘 만드는 것입니다. 혼자 문제를 만들기 힘들면, 스터디 그룹을 조직하여 도움을 주고받는 것이 좋습니다. 각자 5~7개의 예상문제를 만들고 답안을 적어 오면 최소 20개 이상의 예상문제와 답안을 확보하게 됩니다. 예상문제는 A4용지 한 장에 문제 하나씩 적고 답안을 작성하는 것이 좋습니다. 문장은 5~10개 이내로 하고, 핵심 단어에 동그라미를 표시합니다. 공유된 예상문제와 답안에 출제 가능성이 높은 순서대로 번호를 매겨서 그 순서대로 공부합니다.

- **사전 테스트 해 보기**

시험 전날에는 셀프 테스트로 타이머를 맞춰 놓고 실제 시험처럼 작성해 봅니다. 작성한 답안지를 읽어 보면서 채점을 해 보면 부족한 부분을 다시 한 번 점검할 수 있습니다.

3부 시험관리 3. 서술형 시험준비

3. 서술형 시험준비 : (2) 문제 유형 알기

• 서술형 시험 유형

핵심 지시어	답안 작성 방향
서술하라/설명하라/논하라/의견을 제시하라	주제에 대하여 이해하고 있는 바를 상세하게 쓴다.
정의하라/기술하라	용어나 개념의 의미를 쓴다. 어떤 주제나 상황에 대하여 상세한 언어적 그림을 그린다.
열거하라	번호를 붙여 항목이나 단계, 이유를 제시한다.
비판/평가/해석/분석/정당화/증명하라	자신의 판단과 함께 그 증거를 제시한다.
비교하라/대비시켜 설명하라	공통점과 차이점을 밝힌다. 여러 사물 간의 공통점 또는 차이점을 밝힌다.

서술형 문제의 중요한 시험치기 전략 중 하나는 문제 속의 지시어를 정확히 파악하여 출제자의 의도대로 답안을 작성하는 것입니다. 서술형 문제의 지시어가 무엇인지에 따라 답안 작성 방향이 달라지므로 서술형 문제의 지시어가 무엇인지 잘 파악한 후 답안을 작성해 나가도록 해야 합니다.

• 서술하라/설명하라/논하라/의견을 제시하라

서술형 문제에서 가장 많이 나오는 지시어는 '서술하라, 설명하라, 논하라, 의견을 제시하라'라고 할 수 있습니다. 이런 지시어가 보이면 그 주제에 대해 이해하고 있는 바를 상세히 쓰고 마지막에 자신의 의견이나 예시도 추가하여 설명할 수 있습니다.

• 정의하라/기술하라

'정의하라, 기술하라'라는 지시어가 보이면 용어나 개념의 의미를 학술적으로 정의된

대로 써야 합니다. 가급적 교재에서 제시된 대로 쓰는 것이 좋습니다. 이런 지시어에는 자신의 의견이나 예시를 들게 되는 것이 감점 요인이 될 수 있습니다. 가능한 객관적 관점에서 'A는 ~이다. 혹은 A는 ~라고 정의된다' 등의 문장으로 기술하면 됩니다.

• 열거하라

'열거하라'라는 지시어가 보이면 여러 항목을 제시하면 됩니다. 열거되는 항목에 순서가 있으면 순서대로, 그렇지 않으면 중요도에 따라 기술합니다. 숫자 1, 2, 3이나 첫째, 둘째, 셋째 등으로 순서를 매기고 첫 문장에는 열거 항목이 들어가는 핵심 문장을 쓴 후, 다음 문장에 이유나 근거를 제시하도록 합니다.

• 비판/평가/해석/분석/정당화/증명하라

이러한 문제를 낸 출제자는 그 주제에 대한 여러분의 의견을 알고 싶어 합니다. 따라서 자신의 의견을 중심으로 주관적으로 제시하되, 근거는 교재나 수업 자료에 나온 내용을 바탕으로 객관적으로 제시되어야 합니다. 예를 들어, '~에 대해 ~로 평가한다. 그 이유나 근거로 ~가 있다'라는 방식으로 의견과 객관적 사실이 한 쌍이 되도록 답안을 작성하도록 합니다.

• 비교하라/대비시켜 설명하라

'비교하라, 대비시켜 설명하라'라는 지시어는 그 주제에 대한 공통점과 차이점을 진술하라는 의미입니다. A 대 B의 주제를 대비시키거나 A와 B의 공통점과 차이점을 제시하면 됩니다. 공통점과 차이점으로 분류하여 작성하거나, 공통점과 차이점의 핵심 내용만 표로 제시한 후 그 내용을 문장으로 설명하는 방식으로 작성할 수도 있습니다.

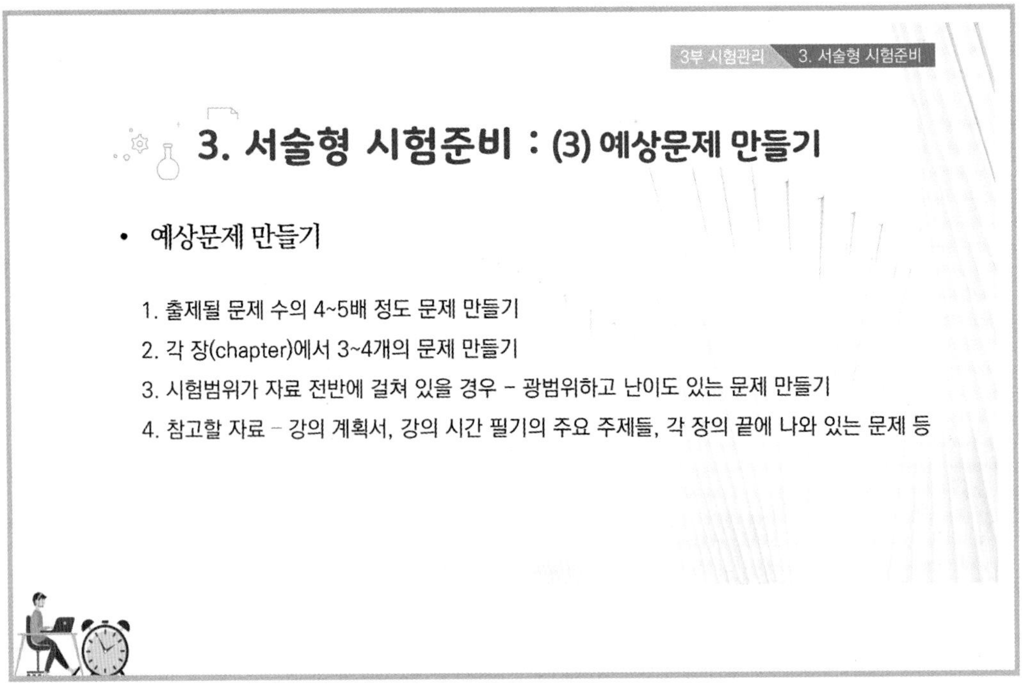

서술형 시험준비를 잘할 수 있는 최선의 방법은 스스로 문제를 내어 보는 것입니다. 시험에 나올 것 같은 문제를 예상해 보면 실제 시험에 직접 관련된 내용을 중심으로 공부할 가능성이 높아지기 때문입니다. 시험문제를 더 많이 예상하여 준비할수록 출제 문제를 정확히 예측할 가능성이 높아집니다.

• 출제될 문제 수의 4~5배 정도 문제 만들기

시험문제를 예측할 때는 출제될 문제 수보다 4~5배 정도 많이 준비하는 것이 좋습니다. 교수님이 서술형 시험을 2개로 공지했다면 8개 내지 10개의 문제를 예상하여 준비해야 합니다.

• 각 장에서 3~4개의 문제 만들기

문제를 내는 방법 중에는 각 장별로 3~4개의 문제를 내는 것입니다. 이 방식은 출제

될 문제가 하나일 때 적절합니다. 많은 문제를 예측하여 만들어 놓을수록 시험의 적중도가 높아지므로 가능한 한 예상문제를 많이 만들어 봅니다. 정확히 똑같은 문제를 예측하지 못한다 해도 출제된 문제와 유사한 문제를 연습했다는 자신감으로 시험에 잘 응할 수 있습니다.

- **광범위하고 난이도 있는 문제 만들기**

시험범위가 자료 전반에 걸쳐 있는 경우는 광범위하고 난이도가 있는 문제를 만들도록 합니다. 광범위한 문제에 적절히 대비할 수 있다면, 세부 내용을 다루는 문제도 잘 대응할 수 있을 것입니다.

- **참고할 자료를 살펴보고 문제 만들기**

예상 시험문제를 만들 때 참고할 자료는 강의 계획서, 필기한 내용들, 각 장의 마지막에 나와 있는 문제들을 검토해 보고 참고하면 됩니다. 대부분의 논술 문제들은 원인과 결과를 논하거나 과정을 서술하는 것과 같은 것이 많으므로 논술에 자주 이용되는 표현들을 익히는 것도 좋은 방법입니다.

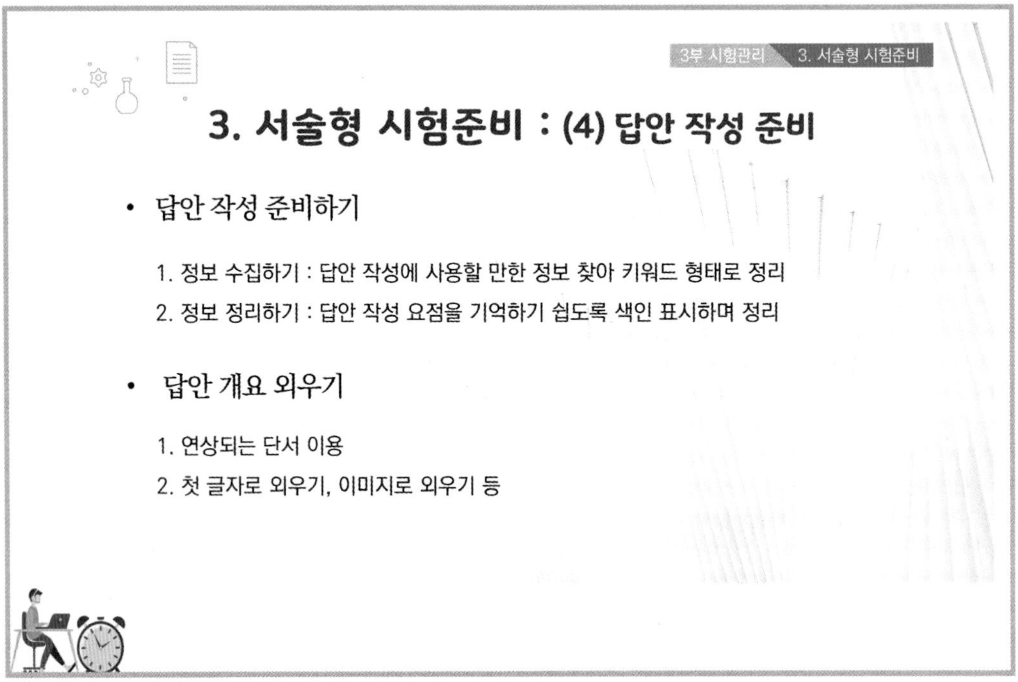

예상문제를 만든 것은 서술형 시험준비의 시작에 불과합니다. 이제 답안지에 작성할 내용을 준비해야 하는데 교재, 강의시간에 필기한 내용, 유인물 등 모든 자료를 수집하여 정리해야 합니다. 수집한 정보를 토대로 예상문제에 대한 답안을 작성할 수 있도록 주요 요점을 한눈에 쉽게 볼 수 있게 개요로 작성합니다. 실제 시험에 적용할 단락의 형태가 아닌 '약식'으로 개요를 준비해서 답안 작성 시 제시할 주요 요점을 한눈에 쉽게 보도록 합니다. 요점을 나열하고 적합한 뒷받침 내용도 여백을 활용하여 개요 속에 넣습니다. 개요는 최대한 간단하게 해야 연상하기 쉽습니다.

• 정보 수집하기

예상문제를 적은 후, 교재와 노트를 참고로 답안 작성에 사용할 만한 정보를 찾습니다. 주요 요점과 세부 내용을 중심으로 살펴본 후, 준비해 둔 용지에 키워드 형태로 적어 봅니다. 키워드 형태로 의미가 있는 부분만 적습니다.

- **정보 정리하기**

예상문제에 필요한 정보를 정리하면 답안 작성에 필요한 요점을 정리할 수 있으므로 기억하기 쉽습니다. 예상문제에 대한 답안을 작성하기 위해 수집한 키워드를 순서대로 정리하여 개요를 만듭니다. 개요를 확인한 다음, 주요 요점이 포함되지 않았거나 뒷받침할 내용이 부족하면 다시 교재나 노트 내용을 검토하여 개요에 추가합니다. 각 요점에 색인과 같은 표시를 하면서 수집한 정보를 정리합니다. 주요 요점을 뒷받침할 내용을 찾지 못하거나 너무 적으면 다시 교재나 노트 내용을 검토해서 찾아 넣습니다.

- **답안 개요 외우기**

작성한 답안 개요를 보고 요점을 파악하여 반복해서 암기합니다. 요점 암기나 순서대로 기억하는 것이 어렵다면 연상을 도울 수 있는 단서를 이용하거나 첫 글자로 외우기, 이미지로 외우기 등의 기억 전략을 활용합니다.

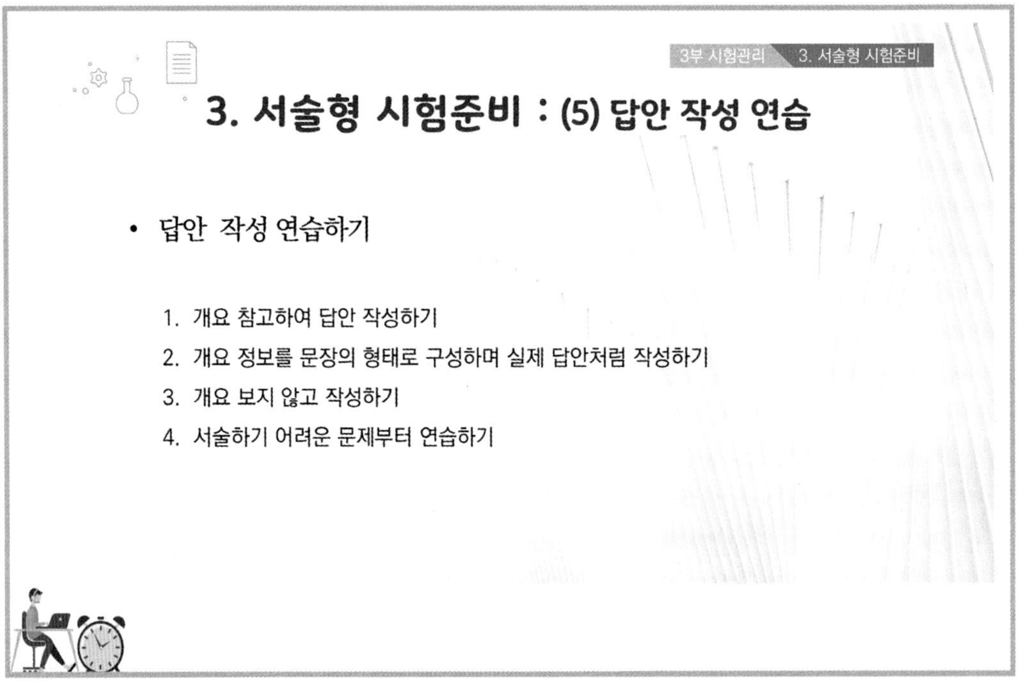

개요의 요점을 암기했다면 이제는 예상문제를 제외하고는 모든 자료를 덮고 종이에 적어 봅니다. 각 요점의 키워드만으로 내용을 확장하여 작성할 수 있어야 합니다. 답안 작성 연습은 내용을 얼마나 기억하는지를 점검하는 것이 아니라 예상문제에 대해 알고 있는 바를 적절한 답안으로 적어 가는 연습을 하는 것입니다.

• 개요 참고하여 작성하기

작성한 개요를 참고하여 실제 답안을 작성합니다.

• 개요를 문장 형태로 구성하며 실제 답안처럼 작성하기

키워드로 구성된 개요를 문장 형태로 구성해 갑니다. 가능하면 세부 내용을 추가하면서 실제 답안처럼 적어 봅니다.

• **개요를 보지 않고 작성하기**

개요의 내용을 충실히 참고하여 답안 작성에 성공하였다면 이제는 개요를 보지 않고 다시 써 봅니다. 그리고 시험 전날 밤에 마지막으로 답안 작성 연습을 합니다.

• **서술하기 어려운 문제부터 연습하기**

예상문제가 많아서 충분히 준비할 시간이 없다면 가장 서술하기 어려운 문제부터 먼저 연습하는 것이 좋습니다.

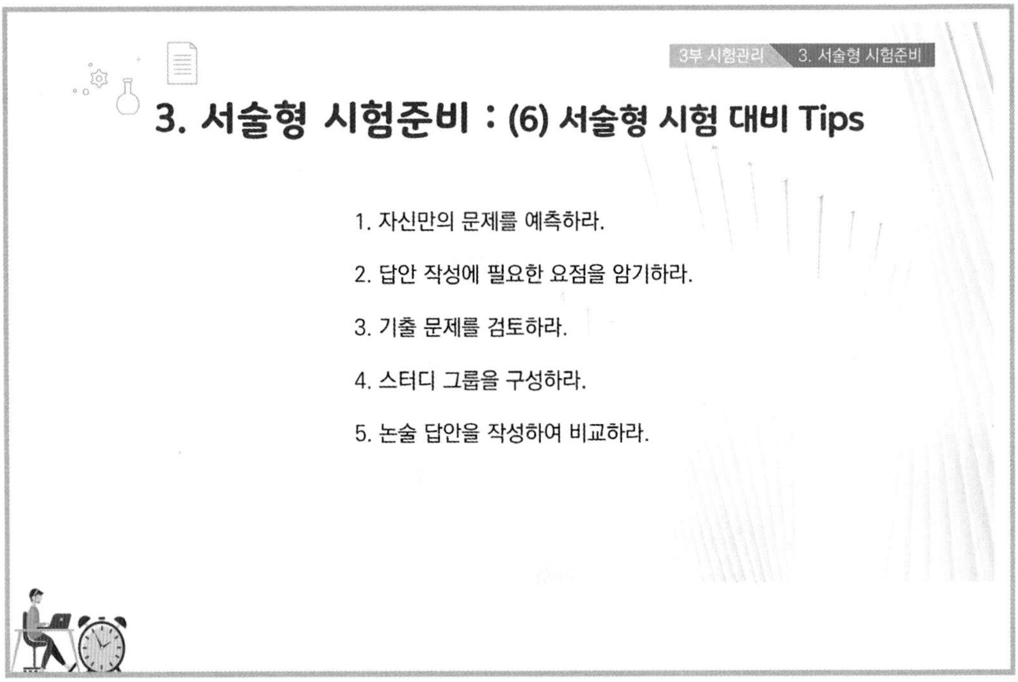

- **자신만의 문제를 예측하라.**

자신만의 문제를 예측하는 것을 절대 잊어서는 안 됩니다. 예측한 답안을 준비함으로써, 시험에 출제될 만한 주요 소재를 대부분 대비할 수 있습니다. 교재와 강의자료를 훑어본 후 8~10개 정도의 문제를 예측해서 답안을 작성해 봅니다. 당연히 예측된 문제가 많을수록 시험에 출제될 가능성은 커집니다.

- **답안 작성에 필요한 요점을 암기하라.**

개요에 따라 각 답안에 필요한 요점을 암기해야 합니다. 등교 시간이나 자투리 시간 등을 활용하여 해당 정보를 늘 연상하는 연습을 합니다. 개요를 모두 작성했다고 해서 정보를 다 알고 있는 것은 아니기 때문에 반드시 필요한 요점을 암기해야 합니다.

• 기출 문제를 검토하라.

교수가 의도하는 문제의 방향을 알아내기 위해 기존의 출제된 문제를 검토해야 합니다. 완전히 동일한 문제를 내는 교수가 없으므로 기존 문제를 활용하되 예상문제를 추측하는 용도로 이용하면 됩니다.

• 스터디 그룹을 구성하라.

일부 학생은 시험준비 기간 중 그룹을 구성하여 공부하는 것이 효과적이라고 생각합니다. 자신이 예측한 문제를 다른 구성원과 비교해 보면 미처 생각하지 못한 부분을 알게 될 수 있고 다양한 문제들을 다루어 볼 수 있습니다.

• 논술 답안을 작성하여 비교하라.

스터디 그룹의 구성원 각자에게 그룹에서 결정한 예상문제 답안을 작성해 보도록 합니다. 모여서 작성해 본 답안을 공유하며 서로 비교해 봅니다. 이렇게 비교하는 과정을 통해서 예상문제에 대한 적절한 답안을 구성할 수 있습니다.

4. 시험치기

시험준비를 잘했다면 당일 시험치는 날 고려해야 할 사항들을 점검하여 최고의 성적을 받을 수 있도록 점검해 보아야 한다. 먼저 적당한 시간에 시험 장소에 도착해야 한다. 그리고 시험지를 받았을 때 전체적으로 훑어보는 것이 필요하다. 지시 사항, 문제 수, 문제의 유형, 문제 배점 등을 살펴보면서 시간을 어떻게 할당할 것인지도 생각해 둔다. 다음으로 문제에 정확하게 답하기 위해서는 지시문을 잘 읽는 것이 중요하다.

이 장에서는 객관식 시험과 서술형 시험을 치기 위한 전략과 팁을 소개하고자 한다.

3부 시험관리 4. 시험치기

4. 시험치기 : (1) 시험칠 때 주의점!

1. 시험이 어려울 때 긴장 이완하기
2. 시험이 쉬울 때 긴장하기
3. 서술형 문제는 일단 단서부터 적기
4. 공부하지 않은 문제는 아는 만큼만 쓰기
5. 가급적 처음 생각한 답 쓰기

시험을 칠 때, 일반적으로 알아야 할 5가지 주의점을 살펴봅시다.

• 시험이 어려울 때 긴장 이완하기

시험칠 때 적절한 긴장감은 실력발휘에 도움이 되지만 너무 긴장되거나 혹은 너무 긴장이 안 되면 오히려 시험에 방해가 됩니다. 시험이 어려우면 마음을 편하게 하고 시험을 쳐야 뇌가 활성화되어 문제풀이가 잘된다고 합니다. 시험이 어렵다고 느껴지면 당황하지 말고 일단 아는 문제부터 풀고 어려운 문제에 할애할 수 있는 시간을 좀 더 확보해야 합니다. 그런 다음, 심호흡을 하고 손목을 풀어서 긴장을 완화시키고 문제를 풀도록 합니다.

• 시험이 쉬울 때 긴장하기

시험이 생각보다 쉽다고 생각하면 실수가 많아지기 쉬우므로 긴장이 풀어질 것 같으면 의자를 당겨 자세를 바르게 하고 펜으로 줄을 그으며 문제를 주의 깊게 읽도록 해야 합니다. 핵심 단어에 동그라미를 하고, 주요 지시동사에 밑줄을 그어서 정확하게 문제 내용을 숙지합니다. 본인이 쉽다고 생각하면 다른 학생들도 쉽다고 생각할 것이므로 더욱 실수 없이 완벽히 문제를 풀어야 된다는 생각으로 긴장감을 끌어올리도록 합니다.

- **서술형 문제는 단서부터 적어 두기**

서술형 문제는 답안부터 쓰지 말고 문제 옆의 빈 여백에 단서부터 적어 두고 잠시 생각을 정리하여 문장을 작성해 나가도록 하는 것이 좋습니다. 단서에 대해 생각하지 않고, 문장으로 답안을 작성하면 작성하던 중 다음에 작성할 내용을 잊어버릴 수 있습니다.

- **공부하지 않는 문제는 아는 만큼 쓰기**

모르는 문제는 일단 남겨 두었다가 다른 문제를 풀고 나서 그 수업시간을 떠올려 보거나, 시험지에 단서가 있는지 확인하고 아는 만큼만 쓰도록 해야 합니다. 가능한 한 빈칸은 남겨 두지 않는 것이 좋습니다. 부분 점수를 받을 수도 있으니까 아는 만큼 반드시 써야 합니다.

- **가급적 처음 생각한 답 쓰기**

객관식 선다형 문제를 풀 때 답이 헷갈리면 가급적 처음 생각한 답을 쓰는 게 좋습니다. 본인이 선택할 문제이기는 하지만 일반적으로 60~70%는 처음 고른 것이 답이 될 확률이 높다고 합니다.

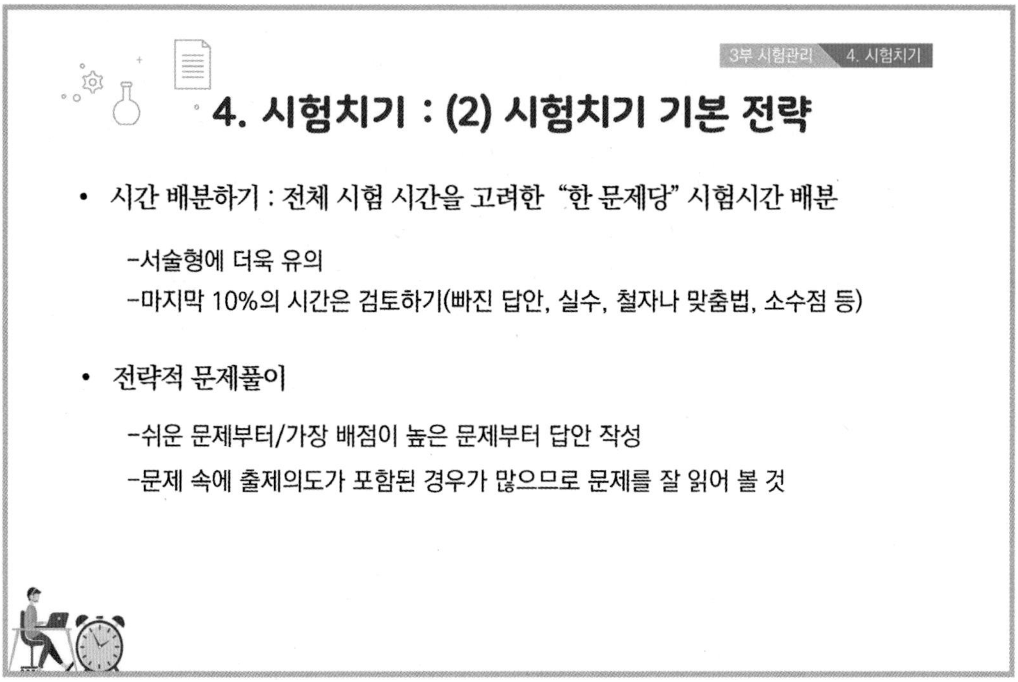

• 시간 배분하기

시험은 정해진 시간 내에 주어진 문제를 다 풀어야 하므로 시간 배분을 잘해야 합니다.

가급적 처음 2~3분은 시험지 앞뒤 면을 훑어보면서 문제 하나에 배당할 시간을 계산해 봅니다. 만약 시험시간이 50분이면 마지막 검토하는 시간 5분과 처음 문제를 훑어보는 시간 3분은 제외하고 42분간 시험문제를 푼다고 생각해야 합니다. 문제가 20문제라면 문제당 약 2분이 됩니다. 서술형 문제는 특히 시간 배분에 유의해야 합니다. 4문제라면 각 문제당 10분 정도 시간 배분이 될 것입니다.

• 전략적 문제풀이

먼저 시험지 앞뒤 면을 훑어본 후 쉬운 문제부터 풀어 나갑니다. 쉬운 문제의 답은 연필로 표시해 둡니다. 어려워서 생각할 시간이 필요한 문제는 표시해 두고 나중에 풀도록 합니다. 다시 돌아와서 어려운 문제를 풀 때는 여러 번 읽으면서 출제 의도가 무엇인지 파악하도록 해야 합니다. 왜 이런 문제를 내고 있는지, 무엇을 알기를 원하는 문제인지 생각한 후 답안을 작성하는 것이 좋습니다. 배점이 다르다면 점수가 높은 것부터 풀도록 합니다. 답은 가급적 처음에는 연필로 표시한 뒤, 시험시간이 20분 이내(정각에 시작한 시험인 경우 보통 30분 이후)로 남았을 때부터 펜으로 작성하는 게 좋습니다. 마지막 5분(시험시간이 50분이라고 하였을 때 시험시간의 10%)은 빠진 답안이 있는지 확인하고, 지시어를 실수 없이 잘 확인했는지, 철자나 맞춤법 등은 잘 표시했는지 확인하는 데 쓰도록 합니다.

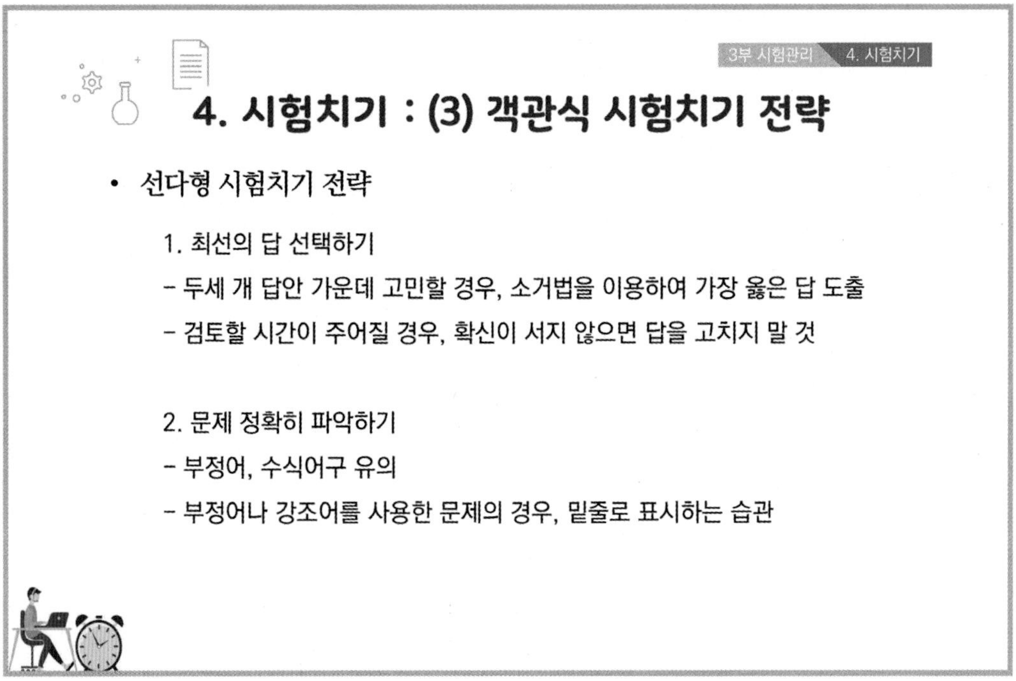

객관식 선다형 시험을 칠 때, 명심해야 하는 것은 문제를 급하게 풀지 않도록 하는 것입니다. 문제를 정확히 파악하는 것이 중요하기 때문입니다.

• 최선의 답 선택하기

선다형 문제는 2개 보기 중 답이 고민이 될 때가 많이 있습니다.

정확히 아닌 답은 소거를 해 나가고 2개 중 고르기가 어렵다면 일단 더 답이 될 것 같은 보기에 살짝 표시를 한 후, 그 문제 번호에 물음표나 동그라미 표시하고 다른 문제부터 풀어 가도록 합니다. 다른 문제를 다 풀고 나서도 선택이 어렵다면 가능한 한 처음 생각했던 답을 선택하고, 확신이 서지 않으면 가능한 한 답은 고치지 않는 것이 좋습니다.

• 문제 정확히 파악하기

시험지를 받자마자 문제를 급히 풀어 나가면 문제를 제대로 이해하지 못하고 오답을 체크할 수도 있습니다. 특히 부정어와 수식어구에 유의해야 합니다. 시험을 친 후 부정어를 못 봤다거나, '모두' 고르라고 했는데 하나만 골랐다거나 하는 실수를 알고 안타까워해 본 경험이 있을 것입니다. 시험지를 받고 2~3분간은 문제를 훑어보고 문항 수와 배점을 확인하도록 해야 합니다.

연필로 핵심 주제어와 지시어 사이에 사선을 칩니다. 예를 들어 '다음 중 객관식 시험치기 전략에 해당하지 않는 것은?'이라는 문제가 있다면 '객관식 시험치기 전략에'와 '해당하지 않는 것은?' 사이에 사선을 그어 핵심 주제어와 지시어를 구분합니다.

그리고 객관식 시험치기 전략이라는 핵심어에 동그라미를 치고 부정어인 '않는'이라는 단어에도 동그라미나 밑줄을 그어 표시합니다. 이런 연습을 공부하면서 평소에 해두면 시험칠 때 습관처럼 자연스럽게 표시할 수 있을 것입니다.

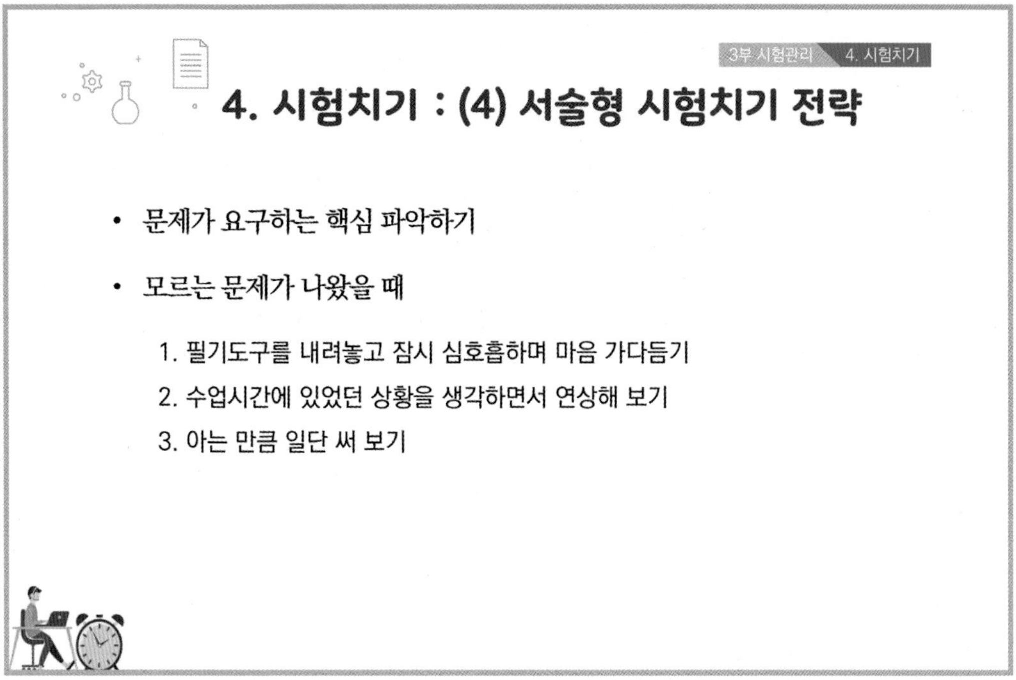

• 문제가 요구하는 핵심 파악하기

문제의 핵심이 무엇인지 알기 위해서 문제를 여러 번 읽어야 합니다.

예를 들어, '기본적인 시험치기 전략을 3가지 이상 쓰시오'라는 문제가 출제되었다면 핵심어는 '기본적인 시험치기 전략'이며, 지시 사항은 '3가지 이상 제시'이므로 핵심 주제와 지시동사를 구분해야 합니다.

• 모르는 문제가 나왔을 때

모르는 문제가 나와서 아무것도 생각나지 않을 때는 필기도구를 잠시 내려놓고 심호흡을 하며 마음을 가다듬어 봅니다. 그 문제가 어느 주제에서 나왔는지 수업 상황을 생각해서 연상해 봅니다. 다른 문제에 비슷한 내용이 있는지 확인한 후 답안을 작성합니다. 시험칠 때 중요한 것은 빈칸은 절대 비워 두지 않는다는 것입니다. 아는 만큼 일단 써 보는 것이 중요합니다.

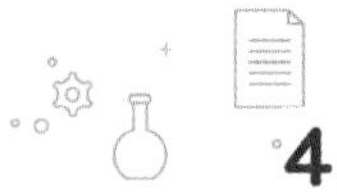

4. 시험치기 : (4) 서술형 시험치기 전략

- 채점자를 배려한 답안 작성하기

  1. 핵심 내용을 첫 문장으로 쓰기
  2. 채점자가 쉽게 알아볼 수 있도록 작성하기
     (깨끗한 글씨, 문제 번호 정확히 쓰기, 다음 면으로 넘어갈 때 표시하기)
  3. 절대로 빨간색으로 쓰지 않기
  3. 도표나 삽화 활용하기

• 핵심 내용을 첫 문장으로 쓰기

채점자는 수십 명 혹은 수백 명 학생의 답안지를 한 번에 채점하기도 하므로 학생들의 답안을 꼼꼼히 읽지 못할 수 있습니다. 채점자는 답안에 핵심적인 내용이 포함되어 있는지 여부만 확인할 수 있으므로 답안을 작성할 때 핵심 내용을 첫 문장에 쓰는 것이 좋습니다.

• 채점자가 쉽게 알아볼 수 있도록 작성하기

채점자가 잘 알아볼 수 있는 글씨로 깨끗이 작성하고, 여러 항목은 순서를 매겨서 작성하도록 합니다. 다음 면으로 넘어갈 때는 '다음 장' 혹은 '뒷장에 계속'이라고 표시를 해 두는 것이 좋습니다.

• 절대로 빨간색으로 쓰지 않기

답안은 가급적 검은색으로 작성하고, 검은색 펜이 없을 때는 파란색 정도는 괜찮으나 붉은색 계통의 펜으로는 작성하지 않도록 합니다. 왜냐하면 채점자가 빨간색으로 주로 채점을 하기 때문입니다.

• 도표나 삽화 활용하기

채점자가 한눈에 답을 잘 작성했는지 볼 수 있도록 도표나 그림을 활용하는 것도 좋은 방법입니다. 도표나 그림을 그릴 필요가 있을 때는 그 내용을 문장으로 설명하여 적어야 합니다. 도표나 삽화는 항상 필요한 것은 아니므로 꼭 사용할 근거가 있을 때 유의해서 활용하도록 합니다.

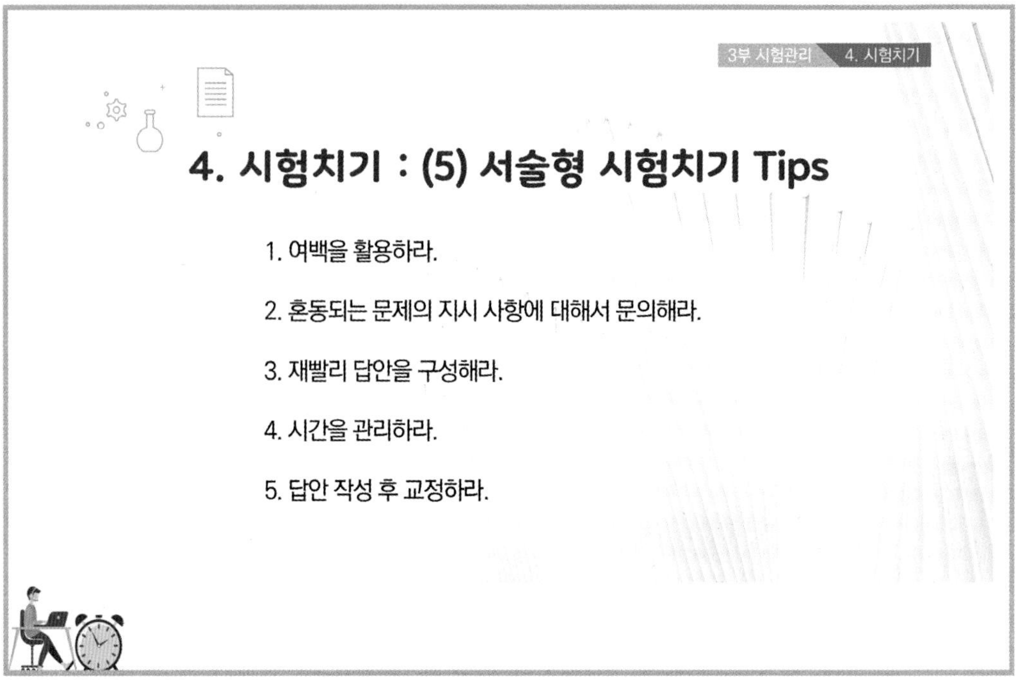

- **여백을 활용하라.**

답안 작성을 본격적으로 시작하기 전 여백을 이용해서 메모를 합니다. 그런 다음 다시 문제로 돌아가서 메모한 부분이 문제 전체를 반영하는지 여부를 따져 봅니다. 이것으로 이미 답에 필요한 정보를 알고 있다는 사실을 인식함으로써 불안감을 감소시킬 수 있습니다.

- **혼동되는 문제의 지시 사항에 대해서 문의해라.**

학생들이 하는 가장 흔한 실수 중 하나가 시험지에 제시된 지시 사항을 제대로 따르지 않는 것입니다. 응답해야 할 문제의 수를 확인하고 갖추어야 할 형식 및 길이 제한 등에 관해 파악해야 합니다. 만약 지시 사항에 대한 확신이 들지 않는다면, 교수님에게 명확히 알려 달라고 요청해야 합니다.

• 재빨리 답안을 구성해라.

여백에 적어둔 메모에 번호를 부여하여 답안 작성을 시작하기 전 구성 방안을 마련합니다. 이렇게 번호를 붙여 개요를 만드는 것은 빠른 시간 내에 답안을 계획할 수 있도록 하는 데 효과적입니다. 메모해 둔 정보를 활용했다면 두 줄을 그어서 사용했다는 표시를 해 두어야 빠뜨리지 않고 모두 활용할 수 있습니다.

• 시간을 관리하라.

한두 개의 문제에 너무 지나치게 시간을 소요하지 않게 하기 위해서 시험시간을 관리해야 합니다. 아울러 각 문제에 배정된 점수도 확인하여 시간을 배분해야 합니다.

• 답안 작성 후 교정하라.

답안지를 제출하기 전 다시 읽어 보고 잘못 쓴 내용이 없는지 철자나 문법 등의 실수가 없는지 살펴보고 교정해야 합니다.

5. 시험불안

시험불안은 시험에 대한 불안감을 뜻한다. 누구나 시험에 대한 불안감을 느끼게 되는데 어떤 학생들은 시험에서 평소보다 좋은 성과를 거두기도 하지만 어떤 학생들은 평소 실력보다 오히려 못해서 낭패를 보는 경우도 있다. 이러한 불안감은 시험을 치기 전부터 시험 중, 그리고 시험이 끝난 후에도 계속되기도 한다.

많은 학생들이 시험불안감을 가지고 있지만 이런 불안감이 시험성적에 나쁜 영향만 끼치는 것은 아니다. 이 장에서는 시험불안을 극복할 수 있는 방법들에 대해 알아보고 자신의 생활에서 실천할 수 있도록 한다.

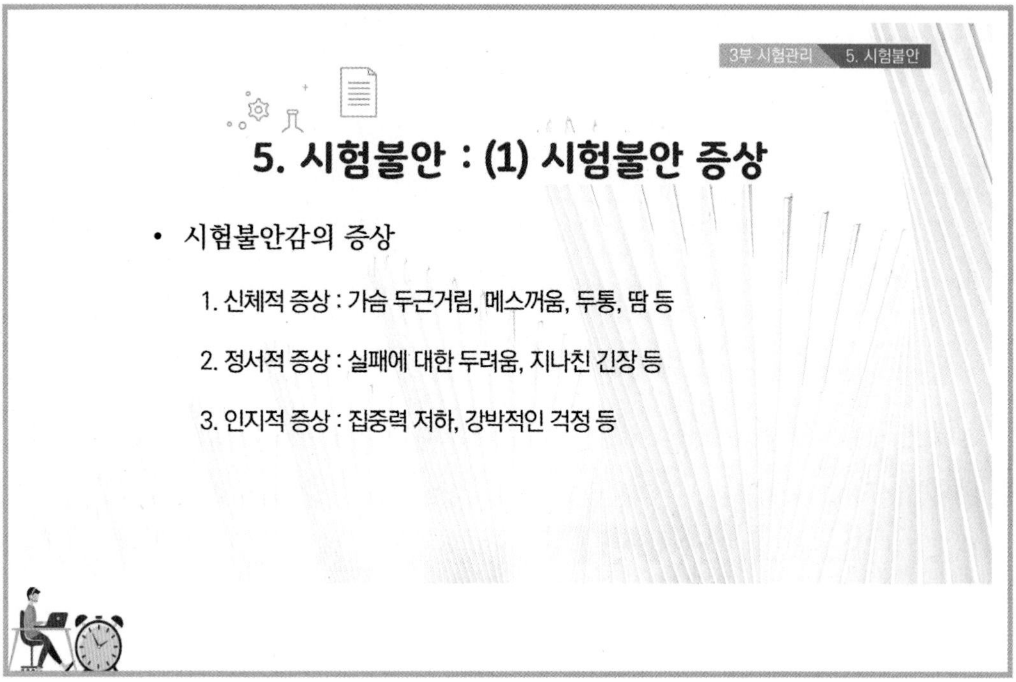

시험 보는 것을 좋아하는 사람은 아마 거의 없을 것입니다. 그렇지만 많은 학생들이 필요 이상으로 시험 보는 것을 불안해합니다. 시험불안감은 증상에 따라 다음과 같이 구분하고 있습니다.

• 신체적 증상

시험불안은 가슴 두근거림, 메스꺼움, 두통, 땀 등의 신체적인 증상으로 나타날 수 있습니다. 대부분 많은 학생들이 이러한 신체적 증상을 하나쯤 경험한 적이 있을 것입니다. 이러한 신체적인 증상은 불안에 의한 당연한 반응이며 사람이 생존하는 데 필요한 현상입니다. 다만 시험으로 인해 지나친 불안감으로 구토하거나 기절하는 경우도 있으므로 자신의 시험불안에 따른 신체적인 증상을 확인할 필요가 있습니다.

● 정서적 증상

시험불안은 시험에 대한 실패를 미리 염려하여 두려움으로 커지는 경우 또는 지나친 긴장으로 불안감이 지속되는 경우가 있습니다. 긴장과 두려움과 같은 정서적인 증상 또한 자연스러운 반응이지만 지나친 두려움과 긴장이 계속된다면 이러한 정서를 다스리는 방법을 찾아보는 것이 필요합니다.

● 인지적 증상

어떤 학생들은 시험에 대한 지나친 걱정 때문에 시험준비를 제대로 못하는 경우도 있습니다. 이러한 학생들은 공부하는 도중에 시험에 대해 걱정하기 시작합니다. 이들은 시험을 준비하는 동안 공부에 집중하는 데 어려움을 겪고 대체로 시험을 치르는 동안에도 비슷하게 집중하지 못합니다. 지나친 불안감이 시험준비를 제대로 하지 못하게 하고, 이는 결국 나쁜 성적으로 이어지게 되어 악순환이 됩니다. 그러므로 시험에 대한 걱정을 지나치게 한다면 걱정을 완화할 수 있는 방법을 찾아보는 것이 필요합니다.

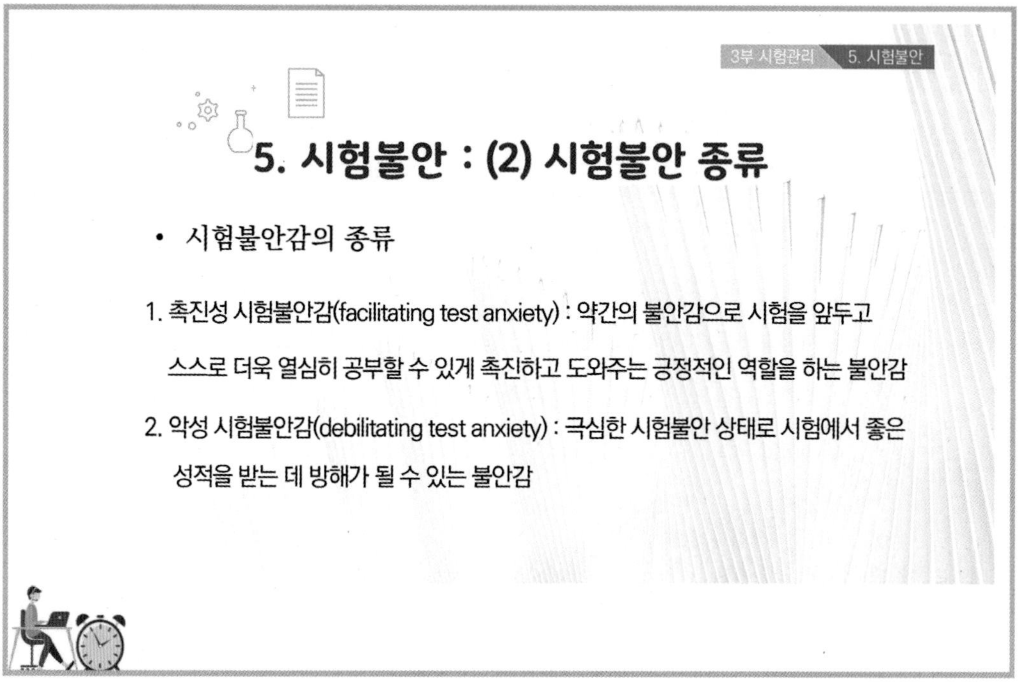

시험을 앞두고 불안을 느끼는 것은 아주 일반적인 현상입니다. 하지만 이러한 불안감을 잘 활용하면 실수를 예방하고 성과를 더욱 높일 수 있습니다.

시험에 있어서 약간의 불안감은 긍정적인 역할을 하여 시험에 집중할 수 있도록 도와줍니다. 이렇게 시험을 대비할 수 있도록 더욱 열심히 공부할 수 있게 촉진하여 긍정적으로 작용하는 불안 상태를 '촉진성 시험불안감'이라고 합니다.

극심한 시험불안 상태는 시험에서 좋은 성적을 받는 데 방해가 될 수 있습니다. 이와 같은 불안 상태를 '악성 시험불안감'이라고 합니다. 이 불안은 몸을 쇠약하게 만드는 병처럼 학생들이 정상적으로 학업을 수행하지 못하게 방해할 수 있습니다. 지나친 시험불안감은 시험에 집중하는 것을 방해하고, 제대로 시험을 치르지 못하게 하고, 심지어 제대로 준비할 수 없는 상태로 만들 수도 있습니다.

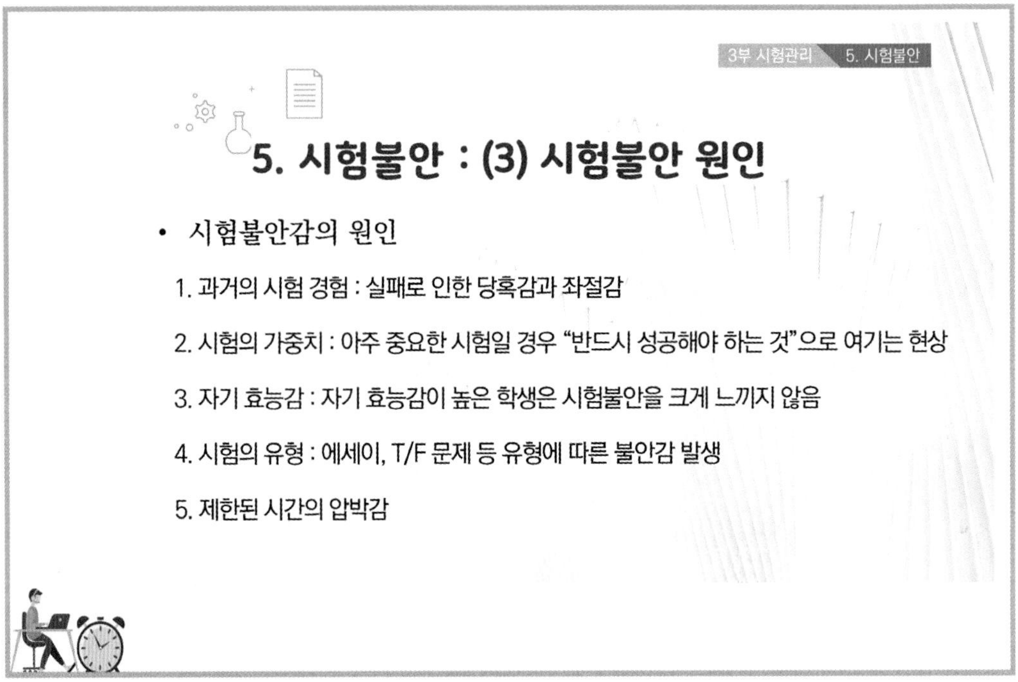

시험불안감은 누구나 느끼는 현상이지만 그 원인은 사람에 따라 다양하게 나타날 수 있습니다. 아래의 원인 외 자신이 알고 있는 시험불안감의 원인에 대해서도 생각해 봅시다. 이러한 원인들을 알면 시험불안감을 조정할 수 있으므로 시험에 대한 불안감의 원인을 살펴볼 필요가 있습니다.

- **과거의 시험 경험**

어떤 학생들의 경우에는 과거에 치렀던 시험 경험이 다음 시험에 대한 불안감을 불러일으킬 수도 있습니다. 지난 시험에서의 실패로 인한 당혹감과 좌절감이 그 다음 시험에서도 불안을 느끼게 하는 것입니다.

- **시험의 가중치**

학생들이 느끼는 불안감의 양이나 수준은 시험에 두는 무게와도 관련이 있습니다.

만약 개인적인 이유, 혹은 직업적 목표 때문에 시험에서 좋은 성적을 받는 것이 아주 중요하다면 그 학생은 시험을 아주 중요한 것 혹은 "반드시 성공해야 하는" 것으로 여길 것입니다. 이럴 때 다른 시험보다 더 불안감이 클 수 있습니다.

- **자기 효능감**

자기 효능감 또한 시험 불안감을 유발하는 요인이 될 수 있습니다. 일반적으로 높은 자기 효능감을 가지고 있는 학생들은 다른 요인들이 큰 영향을 미치지 않는 경우 시험 불안감을 크게 느끼지 않습니다. 하지만 낮은 자기 효능감을 가지고 있는 학생들은 시험에 대한 자신감이 낮기 때문에 불안감을 크게 느낄 수 있습니다.

- **시험의 유형**

시험의 유형이 시험불안감을 느끼는 원인이 되기도 합니다. 어떤 학생들은 시험문제가 알고 있는 지식을 익숙하지 않은 방식으로 증명하라고 요구할 때 불안감을 느낍니다. 예를 들면 시험을 에세이 형식으로 치러야 한다는 사실을 알게 되면 충격에 빠지는 학생들도 있습니다. 또, 구술시험에 대해 큰 부담을 느끼는 학생들도 있습니다. 그리고 어떤 학생은 참/거짓 문제를 싫어할 수 있습니다.

- **제한된 시간의 압박감**

제한된 시간 안에 문제풀이를 전부 끝내야 한다는 것 또한 많은 학생들에게 불안감을 안겨 주는 압박 요인이 될 수 있습니다.

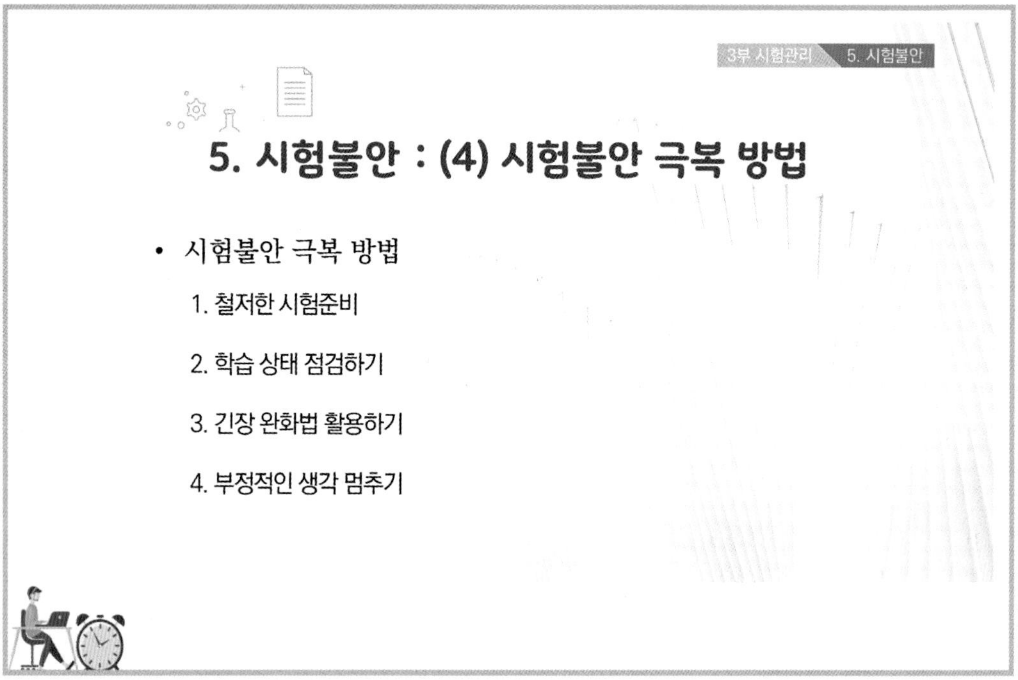

시험불안을 극복하는 방법에는 인지적으로 생각을 조정하는 방법, 신체적인 이완으로 감소시키는 방법, 행동적인 전략으로 극복하는 방법 등 여러 가지가 있으므로 자신에게 적합한 방법을 찾아 적용해 볼 수 있습니다.

• 철저한 시험준비

무엇보다 시험공부를 충분히 하고 스스로 잘 준비됐다는 자신감을 갖는 것이 시험불안을 극복하는 첫 번째 방법입니다. 체계적인 공부 계획을 활용하면 시험을 효과적으로 준비할 수 있을 것입니다. 쓰기, 암송하기 그리고 말하기와 같은 공부 방법을 사용하면 학습 내용을 점검할 수 있으므로 시험범위를 확실하게 준비할 수 있습니다.

• 학습 상태 점검하기

많은 학생들이 시험 불안감을 느끼는 이유는 학습 내용을 제대로 이해했는지 확신하지 못하기 때문입니다. 따라서 매일 수업내용에 대한 퀴즈를 만들어서 풀어 보고 아는 것과 모르는 것을 구분하여 모르는 부분이 이해될 때까지 공부하면 자신감이 높아져 불안감이 낮아질 것입니다. 즉, 평소에 복습하고 모르는 것을 공부하는 것이 시험불안을 줄일 수 있는 방법입니다.

• 긴장 완화법 활용하기

호흡법, 근육 이완 연습 같은 동작이 불안을 감소시키고 기분을 차분하게 만들 수 있습니다. 잠깐 동안 깊게 숨을 들이마시는 것만으로도 긴장이 줄어드는 효과가 있습니다. 숨을 들이마시고 눈앞에 카드로 만든 집이 있다고 생각하면서 그것이 무너지지 않을 정도로 아주 천천히 숨을 내쉽니다. 호흡이 잘 조절된다고 느낄 때까지 여러 번 반복해 봅니다.

• 부정적인 생각 멈추기

시험을 통과하지 못할 것이라고 생각하거나 시험범위를 제대로 공부하고 있는지에 대한 걱정, 학교생활에 잘 적응하지 못한다는 생각까지 비약하게 됩니다. 이러한 부정적인 생각에 사로잡히면 문제를 제대로 이해하기 어렵고 시험문제를 풀 때 답에 필요한 정보를 떠올리지 못하게 합니다. 따라서 부정적인 생각이 떠오르기 시작했을 때 혼잣말 혹은 마음속으로 '멈춰, 그만'이라고 말합니다. 이러한 자각만으로 부정적인 생각을 멈출 수가 있습니다.

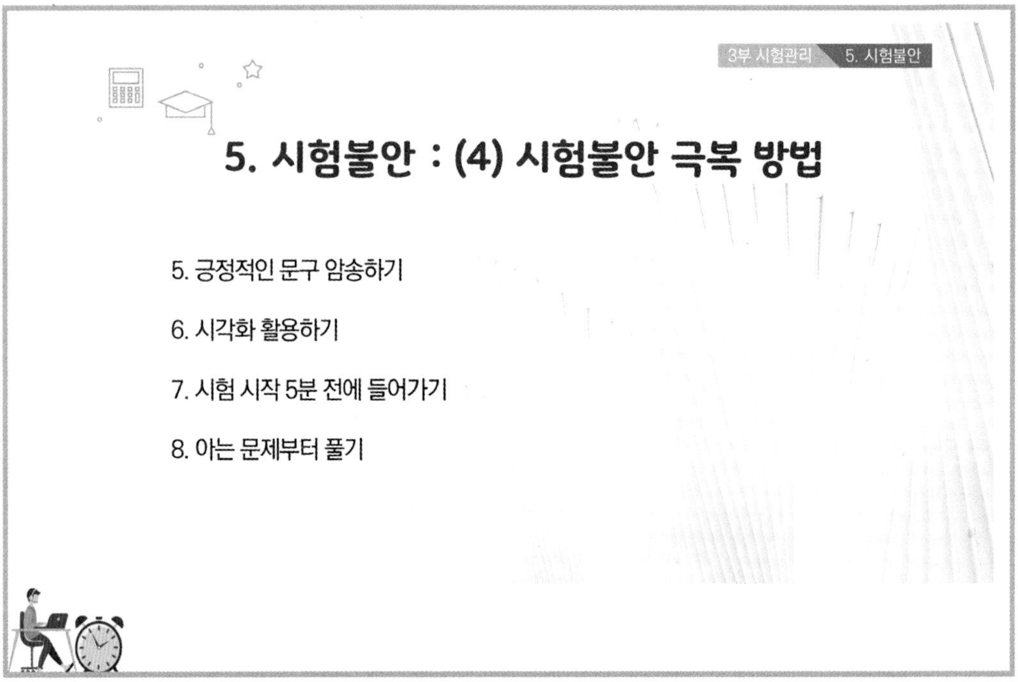

• 긍정적인 문구 암송하기

시험공부를 하고 난 후 긍정적인 내용의 문구를 준비합니다. '이번 시험을 잘 칠거야. 내용을 확실하게 이해했으니 잘할 거야. 이번 시험을 위해 2번 이상 반복해서 공부했고 지난번 과제도 잘했으니 시험도 잘 볼 거야' 등등의 긍정적인 생각을 되풀이하면서 외워 보는 것입니다.

• 시각화 활용하기

시험을 미리 경험해 보는 것이 시험불안감을 줄이는 데 도움이 될 수 있습니다. 즉, 모의시험을 쳐 보는 것입니다. 시험장에 가서 시험치는 것처럼 직접 앉아 보거나 아니면 머릿속으로 시험장을 떠올리고 거기에 있다고 상상해 보는 것입니다. 시험장으로 교수님이 걸어 들어와서 시험지를 나눠 주는 모습을 상상해 보고 시험문제를 풀기 시작하는 자신의 모습을 그려 봅니다. 이렇게 계속 진행하면서 시험불안감의 정도가 어떻게 변화하는지 살펴봅니다. 실제 시험을 치기 전에 미리 모의 연습을 해 보는 것은 당일 불안감을 줄이는 데 많은 도움이 될 것입니다.

• 시험 시작 5분 전에 들어가기

시험에 대해 부담감을 느끼는 많은 학생들이 시험장에 일찍 도착하는 것이 마음을 진정시키고 편안한 기분을 느끼게 해 준다고 생각합니다. 하지만 어떤 학생들에게는 효과적일지도 모르지만 시험장에 너무 일찍 들어가는 것이 오히려 시험불안감을 높이게 될 수도 있습니다. 따라서 시작 5분 전에 도착하여 감독관의 지시 사항을 듣고 준비할 수 있도록 하는 것이 좋습니다.

• 아는 문제부터 풀기

시험을 칠 때 첫째 문제를 읽을 때 긴장감을 많이 느끼는 학생의 경우 마지막 문제부터 푸는 것이 긴장을 낮추는 방법이 될 수 있습니다. 만약 서술형 문제에 취약하다면 단답형 문제부터 시작하는 것도 도움이 됩니다. 대부분의 불안 증세는 15~20분 정도 지나고 나면 진정이 되므로 아는 문제부터 푸는 것이 자신감을 높이고 긴장을 낮추는 방법입니다. 따라서 어려운 문제는 표시한 뒤 나중에 풀고 쉬운 문제부터 풀어 나가는 것이 필요합니다.

참고문헌

- 김정섭 외 (2017). 성공적인 대학생활을 위한 학습전략. 한국학습컨설팅센터.
- 사이언 베일락 (2011). 부동의 심리학. 21세기북스.
- Constance Staley (2015). *FOCUS on College Success*, Fourth Edition. Boston. USA: Cengage Learning.
- Dianna L. Van Blerkom (2012). *College Study Skills: Becoming a Strategic Leaner*, Seventh Edition. Boston. USA: Wadsworth.
- Walter Pauk, Ross J. Q. Owens (2014). *How To Study In College*, Eleventh Edition. Boston. USA: Wadsworth.

1. 시험계획 :
(3) 시험개요 작성

활동지번호: 3-1-3

활동지명: 시험개요 작성하기

시험 나의 각오			
과목명	내용(범위)	복습상황 점검	
목표 점수			
목표 점수			
목표 점수			
목표 점수			

1. 시험계획 :
(4) 시험계획 작성

활동지번호: 3-1-4

활동지명: 시험계획 작성하기

날짜	과목	교재와 분량	예상시간	점검

1. 시험계획 :
(4) 답안 작성 준비

활동지번호: 3-3-4

활동지명: 서술형 시험답안 개요 작성하기

제4부

기초 학습력 향상

1. 동기강화
2. 시간관리
3. 기억전략
4. 집중력 향상 전략
5. 정서관리

1. 동기강화

우리나라 속담에 '말을 물가에 데려갈 수 있어도 물을 마시게 할 수는 없다'라는 것이 있다. 뛰어난 교수와 좋은 공부환경이 주어지더라도 스스로 공부하려는 마음이 없으면 소용없다는 것이다. 동기는 우리의 눈에 보이지 않기 때문에 행동과 언어적 표현으로 유추할 수밖에 없다.

학습동기를 높이려면 학습동기에 대한 정확한 이해뿐만 아니라 효과적인 학습동기 향상 전략을 습득할 필요가 있다. 따라서 이 장에서는 학습동기의 수준을 점검하고, 학습동기에 영향을 미치는 요소를 이해하여 효과적인 학습동기 향상 전략을 습득하는 데 목적이 있다.

- 1.1 학습동기의 이해
- 1.2 나의 학습동기 수준 파악하기
- 1.3 학습동기 향상 전략

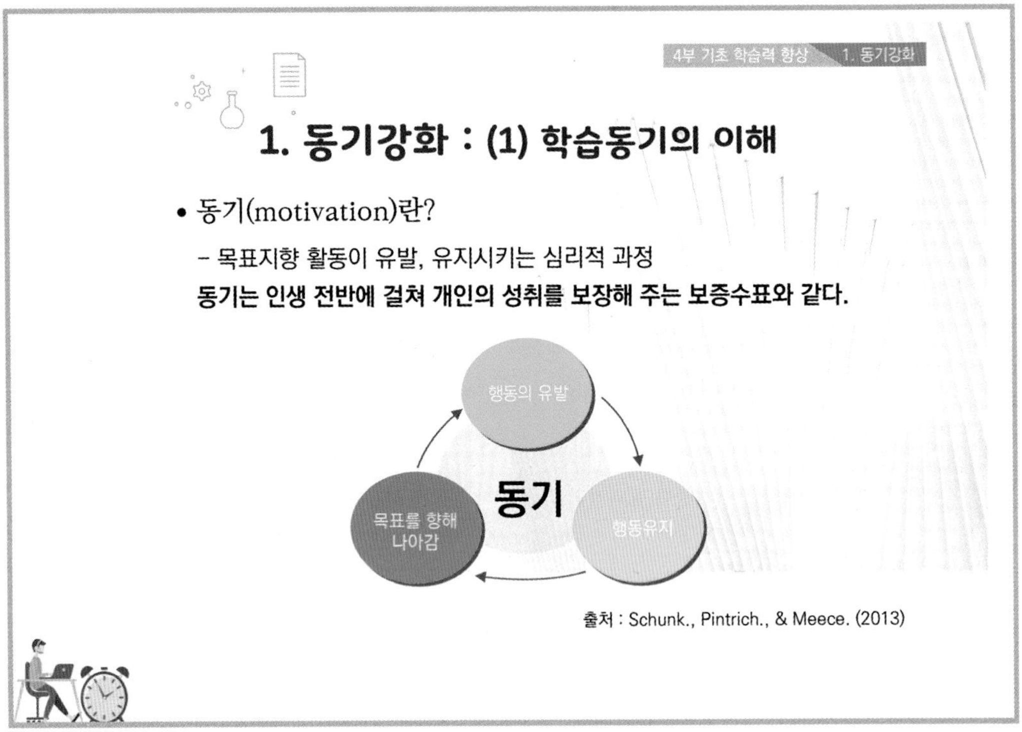

• 하려는 마음인 '동기(motivation)'는?

동기는 라틴어 movere(움직이다)에서 유래한 용어이며, '개인을 움직이게 만들며, 그 움직임을 유지하게 하는 힘'을 의미합니다. 동기는 어떤 것을 하고 싶거나 하려는 마음을 일으킵니다. 따라서 동기는 목표지향 활동을 유발하고, 유지시키는 심리적 과정이라고 할 수 있습니다.

• 동기 - 행동의 유발 - 행동유지 - 목표달성

학습동기가 꼭 필요할까요? '그냥 예복습을 열심히 하고 수업에 적극적으로 참여하면 충분하지 않을까?'라고 생각하는 사람들도 있습니다. 하지만 학습동기란 단순히 학습을 하기 위한 의욕을 만드는 데 그치는 것이 아닙니다. 위 그림에서 알 수 있듯이 동기라는 것은 목표를 달성하기 위한 행동을 유지시키는 힘까지 있습니다. 따라서 동기를 갖춘 행동은 목표를 향해 나아가는 가장 빠른 지름길을 제시해 줍니다.

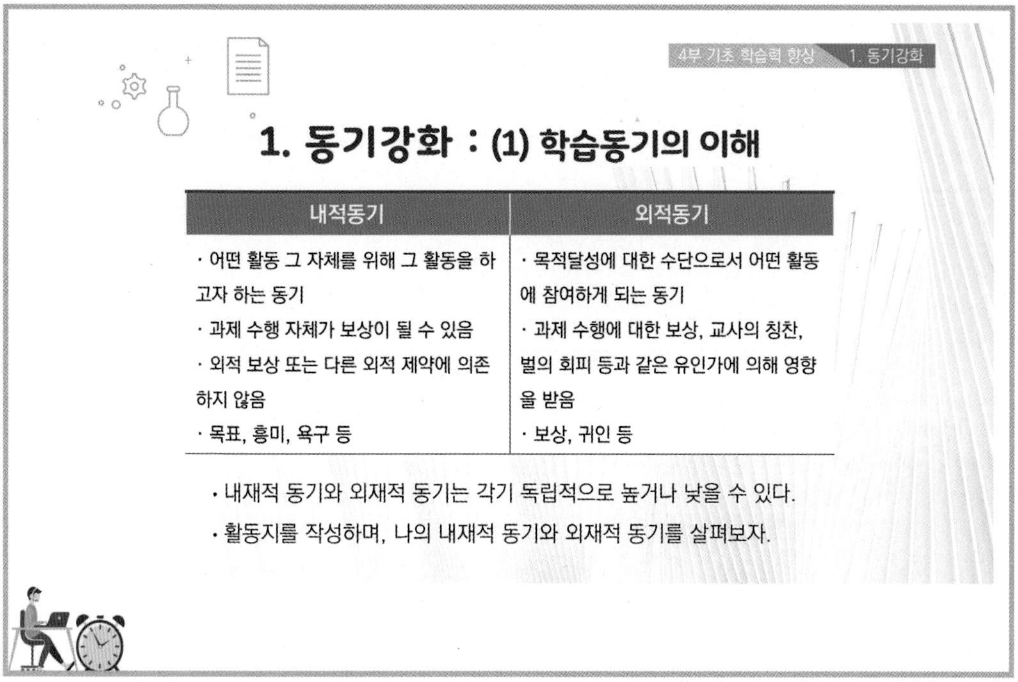

동기는 크게 내적동기와 외적동기로 구분할 수 있습니다. 외적동기와 내적동기는 양극단의 개념이 아니라 서로 독립적으로 작용할 수 있으며, 그 효과도 다르게 나타날 수 있습니다. 이 장에서는 각 동기의 특징을 알아보도록 하겠습니다.

• 내적동기

내적동기는 어떤 활동을 하고자 하는 내면의 동기를 의미합니다. 학습에 대한 내적동기가 높은 사람에게는 과제 수행 자체가 보상이 됩니다.

• 외적동기

외적동기는 목표를 달성하기 위한 수단으로 어떤 활동을 하고자 하는 동기를 의미합니다. 학습에 대한 외적동기가 높은 사람은 과제 수행에 대한 보상, 칭찬, 벌의 면제 등에 영향을 받습니다.

4부 기초 학습력 향상 1. 동기강화

1. 동기강화 : (2) 나의 학습동기 수준 파악하기

No	질문	O/X
1	과제를 재미있게 만들어 즐겁게 공부한다.	
2	학교 과제를 재미에 초점을 맞춰 즐겁게 한다.	
3	일을 흥미롭게 만드는 방법을 생각한다.	
4	학습자료를 좋아하고 흥미로운 것과 연결하려고 한다.	
5	일을 어떻게 하면 재미있게 할지 생각한다.	
6	어려운 일을 성취하는 즐거움을 갖는다.	
7	하던 일을 끝까지 성공시킨다.	
8	주변을 변화시켜 일에 집중하도록 한다.	
9	주변의 산만한 요인을 제거하려고 한다.	
10	어떤 과업이든 그 결과를 예상해 보고 성취 가능성에 따라 단계적으로 실천 계획을 세운다.	

· 본 검사지는 wolters(1999)가 개발한 동기조절 척도(MRSI)를 김은영(2006)이 번안한 것임

워크북 [활동지 4-1-1]을 통해 나의 내재적 동기와 외재적 동기를 살펴보도록 합시다.

• 응답 방법

질문 내용을 읽고 ○, ×로 응답해 보십시오.

4부 기초 학습력 향상 1. 동기강화

1. 동기강화 : (2) 나의 학습동기 수준 파악하기

No	질문	O/X
11	좋은 성적을 받게 될 것을 생각하며 열심히 공부한다.	
12	학교에서는 공부를 잘해야 한다고 자신에게 말한다.	
13	좋은 성적을 얻는 것이 얼마나 중요한지 생각한다.	
14	학교에서 시험을 잘 보고 과제를 잘해 가는 것이 얼마나 중요한지 생각한다.	
15	전에 한 것보다 더 잘할 수 있다고 자신을 압박한다.	
16	과제를 하면 자신에게 어떤 보상을 주기로 약속한다.	
17	지금 해야 할 과제를 마치면 나중에 내가 원하는 어떤 것을 할 수 있다고 자신과 약속한다.	
18	많은 일을 하면 나중에 재미있는 어떤 것을 할 것이라고 자신과 타협한다.	
19	내가 한 일에 대해서는 결과를 막론하고 내가 책임진다.	
20	할 수 있는 한 많이 배우고 공부해야 한다고 자신에게 말한다.	
22	공부할 수 있는 양을 유지하도록 자신을 설득한다.	
22	내 자신의 능력이 허용되는 범위 내에서 최선을 다한다.	

· 본 검사지는 wolters(1999)가 개발한 동기조절 척도(MRSI)를 김은영(2006)이 번안한 것임

• 환산방법

① 1~7번은 학습활동에 흥미를 더하기 위해 노력하는 것을 의미합니다.

② 8~10번은 학습동기를 향상하기 위해 환경을 통제하는 것을 의미합니다.

③ 11~15번은 더 나은 학습 수행을 위해 스스로 조절하는 것을 의미합니다.

④ 16~19번은 긍정적인 학습결과를 성취했을 때 스스로에게 보상하는 것을 의미합니다.

⑤ 20~22번은 학습활동 숙달을 위해 스스로 조절하는 것을 의미합니다.

• 해석방법

영역별로 체크(v)한 수가 많을수록 높은 학습동기 수준을 보이고 있음을 의미합니다. 여러분의 점수는 몇 점입니까? 학습동기 수준은 반복된 노력을 통해 향상시킬 수 있습니다. 본격적으로 학습동기를 이해하고 이를 향상시킬 수 있는 전략에 대해 배워 봅시다.

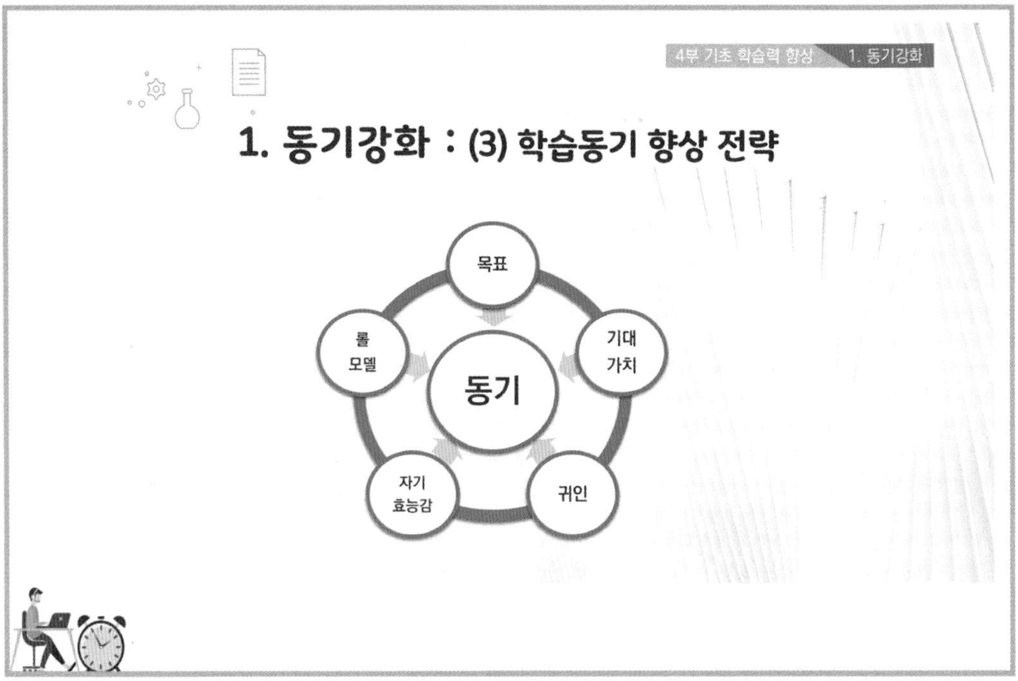

학습동기에 영향을 미치는 요인들은 다양합니다. 다양한 요인들 중에서 나에게는 어떤 요인이 영향을 미치고 있는지 생각해 봅시다.

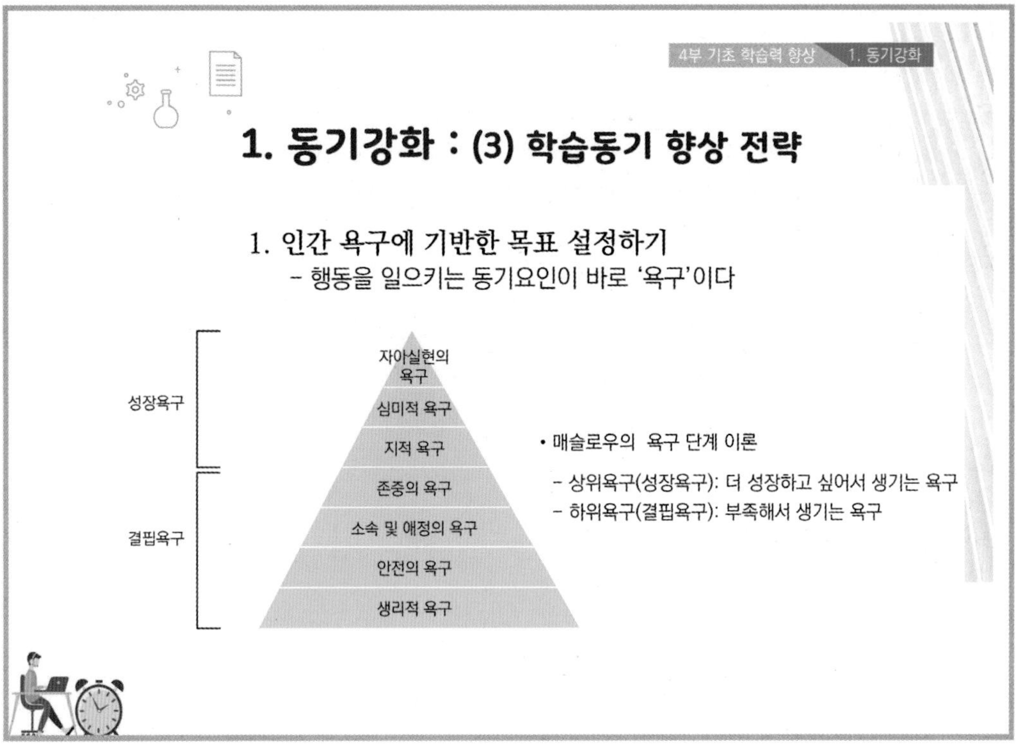

• 학습동기에 영향을 미치는 요인: 목표

우리는 '성공적인 대학생활'에서 목표설정의 필요성과 목표설정 접근법을 배워 보았습니다.

목표는 대학생활 적응뿐만 아니라 학업의 성공과 실패에도 영향을 미칠 수 있습니다.

학습동기 강화를 위해 자신의 목표를 다시 한 번 생각해 봅시다.

• 나의 목표와 매슬로우의 욕구 단계 이론

나의 목표를 살펴볼 때, 매슬로우의 욕구 단계를 토대로 어느 단계에 있는지를 살펴볼 필요도 있습니다. 매슬로우의 욕구에 기반하여 목표설정을 한다면 좀 더 효율적으로 목표를 달성할 수 있습니다.

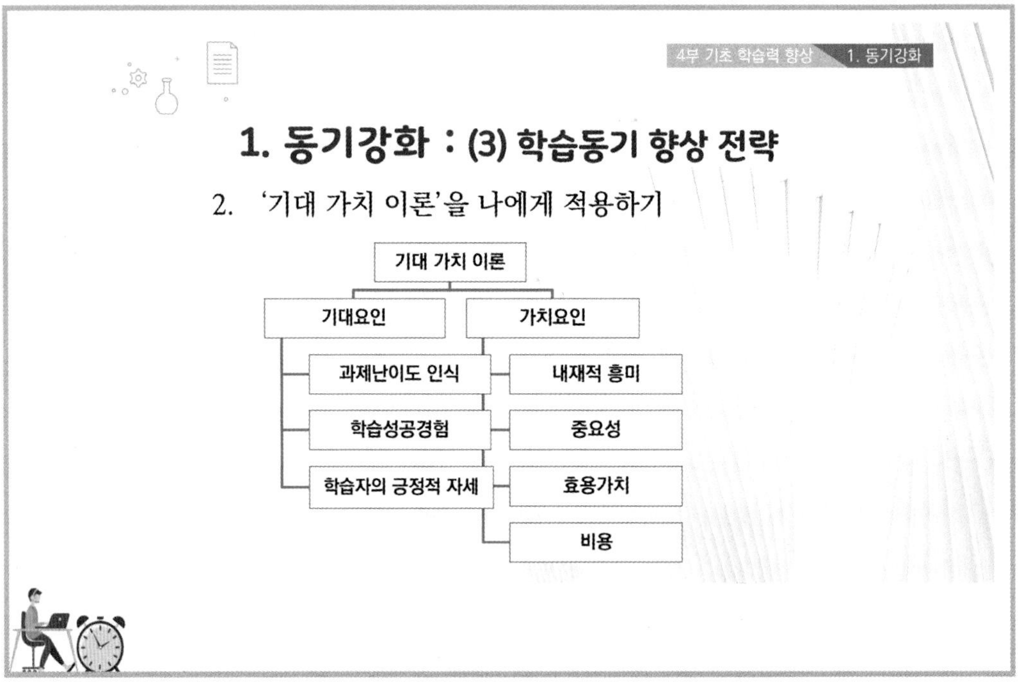

• 학습동기에 영향을 미치는 요인: 기대 가치

'기대 가치 이론'은 인간의 동기가 기대요인과 가치요인에 의해 결정된다는 것입니다. 인간은 자신이 성공할 것이라는 기대와 그 성공에 개인이 부여하는 가치를 곱한 값만큼 동기화되는 의미입니다.

① 기대요인

개인이 이 과제를 달성할 수 있다는 기대감입니다. 과제의 난이도, 학습 성공경험, 학습자의 긍정적 자세 등이 영향을 미칠 수 있습니다.

② 가치요인

개인이 달성하고자 하는 학습의 가치성을 의미합니다. 과제 자체에 흥미를 가지는 경우, 주어진 과제의 중요성, 과제를 달성함으로써 주어지는 것, 학습자의 노력과 과제를 달성하여 주어지는 결과의 기회비용 등이 영향을 미칠 수 있습니다.

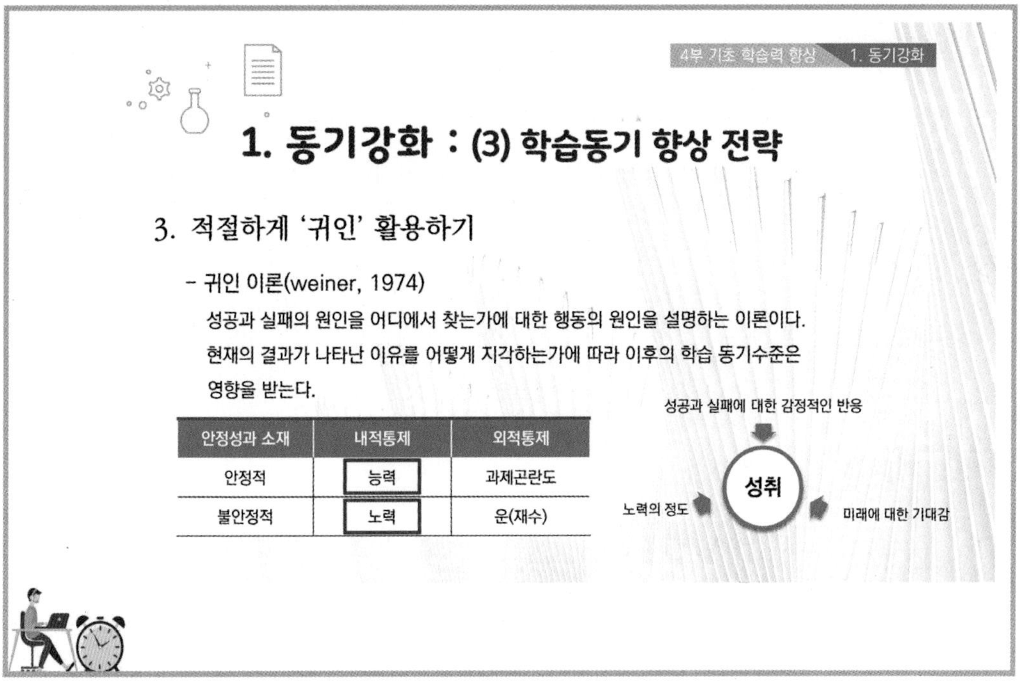

• 학습동기에 영향을 미치는 요인: 귀인

귀인을 풀이해 보면 돌아올 귀(歸), 인할 인(因)입니다. 즉, 귀인은 특정 행동이 나타난 원인을 어떻게 지각하는가를 의미합니다.

• 귀인의 네 가지 분류

귀인은 안정성과 통제 소재에 따라 크게 네 가지로 분류할 수 있습니다. 안정적이란 늘 일관된 결과를 도출하는 요인이며, 불안정적이란 정도에 따라 혹은 상황에 따라 달라지는 요인입니다. 내적통제란 학습자 개인이 스스로 통제할 수 있는 요인이며, 외적통제란 학습자가 통제할 수 없이 환경의 영향을 받는 요인입니다.

• 내적통제×안정적

능력: 과제 수행 결과가 좋을 때, 학습자의 능력이 뛰어난 덕분이라고 보는 것입니다.

- **내적통제×불안정적**

– 노력: 과제 수행 결과는 노력과 비례한다는 것입니다. 자신이 얼마나 노력했는가에 따라 나타낸 결과가 무엇인가?와 같은 것입니다.

- **외적통제×안정적**

– 과제곤란도: 과제 수행 결과가 좋았다면 그 과제는 쉬운 것이었을 것이고, 과제 수행 결과가 좋지 않았다면 그 과제는 어려웠던 것으로 보는 것입니다.

- **외적통제×불안정적**

– 운(재수): 과제 수행 결과가 좋았다면 운(재수)이 좋았던 것으로 보고, 과제 수행 결과가 좋지 않았다면 운(재수)이 없었던 것으로 보는 것입니다.

여러분은 어떤 귀인을 선택하고 있습니까?

1. 동기강화 : (3) 학습동기 향상 전략

〈활동1〉

다음 이야기를 읽고 대학이의 시험 실패요인은 무엇이라고 생각하는지 토의해 봅시다.

평소 친구들 사이에서 우등생(능력)으로 알려진 대학이.

오늘 중간고사를 치기 위해 3주일간 열심히 공부에 집중했기 때문에(노력), 이번 중간고사는 매우 자신감에 차 있었다.

그런데 중간고사 문제가 다소 어렵게 나왔고(시험난이도), 평소 즐겨 사용하던 볼펜도 갑자기 고장이 나버렸다(운, 재수). 대학이의 중간고사 결과는 과연 어땠을까? 중간고사 결과가 좋았다면, 혹은 좋지 않았다면 이유가 무엇이라고 생각하는가?

위 사례를 읽고, 대학이의 시험 실패요인이 무엇인지 찾아 토의해 봅시다.

① 대학이의 중간고사 시험 결과는 어땠을까요?

② 중간고사 결과가 좋았다면 혹은 좋지 않았다면 그 이유는 무엇이라고 생각하나요?

③ 나는 평소 시험(발표)을 칠 때, 무엇에 귀인한다고 생각하나요?

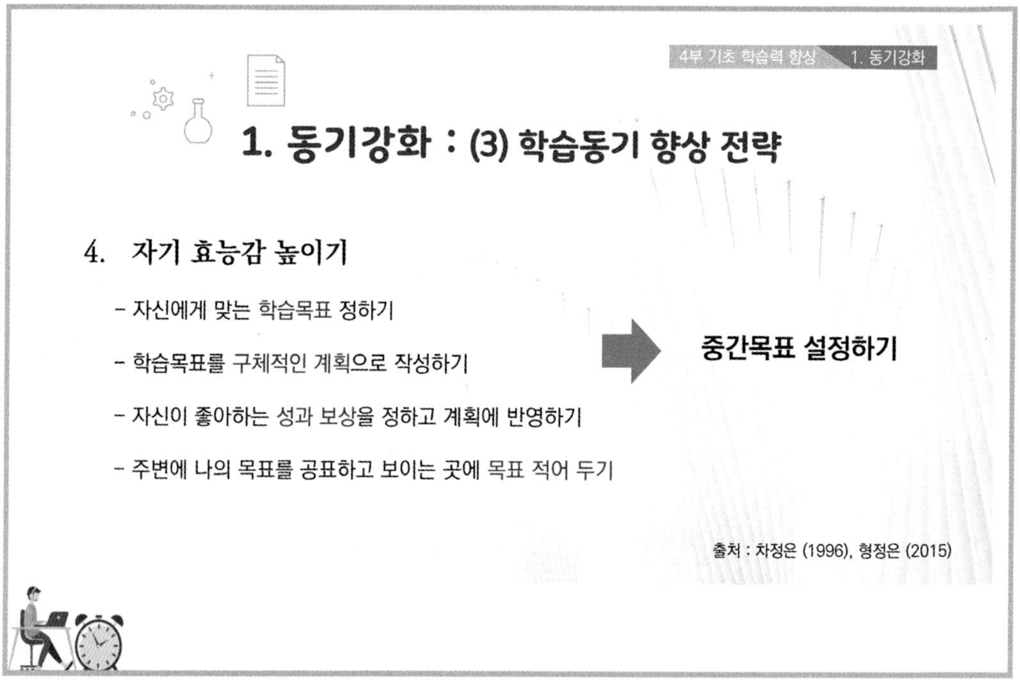

• 학습동기에 영향을 미치는 요인: 자기 효능감

학습동기를 강화하는 요인 중 '자기 효능감'은 매우 중요합니다. 자기 효능감이란 어떤 과제나 행동을 성공적으로 수행해 낼 수 있는가에 대한 개인의 판단이자 믿음을 의미합니다(형정은, 2015). 자기 효능감이 높은 사람은 자신이 수행하고 있는 일을 성공적으로 해낼 수 있을 것이라는 확신과 믿음이 높습니다(차정은, 1996).

• 자기 효능감을 향상시키는 방법

① 자신에게 맞는 학습목표를 정합니다.
② 학습목표를 달성하기 위한 구체적인 계획을 수립합니다.
③ 학습목표를 달성했을 때, 나에게 주어질 내외적 보상을 정합니다.
④ 항상 학습목표를 보면서 즐거운 긴장감을 유지할 수 있도록 합니다.

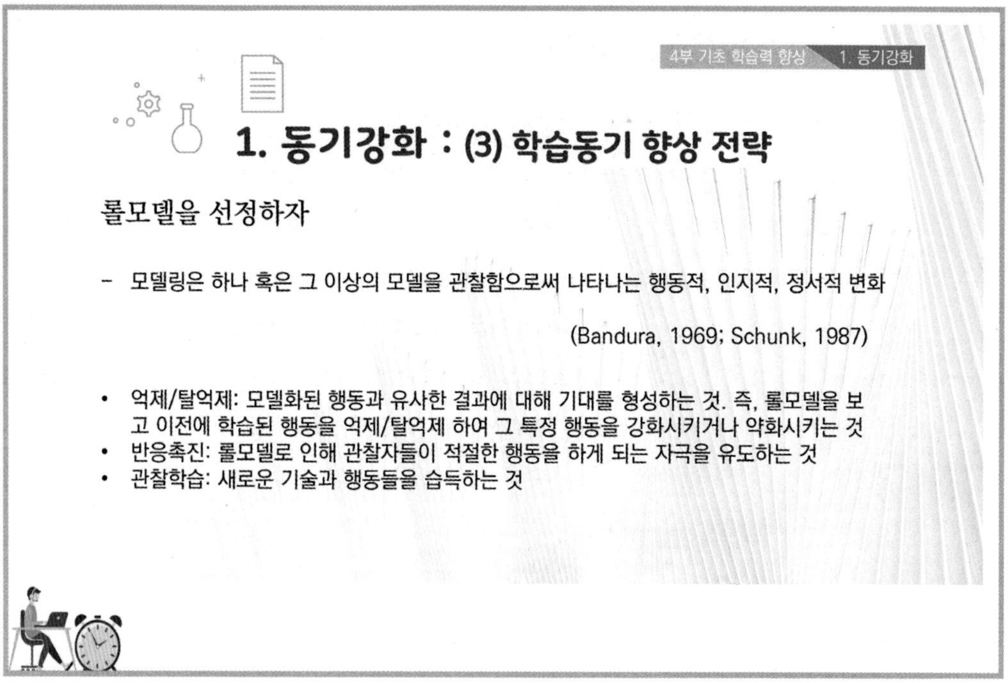

우리가 어떤 목표를 세울 때를 생각해 봅시다. 그 목표를 이룬 사람이 있다면 그 사람을 롤모델로 삼고, 그 사람이 목표를 이룬 방식을 참고한다면 우리가 원하는 목표에 도달하기가 훨씬 쉬워집니다. 이것을 사회 인지 이론에서는 '모델링'이라고 합니다. 이상적인 모델을 관찰함으로써 인지, 행동, 정서의 변화를 가져오는 것을 의미합니다.

• 롤모델 선정

목표를 달성하기 위하여 개인이 선망하는(닮고 싶은) 모델을 관찰해 봅시다. 그의 행동을 떠올리며 자신을 그 롤모델과 인지적, 정서적, 행동적으로 유사하게 바꾸어 봅시다. 그것을 위한 구체적인 방법으로는 억제/탈억제, 반응촉진, 관찰학습이 있습니다.

당신의 롤모델은 누구입니까?

2. 시간관리

시간은 모두에게 똑같이 주어지며 모든 활동에 사용되는 유한한 자원이다. 대학생은 일상시간 대부분을 학교나 학원에서 보내는 고등학생과 달리 수업시간이 주 25시간 이내에 불과하다. 대학생은 수업시간 외 나머지 시간을 잘 활용해 진로와 관련된 활동이나 동아리, 취미나 관심 있는 활동, 경제 관련 활동을 해야 한다. 성공적인 대학생활을 하기 위해서는 주어진 자유시간을 목적에 맞게 잘 관리하는 것이 중요하다.

이 장은 자신의 시간관리 상태를 점검하고, 효과적인 시간관리 전략을 지속적으로 실천할 수 있도록 자신에게 맞는 시간관리 전략을 습득하여 실천해 나가는 것을 목표로 한다. 일단 시간관리 전략을 잘 활용하면 여러분이 계획하는 많은 일을 효율적으로 해낼 수 있다는 사실에 성취감을 느끼게 될 것이다.

이 장은 시간관리의 이해에서 시작해 시간관리 점검, 학습상황 분석, 시간관리 실천과 평가, 습관 형성의 과정으로 구성되어 있습니다.

- 2.1 시간관리의 이해
- 2.2 시간관리 분석
- 2.3 학습상황 분석
- 2.4 시간관리 실천과 평가
- 2.5 습관 형성

2. 시간관리: (1) 시간관리의 이해

* 아래 체크리스트에 답해 보세요. 여러분은 몇 개 항목에 해당하나요?

- ☐ 최근 3개월 동안 잠자는 시간을 줄여 가며 다른 일을 한 적이 있다.
- ☐ 바쁘지 않으면 불안하거나 죄책감을 느낀다.
- ☐ 무엇이라도 당장 해야 한다는 조바심이 든다.
- ☐ 직장과 가정에서 모두 잘해 내야 한다는 강박 관념이 있다.
- ☐ 쉬는 시간 동안 휴식보다 생산적인 일을 하는 것이 낫다.
- ☐ 해야 할 일이 너무 많아 하고 싶은 일을 하지 못한 때가 있다.
- ☐ 집으로 돌아와도 일 생각 때문에 마음 편히 쉬지 못한다.

출처 : 시간에 치인 현대인의 자화상, 타임푸어 당신의 시간은 안녕하신가요?, 부대신문, 신우소 기자, 승인 2016.04.10 02:48

타임푸어(Time Poor), 여러분도 타임푸어족일 수 있습니다!!

• 타임푸어 설문조사 결과

우리는 바쁘게 돌아가는 사회에서 늘 시간이 부족한 생활을 하고 있습니다. 시간에 쫓겨 잠이 부족하거나 느긋하게 식사도 마음 편히 할 수 없는 사람을 '타임 푸어족'이라고 합니다. 2015년 아르바이트 전문포털 '알바천국'이 대학생 1,522명을 대상으로 '타임푸어' 현황을 알아보기 위해 설문을 실시한 바 있습니다. 이 설문에서 타임푸어 지수 10점 만점에 한국 대학생의 평균 타임푸어지수는 7.4점인 것으로 나타났습니다. 이 설문의 응답자 72.3%(1,018명)가 타임푸어지수 '6점 이상'이라고 답했습니다.

• 워크북 [활동지 4-2-1.1/시간관리의 이해(시간관리 개념)] 나에게 시간관리는?

이처럼 대학생들이 시간이 부족하다고 느끼는 이유는 시간이 실제 부족하다기보다 시간관리가 제대로 되고 있지 않기 때문이라고 할 수 있습니다. 여러분은 시간관리가 무엇이라고 생각하나요? 워크북 [활동 4-2-1.1]에 시간관리에 대한 여러분의 생각을 작성해 보기 바랍니다.

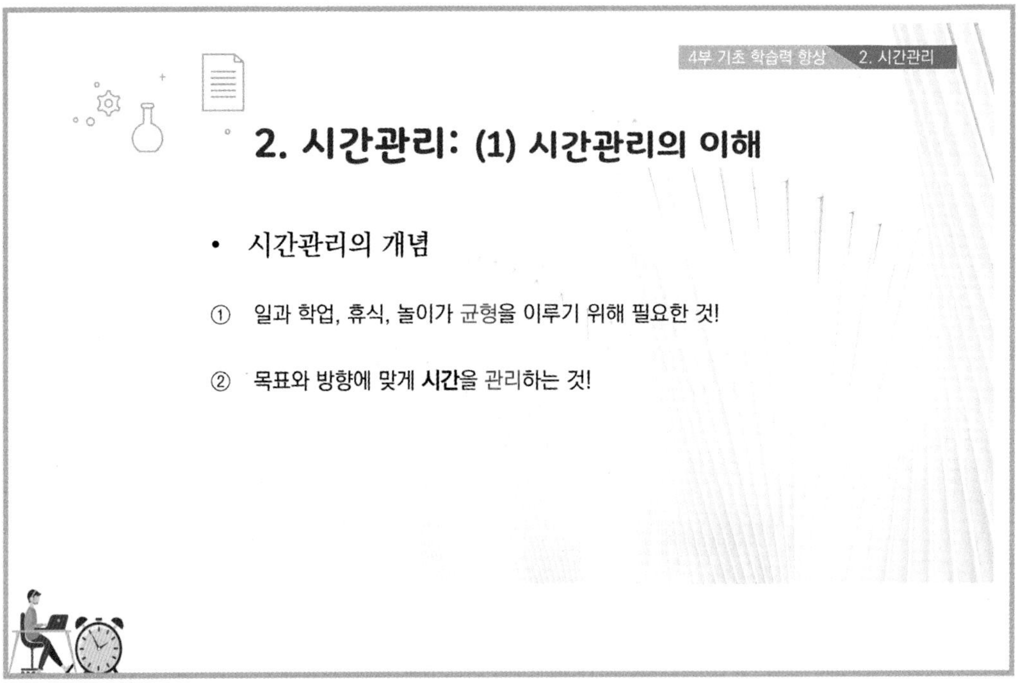

• **시간관리의 개념**

① 시간관리는 일과 학업, 휴식, 놀이가 균형을 이루기 위해 필요한 것이다.
② 시간관리는 목표와 방향에 맞게 시간을 활용하도록 하는 것이다.

시간관리는 주어진 시간을 자신의 목표에 맞도록 계획해 균형 있게 사용하는 것, 그리고 한정된 시간에 중요한 일을 효율적으로 처리할 수 있도록 시간을 사용하는 것, 기계처럼 일정 시간에 정해진 일만 하는 것이 아니라 목표와 방향을 유지하면서 시간을 사용하는 데 필요한 활동으로 설명할 수 있는 개념입니다.

시간관리는 시간 갈등을 해소해 적정한 휴식과 놀이 시간을 확보하기 위한 전략이며 주어진 시간을 보람되고 가치 있는 활동으로 채울 수 있도록 워라벨(일과 라이프의 균형)을 유지하도록 생활을 관리하고 운영해 나가는 전략을 실천하는 일이라 할 수 있습니다.

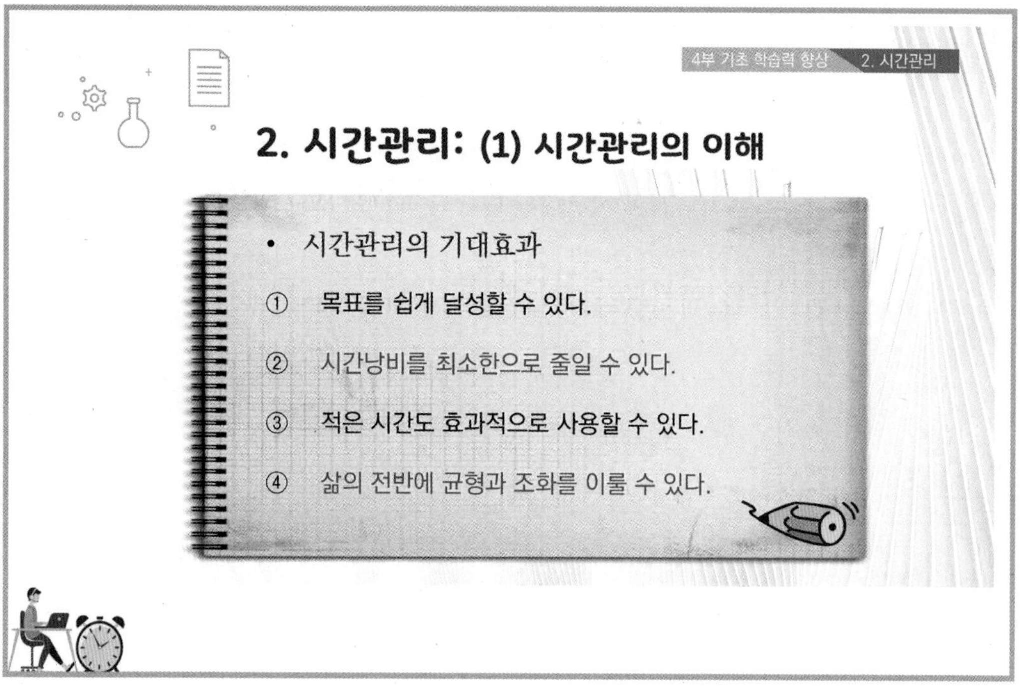

• 시간관리의 기대효과

시간관리를 잘하면, 우리가 삶에서 얻을 수 있는 긍정적인 면은 무엇일지 생각해 봅시다.

① 목표를 쉽게 달성할 수 있다.

② 시간낭비를 최소한으로 줄일 수 있다.

③ 적은 시간도 효과적으로 사용할 수 있다.

④ 삶의 전반에 균형과 조화를 이룰 수 있다.

시간관리를 잘하게 되면, 시간낭비를 최소한으로 줄이고 적은 시간도 효과적으로 활용할 수 있게 되어 삶의 전반에 균형과 조화를 이룰 수 있으며 삶의 목표를 효과적으로 달성할 수 있게 됩니다.

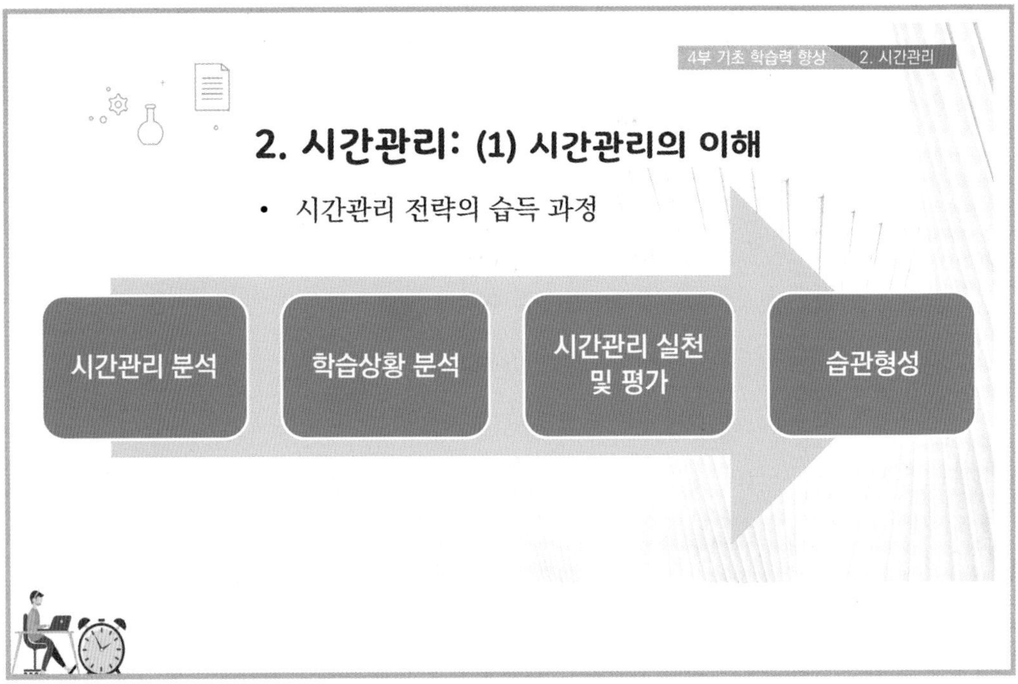

시간관리 전략의 습득 과정은 현재 시간관리 점검, 학습상황 분석, 시간관리 실천 및 평가, 습관 형성 이렇게 4단계로 이루어져 있습니다.

사람마다 자신에게 주어진 일과 자신이 하고 싶은 일이 다르므로 자신에게 잘 맞는 시간관리 전략을 알고 실천하는 것이 중요합니다. 시간관리를 잘하기 위해서는 우선, 현재 시간관리 상태를 점검하고 자신의 학습상황을 분석해야 합니다. 다음으로 현재 시간관리 상태를 성찰하고 평가하여 내가 잘 실천할 수 있고 내 목표에 다가가는 의미 있는 계획을 세울 수 있도록 하는 것이 필요합니다. 이러한 과정을 반복하면 습관이 형성되어 보다 효율적으로 삶을 관리할 수 있게 됩니다. 지금부터는 시간관리 점검, 학습상황 분석, 시간관리의 실천과 평가, 그리고 습관 형성의 순서로 시간관리를 보다 잘하기 위한 전략을 함께 알아보도록 하겠습니다.

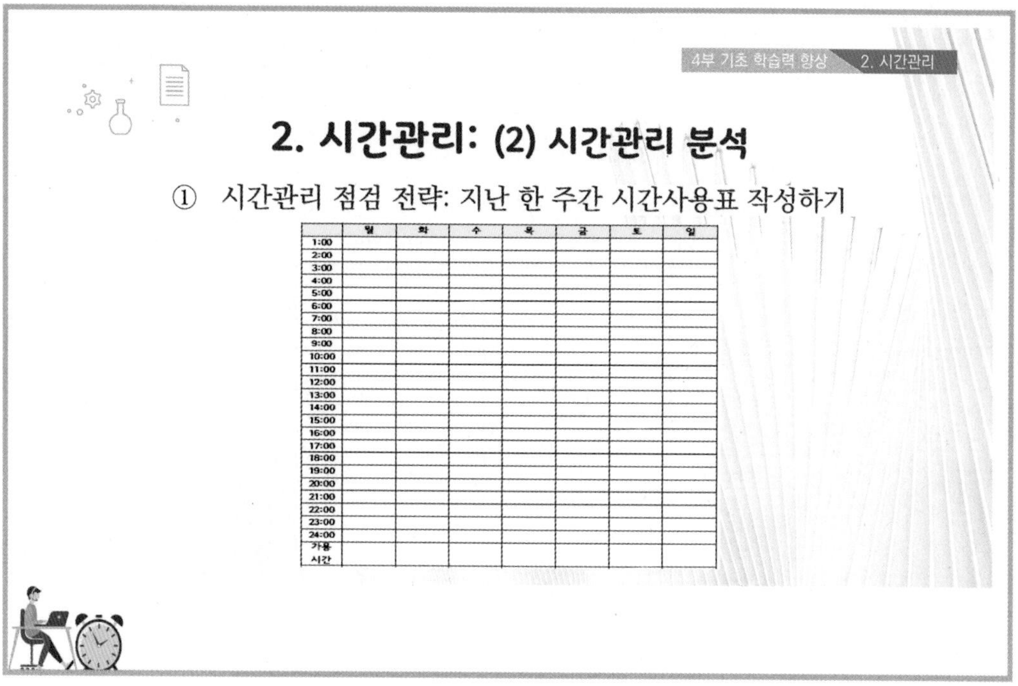

	월	화	수	목	금	토	일
1:00							
2:00							
3:00							
4:00							
5:00							
6:00							
7:00							
8:00							
9:00							
10:00							
11:00							
12:00							
13:00							
14:00							
15:00							
16:00							
17:00							
18:00							
19:00							
20:00							
21:00							
22:00							
23:00							
24:00							
가용 시간							

시간관리 전략 형성의 1단계는 현재 시간관리 상태를 점검하는 것입니다. 첫 번째 시간관리 점검전략은 지난 한 주간 시간을 어떻게 보냈는지 시간사용 내용을 일정표에 작성하는 것입니다.

• 시간관리 점검 전략 1: 지난 한 주간 시간사용표 작성하기

① 워크북 [활동지 4-2-2]를 준비한다.

② 지난 한 주를 어떻게 보냈는지 생각해 본다.

③ 지난 한 주간 평소와 다른 일정을 보냈다면(여행, 가족행사, 학교행사 등), 평소에 한 주를 어떻게 보내는지 생각해 본다.

④ 한 주간 보낸 시간들을 일정표에 꼼꼼히 기록한다.

⑤ 활동 내용을 상세히 작성한다(예: 유체역학 수업, 학보사 동아리 활동, 교육봉사활동 등).

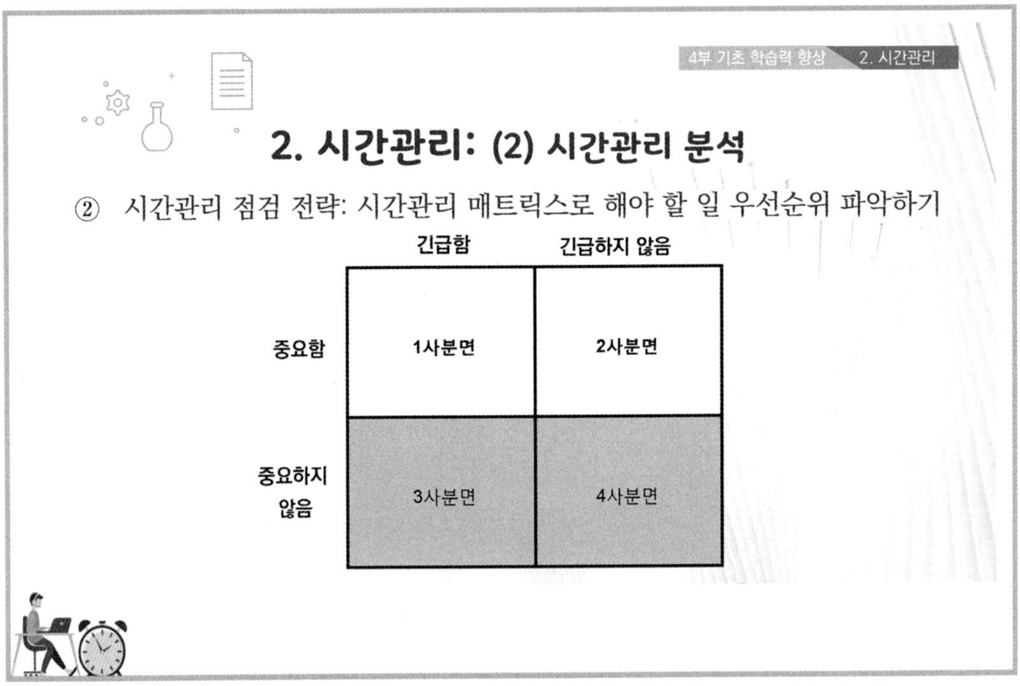

- 두 번째 시간관리 점검 전략으로 시간관리 매트릭스에 해야 할 일을 분류해 보는 방법이 있습니다. 이 전략을 통해 해야 할 일의 우선순위를 정할 수 있습니다.
- 시간관리 매트릭스는 '긴급도'와 '중요도'의 2차원에 따라 할 일을 구분할 수 있는 4분면으로 구성된 표입니다.
  - 제1사분면: 긴급하고 중요한 일, 최우선적으로 해결해야 할 일이면서 단기간 목표로 시간과 노력이 많이 투입되는 일.

    제1사분면에 해당하는 일은 마감이 임박한 수업과제, 곧 있을 시험준비, 다음 주에 있을 취업면접 준비 등 입니다. 인생과 진로에 있어 놓치면 안 되는 일이므로 시간을 들여 최우선적으로 해결해 나가야 하는 일이라 할 수 있습니다.
  - 제2사분면: 긴급하지 않지만 중요한 일, 장기적인 목표를 가지고 꾸준히 해 나가야 할 일.

    제2사분면에 해당하는 일은 1~3학년에게 있어 진로 및 취업준비, 막연히 해 두면 좋겠다고 생각해서 시작한 영어공부, 매일 하는 수업복습, 체력관리를 위해 하고 있는 운동 등입니다. 당장 하지 않는다고 해서 삶에 문제가 생기지는 않지만, 진로나 인생 목표를 달성하기 위해 매일 혹은 한 주에 몇 번씩 꾸준히 해 두면 도움이 되는 일이라 할 수 있습니다.

– 제3사분면: 긴급하지만 중요하지 않은 일, 당장 해결해야 하는 사사로운 일이라 가능한 한 시간과 노력을 최소한으로 투입해야 하는 일.

제3사분면에 해당하는 일은 공과금 처리, 카톡에 답하기, 갑작스러운 모임이나 약속 등입니다. 당장 하지 않으면 안 되는 일인 것처럼 당장 혹은 오늘내일 내에 해결해야 하지만 사실 내가 꼭 참석하지 않거나 해결하지 않는다고 해도 크게 문제가 되지 않는 일이라 할 수 있습니다.

– 제4사분면: 긴급하지 않고 중요하지도 않은 일, 할 필요가 없는 일로 장시간 하게 되면 시간낭비가 되는 일, 여유시간에 제한된 시간 내 할 일.

제4사분면에 해당하는 일은 인터넷 쇼핑, 매일 만나는 친구들과 공강시간 수다떨기, 스마트폰 게임 등입니다. 제4사분면에 해당되는 일이 시간낭비의 원인이라 할 수 있습니다.

각 사분면에 시간과 에너지 소요량을 분배해 보면,

제1사분면 : 제2사분면 : 제3사분면 : 제4사분면＝4 : 3 : 2 : 1로 나타납니다.

대부분의 학생들이 전체 시간과 노력의 양이 100%이면 각 40%, 30%, 20%, 10%를 분배하며 보내고 있습니다. 그러나 시간을 효율적으로 관리하기 위해서는 제2사분면의 시간과 에너지에 집중하여 관리를 해야 합니다.

• 시간관리 점검 전략 2: 시간관리 매트릭스로 해야 할 일 우선순위 파악하기

① 워크북 [활동지 4－2－2.1/4－2－2]를 준비한다.

② 지난주 했던 일을 시간관리 매트릭스에 맞춰 분류하여 각 사분면에 기입한다.

③ 각 사분면에 기입한 했던 일에 소요된 시간을 생각해 각각 기입한다.

④ 각 사분면에 소요된 전체 시간량을 합산해 기입하고 분배비율을 확인한다.

⑤ 어떤 사분면에 시간을 가장 많이 소비하고 있는지 확인하고 개선점을 작성한다.

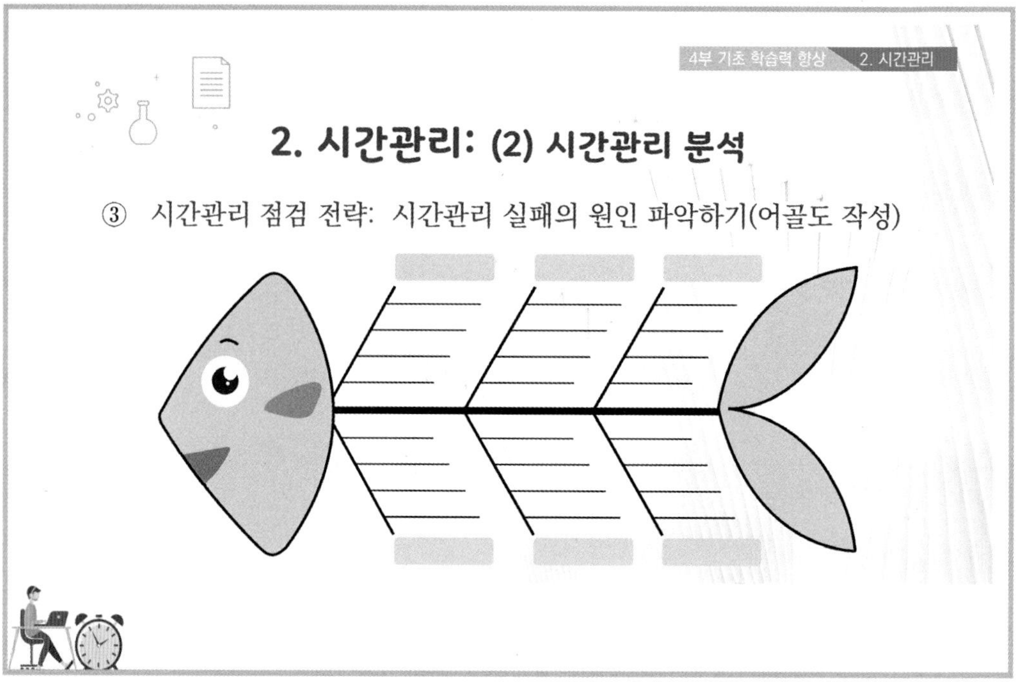

세 번째 시간관리 점검 전략은 시간관리 실패의 원인을 파악하는 것입니다. 아마 시간관리를 하려는 시도를 한 번도 안 해 본 사람은 없을 것입니다. 누구나 시간관리를 수년간 시도해 왔지만 시간관리를 잘하고 있다고 생각하는 사람이 많지 않은 이유는 무엇일까요? 여러분의 시간이 낭비되고 있는 이유는 무엇입니까? 이제 자신의 시간낭비 원인을 생각해 보겠습니다.

- **시간관리 점검 전략 3: 시간관리 실패의 원인 파악하기(어골도 작성)**

① 워크북 [활동지 4-2-2.2]를 준비한다.

② 내가 시간관리를 잘 못하는 원인이 무엇인지 생각을 해 봅니다.

③ 여백에 원인을 생각나는 대로 써 봅니다.

④ 비슷한 원인들은 어골도의 같은 뼈대에 써 봅니다.

⑤ 각 뼈대의 실패원인을 크게 어떻게 명명할지 생각해서 써 봅니다.

⑥ 시간관리 실패원인을 줄여 나갈 수 있는 방법을 생각해 작성해 봅니다.

시간관리에 실패하는 이유는 심리, 환경, 행동 요인으로 다양하며 개인에 따라 다를 수 있습니다. 심리적 불안이 시간관리를 방해할 수 있습니다. '이렇게 노력하는데도 잘 안 되면 어떡하지…?', '항상 제자리에 머물러 있는 것은 아닐까?'라는 생각이 들지는 않나요? 주변 환경이 시간관리를 방해할 수 있습니다. 스마트폰이나 인터넷 게임, 친구 관계가 계획을 실천하는 데 방해요인이 될 수 있습니다. 대학생 대부분이 스마트폰을 무료함을 달래기 위해 사용하고 있다고 합니다. 대학생들은 스마트폰을 이동시간이나 잠자기 전, 공강시간 순으로 많이 사용하는 것으로 나타났습니다. 문제는 심심해서 사용한 스마트폰이 일상생활에 지장을 줄 정도로 시간낭비를 하게 하고 집중력을 떨어뜨리는 것입니다. 스마트폰 사용으로 인한 시간낭비로 스트레스를 받고 있다면 스마트폰을 사용하는 원칙을 스스로 세워 보는 것이 필요합니다. 예를 들면, 수업시간이나 공부시간에는 무음으로 해 두고 쉬는 시간에 확인하기, 해야 할 일을 마무리한 후 휴식시간 30분 이내로 사용하기 등의 원칙을 세우는 것입니다.

가용시간을 고려하지 못한 지나친 목표와 계획이 시간관리를 방해할 수 있습니다. 어떤 사람은 해야 할 일, 하고 싶은 일 등이 너무 많아 24시간이 부족하다고 느끼고 하는 일에 충분히 몰두하지 못합니다. 자신이 꼭 해야 하는 일을 줄이기는 어렵습니다. 그렇지만 그것도 꼭 해야 하는 일인지 우선순위를 매겨 점검해 보는 것이 필요할 것입니다. 하고 싶은 일은 최우선으로 필요한 일을 1~2개 선택해서 실천하는 것이 좋습니다.

할 일을 잘 계획하지 못해 시간관리를 못 할 수 있습니다. 계획 부재의 상태에서는 시간이 있어도 무엇을 해야 할지 모르기 때문에 시간을 효율적으로 쓰지 못합니다. 이런 경우에는 특정 시간을 정해 매주 시간계획을 작성하는 습관을 가지도록 해야 합니다.

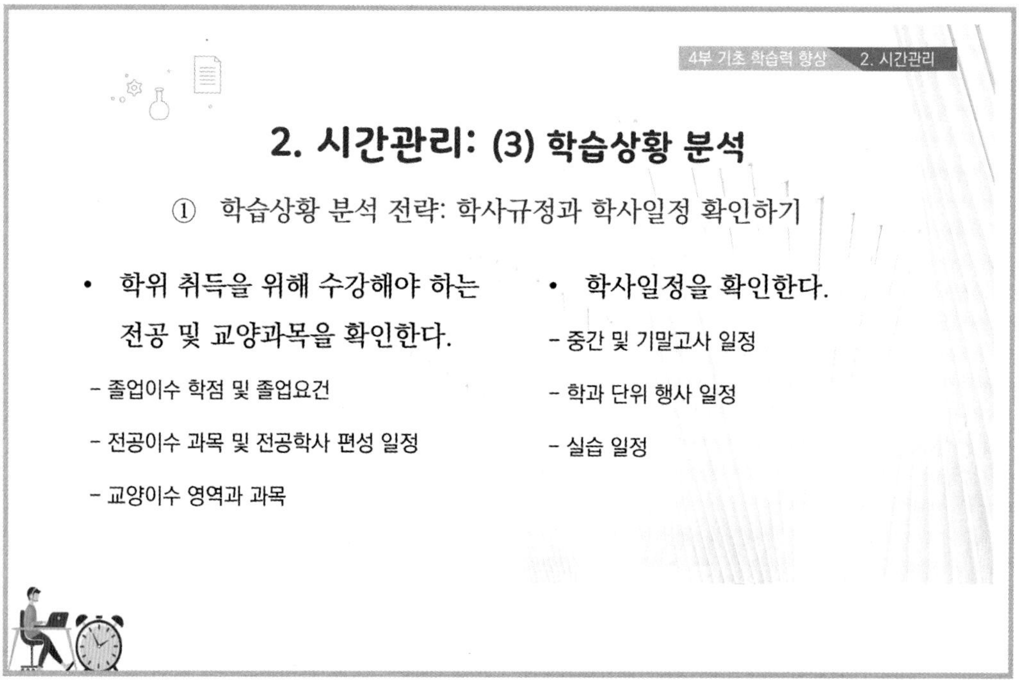

첫 번째 학습상황 분석 전략은 학사규정과 학사일정을 확인하는 것입니다. 학사규정과 학사일정은 대학 홈페이지에서 찾을 수 있습니다. 관련 사항에 대해 더 구체적으로 알고 싶다면 학과사무실이나 교무처에 문의하면 됩니다.

• 학위취득을 위해 수강해야 하는 전공 및 교양 과목 확인하기

확인 사항:

① 졸업이수 학점 및 졸업요건

② 전공이수 과목 및 전공학사 편성 일정

③ 교양이수 영역과 과목

• 학사일정 확인하기

확인 사항:

① 중간 및 기말고사 일정

② 학과 단위 행사 일정

③ 실습 일정

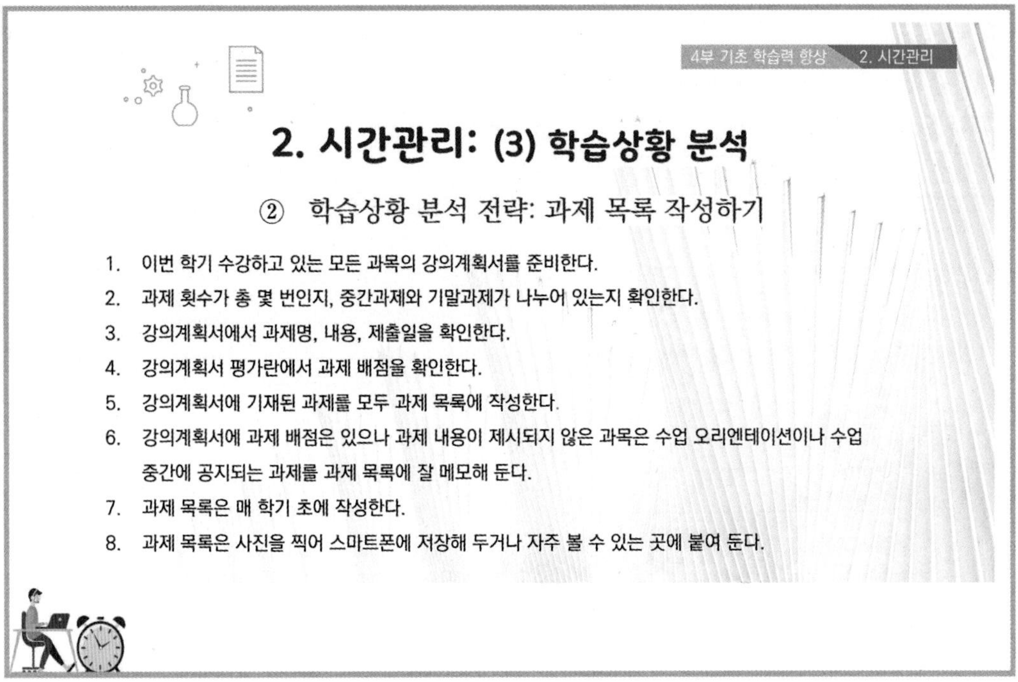

두 번째 학습상황 분석 전략은 과제 목록을 작성하는 것입니다. 2부 과제에서 다룬 과제 계획 작성방법을 활용하도록 합니다.

• 학습상황 분석 전략 2: 과제 목록 작성하기

워크북 [활동지 4-2-3]을 이용하여 과제 목록을 작성하여 봅시다. 이번 학기 수강 과목의 강의 계획서를 전부 준비하여 과제, 내용, 제출일, 배점 등을 확인하여 작성합니다.

✓ 과제 목록 작성 예시

2019년 1학기 과제 목록

과목명	과제명	방식	제출일	완료일
기본간호학Ⅱ	고위험약물의 종류와 관련 투약오류사례	개인	10/28	
	영양,배설요구 대상자 간호과정 보고서 - 사정과 중재중심	개인	11/30	
기초간호과학Ⅰ	호흡기계의 구조 그리기-각각의 기능 요약 정리 (10p, 표지 제외 3장 이상)	개인	10/17	
리더십	나의 삶의 비전은 무엇인가	개인	10/4	완료
	삶의 원칙을 수립 후 목표 설정하기	개인	12/6	
근거기반간호	임상질문 만들기	조별 (4명)		
	임상질문 만들기와 근거검색에 관한 과제	개인		
	임상질문에 근거한 관련 문헌 찾아서 비평적 평가	조별 (4명)		
건강사정실습	건강사정 실습지침서	개별	12/5	
성인간호학Ⅰ	근골격계 간호와 관련된 연구논문 검색하고 요약하기 -조모현 교수님	조별 (5명)	중간고사 이전	
	급성 신부전의 병태생리 - 김상희 교수님			
보건교육학	생애주기별 특성에 맞는 보건교육 계획서 작성	조별 (3명)		
	생애주기별 특성에 맞는 보건교육 계획서 발표	조별 (3명)		

과목명	과제내용	제출일	시행일	비고
인간과 철학 (○○○ 교수님)	감정수업 발표 (30분 이내) 책 내용을 요약 후 ppt로 제작 발표	2016.09.12	2016.9.11	개인
비평적 사고와 논리 (○○○ 교수님)	진해 김달진 시인에 대한 공연 리포트 (표지포함 A4 5장 이내)	2016.09.21	2016.9.17(토)	개인
기초간호과학Ⅱ (○○○ 교수님)	혈액형 가계도(본인 포함 3대) ABO식 & Rh 혈액형	2016.09.23 (18시까지)	2016.09.15 √	개인
기초간호과학 실습Ⅰ (○○○ 교수님)	실습 보고서 작성	2016.09.28	×	개인
기초간호과학 실습Ⅰ (○○○ 교수님)	실습 동영상 촬영 후 메일로 제출 (hey@masan.ac.kr)	2016.09.28		조별
간호학개론 (○○○ 교수님)	간호역사(고대국가, 초기 기독교, 중세, 근대:교재 p181~p211)를 읽고 요약하기 ★ 수기로 작성 ★	2016.09.28	2016.9.14(수)	개인
인간과 철학 (○○○ 교수님)	자신의 인간관(특히 간호사로서 고통받는 인간에 대해서)에 대해 논하기	2016.09.30	2016.9.15(목)	개인
기초간호과학Ⅰ (○○○ 교수님)	① 호흡기계의 구조(기관을 중심으로) 손으로 그리기 ② 호흡기계의 기능 요약 정리하기 (표지 제외 A4 3장 이상) (인터넷X, 사진X, 10point(기본체), 띄어쓰기)	2016.10.21	2016.9.18(일)	개인
성장과 발달 (○○○ 교수님)	성장과 발달 단계별 이론 정리 및 발표 (중간고사 후 보고서 양식 발표)	2016.10.23		조별
간호학개론 (○○○ 교수님)	간호전문직 단체 2개 이상을 조사하여 기술하기 ★ 수기로 작성 ★	2016.11.09		개별
유전학 (○○○ 교수님)	멘델의 유전법칙(우성, 분리, 독립)에 대해 요약하기 + 유전자로부터 단백질 합성과 DNA 복제과정에 대해 요약하기 (합쳐서 표지제외 A4 5장 이내, 분반쓰기)	2016.11.11		개인

- **과제 목록 작성 예시입니다.**

왼쪽 편에 있는 예시는 과제 목록을 과목명, 과제명, 과제 방식(개별, 조별), 제출일, 완료일만 작성하도록 되어 있습니다. 오른 편에 있는 예시는 왼쪽 편 과제 목록에 비해 과제 내용과 과제 제출방식을 더 구체적으로 작성한 것입니다. 두 양식 중 어느 것이 사용하기 편할 것 같은가요? 작성할 때는 번거롭지만 오른 편처럼 과제 제출방식이 구체적으로 작성되어 있는 것이 이후에 또 찾아보거나 친구들에게 다시 물어보는 수고를 덜 수 있을 것입니다. 과제 작성방식을 알아야 과제 수행에 필요한 일들을 체계적으로 계획할 수 있습니다.

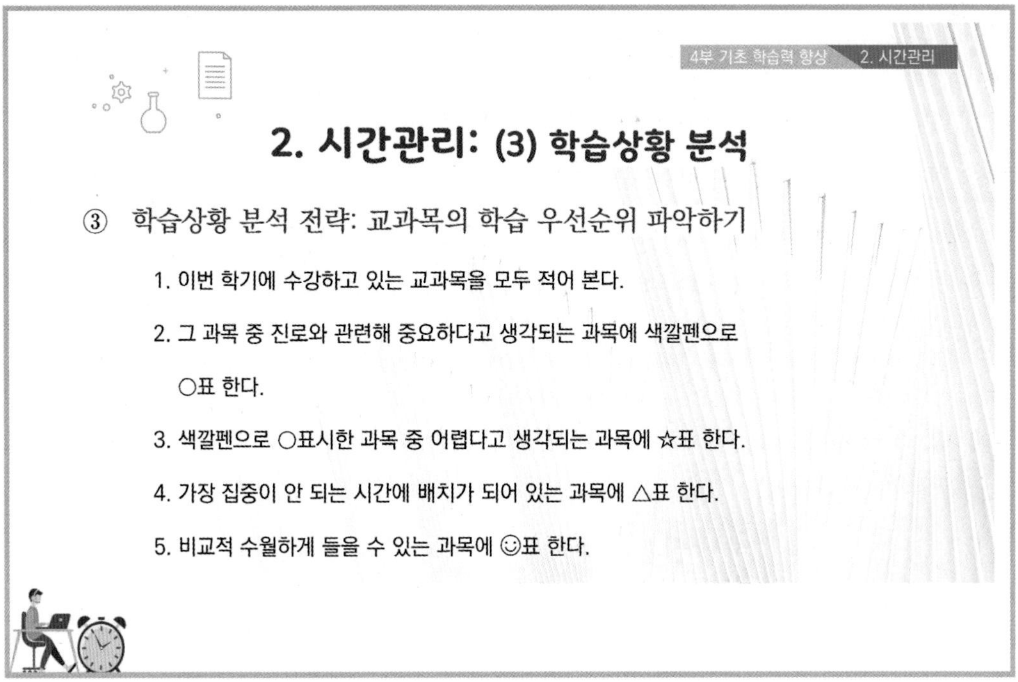

세 번째 학습상황 분석 전략은 교과목의 학습 우선순위를 파악하는 것입니다.

이번 학기 수강하고 있는 과목의 학습 우선순위는 어떠한지 다음 체크리스트에 답을 해 보면서 알아보겠습니다.

- **'교과목의 학습 우선순위' 체크리스트(워크북 주간 계획표 4-2-4.3 활용)**

① 이번 학기에 수강하고 있는 교과목을 모두 적어 보세요.

② 그 과목 중 진로와 관련해 중요하다고 생각되는 과목에 색깔펜으로 O를 해 주세요.

③ 색깔 펜으로 ○표시한 과목 중 어렵다고 생각되는 과목에 ☆표 하세요.

④ 가장 집중이 안 되는 시간에 배치가 되어 있는 과목에 △표 하세요.

⑤ 비교적 수월하게 들을 수 있는 과목에 ☺표 하세요.

• 우선순위에 따른 학습준비방법

과목별 중요도를 확인하여 ○와 ☆표가 같이 되어 있는 과목은 평소 예습을 해서 수업을 이해하며 집중해서 수강할 수 있도록 해야 합니다. 그리고 수강 후 1~2시간 이상 복습을 하고 노트정리를 해 두어야 합니다. ○만 표시된 과목은 교수님 설명이나 교재 내용이 이해는 되지만 중요한 과목이니 수업시간에 꼼꼼히 공부하는 것이 좋습니다. △표시된 과목은 아침잠이 많은데 오전 이른 시간에 배치된 과목이거나 점심 먹은 직후의 수업, 주말 기대감으로 집중이 안 되는 금요일 오전 수업 등입니다. 이런 과목은 친구에게 수업 후 노트를 빌려 필기를 보충하고 어떤 수업내용이었는지 친구에게 물어 확인해 두도록 합니다. ☺표시된 과목은 수업시간에 집중해서 수업내용을 정리해 두면 좋습니다. 예·복습은 꼭 필요하지 않으며 수업시간에 정리한 내용을 시험기간에 복습을 하도록 합니다.

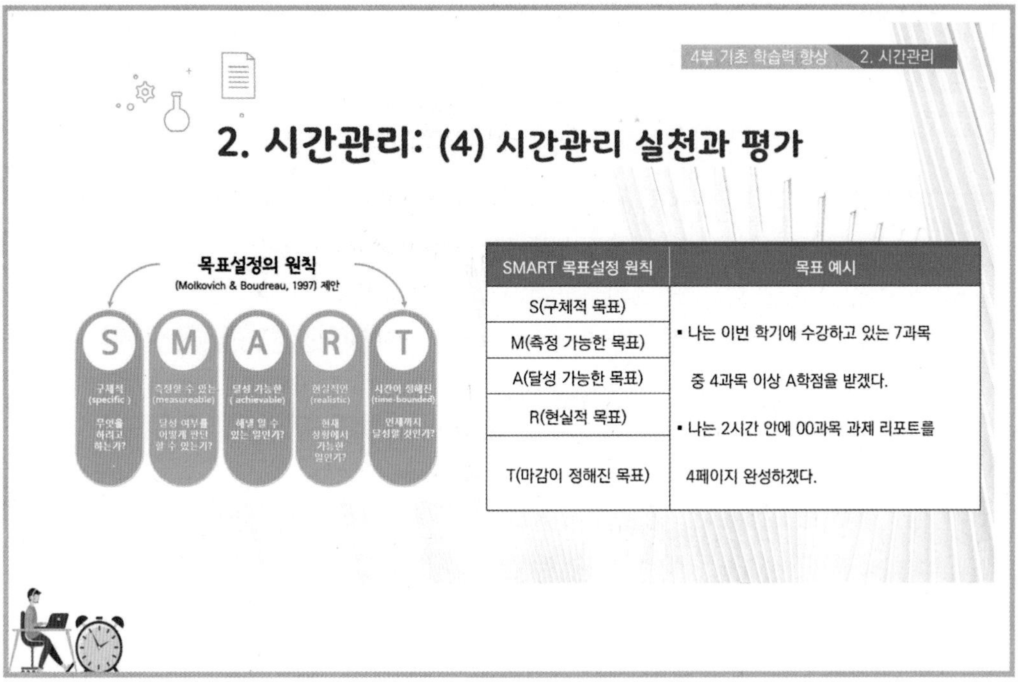

여러분이 목표를 설정할 때 알아 두면 좋은 원칙이 있습니다. 그것은 Molkovich와 Boudreau(1997)이 제안한 SMART방법입니다.

• SMART 목표설정 원칙

- S(Specific) 구체적이며 행동 가능한 목표: 무엇을 하려고 하는가?
- M(Measurable) 양적으로 측정 가능한 목표: 달성 여부를 어떻게 판단할 수 있는가?
- A(Achievable) 달성 가능한 목표: 그 기간 내에 해낼 수 있는 일인가?
- R(Realistic) 현실적인 목표: 현재 상황하에 실현 가능한 일인가?
- T(Time-bounced) 시간이 정해진 목표: 언제까지 달성할 것인가?

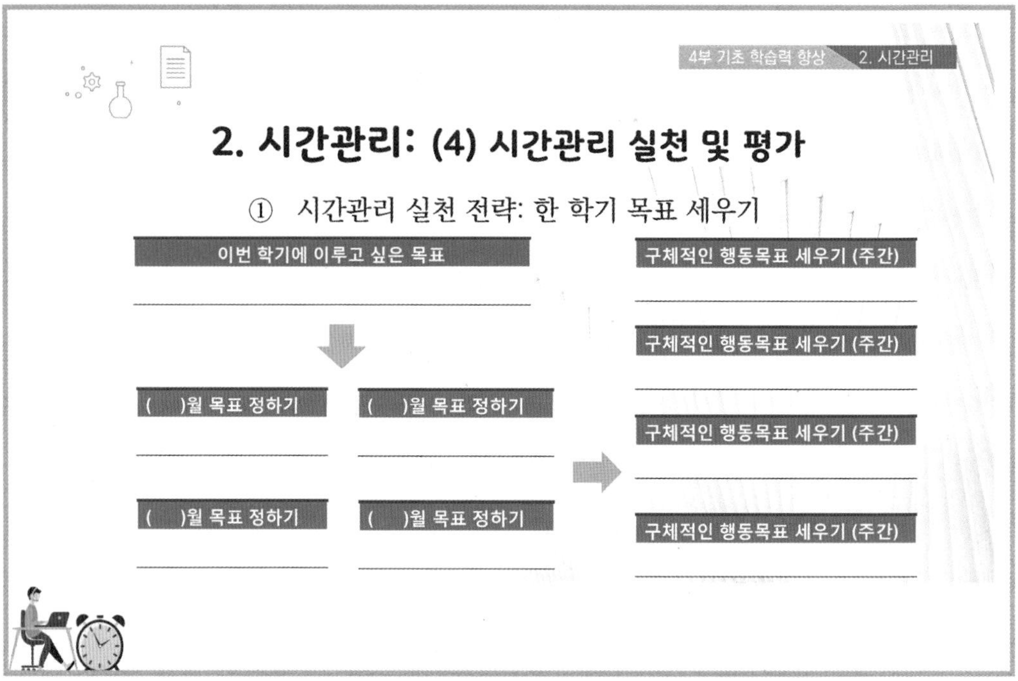

첫 번째 시간관리 실천과 평가 전략은 한 학기 목표를 세우는 것입니다.

여러분은 앞서 0부에서 대학생활 로드맵을 작성한 바 있습니다. 시간관리를 잘하기 위해서는 내가 목표하는 바대로 살고 있는지 정기적으로 점검하는 것이 필요합니다. 0부에서 작성한 대학생활 로드맵을 바탕으로 매 학기마다 단기적인 목표를 SMART원칙에 맞춰 세워야 합니다. 이번 학기에 이루고 싶은 목표와 월별목표, 구체적인 행동목표를 정해봅시다.

• 시간관리 실천 전략 1: 한 학기 목표 세우기

① 워크북 [활동지 4-2-4.1]을 준비한다.

② 워크북 [활동지 0-1-3]에서 작성한 대학생활 로드맵에 작성된 내용을 다시 확인한다.

③ 대학생활 로드맵에 작성된 목표를 달성하기 위해 이번 학기에 이루고 싶은 목표를 3~4가지로 쪼개어 작성해 본다.

④ 작성된 목표가 SMART원칙에 부합하는지 확인한다.

⑤ 이번 학기에 이루고 싶은 목표 1을 달성하기 위해 3, 4, 5, 6월에 해야 할 월간 목표를 작성해 본다. 6월 말에 목표가 달성되려면 3월의 초기목표는 무엇이며, 4~5월의 중간목표가 무엇인지 고민한다. 목표달성의 일련 과정을 생각하고 그것을 쪼개 3, 4, 5, 6월 목표로 정한다.

⑥ 월간목표를 달성하기 위한 구체적인 행동목표를 3~4가지 주간목표로 작성한다.

예를 들어, 대학생활을 하는 동안 영어회화를 마스터하려면 학년별 영어회화의 목표를 정해야 합니다. 목표를 달성하기 위해서는 가능한 한 측정할 수 있고, 실천할 수 있는 목표를 세우는 것이 좋으므로 영어회화의 수준을 측정할 수 있는 영어공인능력시험의 점수나 레벨을 학기별, 월별 목표로 설정합니다. 그리고 월별 목표를 달성하기 위한 주간 계획을 세우기 위해 영어회화 능력을 향상시킬 수 있는 방법을 조사하여 나열해 봅니다. 영어회화 능력을 향상시키는 방법에는 영어방송 듣기, 영어단어 외우기, 영어대본 외우기, 영어회화 스터디하기 등이 있는데 이 중에서 가장 효과적이며 실천 가능한 방법을 선택하여 일주일 중 언제 할 것인지(몇 회, 몇 시간), 얼마나 할 것인지(학습량)를 주간 계획으로 세우고 이를 계획표에 기록합니다. 그리고 그 시간에 그 활동을 꾸준히 실천하여 실제 영어회화 실력이 향상되었는지 그 효과를 점검해 봅니다. 만약 효과가 없었다면 왜 효과가 없었는지를 분석하여 계획을 수정하는 것이 필요합니다.

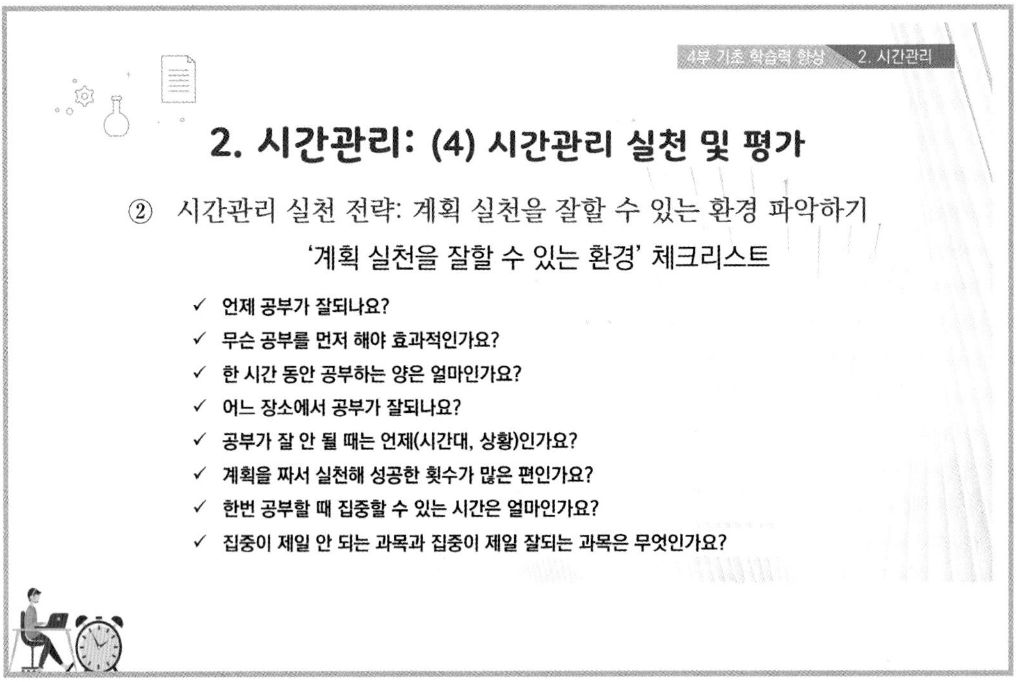

두 번째 시간관리 실천 전략은 계획 실천을 잘할 수 있는 환경을 파악하는 것입니다. 내가 계획 실천을 잘할 수 있는 환경은 어떠한지 워크북 [활동지 4-2-4.3]에 답해 보면서 알아보겠습니다.

응답한 내용을 바탕으로 여러분은 공부를 언제 어디서 얼마나 할 수 있는지, 어떤 과목부터 해야 하는지 알 수 있습니다. 그리고 내가 왜 계획을 작성하고 실천을 잘 못하는지 파악할 수 있습니다. 공부할 장소가 적절치 않았거나 자신을 과대평가해 지나치게 많은 양의 공부를 한번에 하려고 했거나 컨디션 상태를 고려하지 않고 피곤한 상태로 집중이 잘 안되는 시간에 어려운 공부를 하도록 시간 배치를 잘못했을 수 있습니다. 계획 실천을 위한 최상의 환경은 무엇인지 생각해 시간계획 작성에 반영하도록 하는 것이 좋습니다.

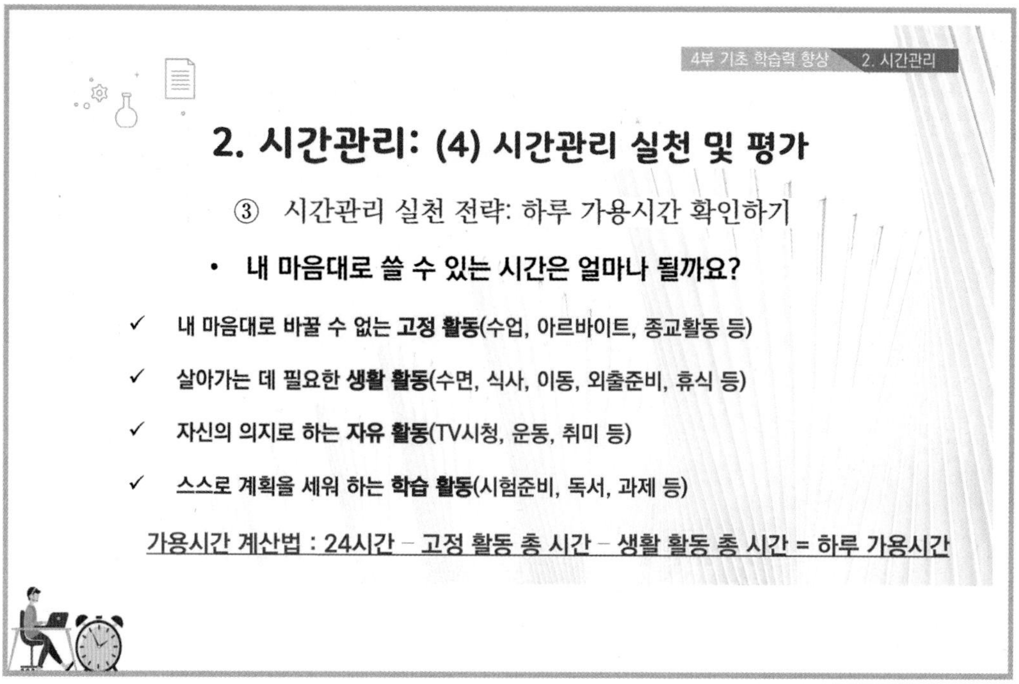

세 번째 시간관리 실천 전략은 하루 가용시간을 확인하는 것입니다. 가용시간이란 24시간에서 고정 활동 시간과 생활 활동 시간을 뺀 시간을 의미합니다.

• 내 마음대로 쓸 수 있는 시간은 얼마나 될까요?

워크북 [활동지 4－2－4.3]에 주간 계획표를 작성하여 하루 가용시간을 확인해 봅시다. 일과는 주로 고정 활동, 생활 활동, 자유 활동, 학습 활동으로 되어 있습니다.

가용시간 계산법은 '24시간－고정 활동 총 시간－생활 활동 총 시간' 입니다. 오늘 하루 여러분의 가용시간은 몇 시간입니까? 여러분은 목표를 실천할 가용시간이 부족할 수도 있고, 여유가 있을 수도 있습니다. 하루 가용시간에 따라 목표달성 기간을 줄이거나 늘여야 합니다. 가용시간을 활용해 하고 싶은 일과 해야 할 일을 해나가게 됩니다. 그래서 시간을 관리한다는 것은 가용시간을 잘 관리한다는 것을 의미합니다.

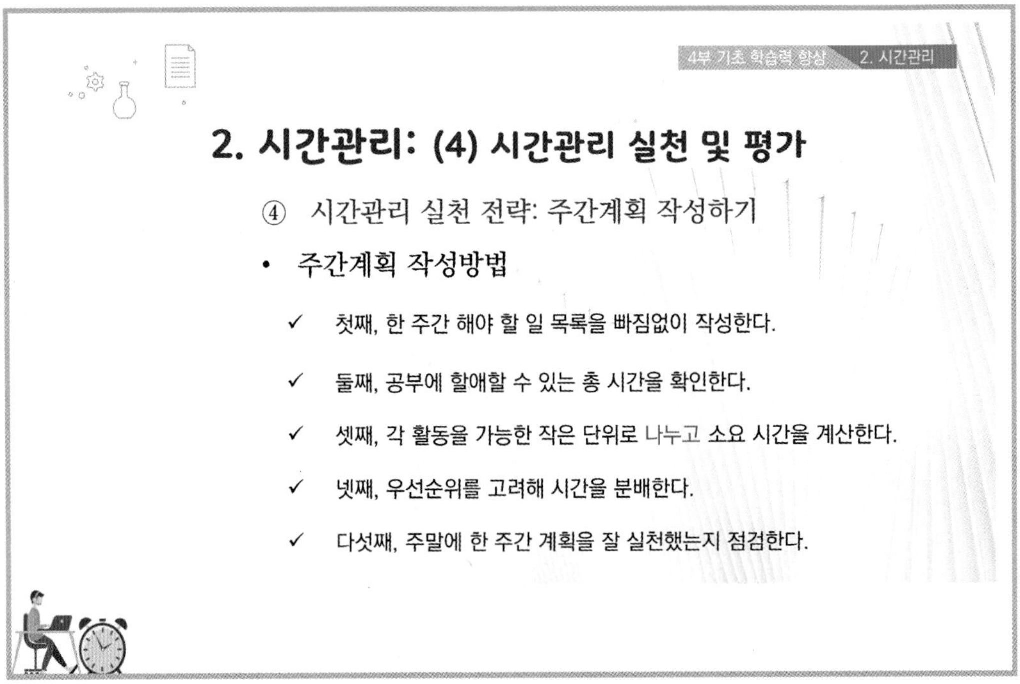

네 번째 시간관리 실천 전략은 주간 계획을 작성하는 것입니다. 여러분은 학기 초에 주간 계획을 작성해 이번 학기에 시간패턴이 어떠한지 파악해 볼 수 있습니다. 주간 계획은 처음 작성 시에는 시간이 많이 소요되지만, 2, 3번 작성한 이후에는 고정 활동과 생활 활동이 정해져 있어 작성하는 데 5~10분도 걸리지 않습니다. 매주 초 주간 계획을 작성하는 것을 습관화하는 것을 추천합니다. 워크북 [활동지 4-2-4.3]에 주간 계획표가 3개 수록되어 있습니다. 이번 학기에는 매주 초 주간 계획표를 작성해 보겠습니다. 주간 계획표 작성방법은 다음과 같습니다.

• 시간관리 점검 전략 4: 주간 계획표 작성하기

① 워크북 [활동지 4-2-4.3]을 준비한다.
② 주간 계획표에 고정 활동과 생활 활동을 모두 기입한다.
③ 가용시간을 확인하고 계산해 기입한다.

④ 이번 주에 해야 할 학습 활동과 자유 활동 목록을 작성한다.

⑤ 각 학습 활동과 자유 활동을 가능한 한 작은 단위로 쪼갠다.

(예시: 교육심리학 과목 청소년의 발달에 대한 리포트 작성 → 인터넷, 도서관 자료 수집/자료에서 주요 내용 발췌 및 타이핑/서론 작성/본론 작성/결론 작성)

⑥ 학습 활동과 자유 활동을 우선순위(시간관리 매트릭스 참고)와 환경(계획 실천이 잘되는 환경 파악하기 참고)을 고려해 시간과 장소를 배정한다.

⑦ 주말에 한 주간 계획을 잘 실천했는지 점검한다.

교과목의 학습 우선순위를 정할 때 수강학점이 높은 교과목을 집중이 잘되는 시간에 우선적으로 배정합니다. 그리고 중요하고 어려운 교과목을 먼저 공부하는 것이 좋습니다. 하고 싶은 교과목을 먼저 공부하면 아무리 흥미가 높고 좋아하는 교과목이라 하더라도 집중력이 낮아진 상태에서 어려운 과목을 수행하지 못하고 포기할 가능성이 높아집니다. 물론 개인차가 있을 수 있습니다. 어떤 학생은 시작이 어렵기 때문에 처음부터 어려운 과목을 해야 한다고 생각하면 부담감으로 아예 학습을 시작도 하지 않을 수도 있습니다. 이런 학생은 가벼운 과목을 먼저 시작하고 성취감을 느낀 상황에서 어려운 과목을 시작하는 것이 계획을 실천하는 방법이 될 수 있습니다. 따라서 자신이 어떤 스타일인지에 따라 우선순위는 차이가 있습니다.

활동 시간을 배정할 때 자신의 신체적 바이오리듬을 잘 고려하는 것이 중요합니다. 아침에 집중이 잘되는 사람이 있는가 하면 저녁 시간에 집중이 잘되는 사람도 있습니다. 자신의 신체적 리듬도 확인하여 계획에 반영하는 것이 필요합니다. 가능한 한 집중이 잘되는 시간에 어렵고 중요한 활동을 하고 집중이 잘 안 되는 시간에 수월하고 덜 중요한 활동을 배정해야 합니다.

계획실천 습관이 잘 안 잡혀 있어 할 일을 잘 미루게 될 때 매주 특정 요일과 특정 시간에 특정 활동을 하는 시간을 정해 두는 것이 좋습니다. 예를 들어 독서 시간을 정하거나, 영어공부, 과제 시간을 정해 두고 그 시간에 하는 것입니다.

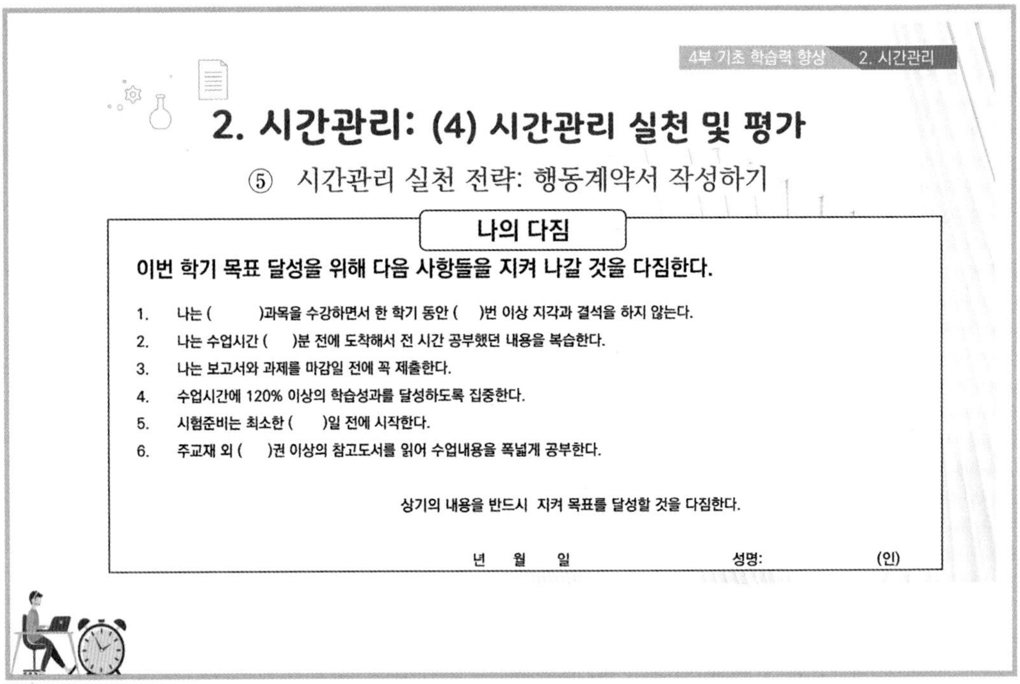

다섯 번째 시간관리 실천 전략은 '행동계약서를 작성'하는 것입니다. 앞서 살펴보았던 시간관리 실천 전략 중 한 학기 목표를 달성하고 한 주간 계획을 잘 실천하겠다는 나의 다짐을 행동계약서에 작성해 보겠습니다.

- **시간관리 실천 전략 5: 행동계약서 작성하기**

① 워크북 [활동지 4-2-4.2]를 준비한다.

② 이번 학기 목표를 달성하기 위한 실천 사항에는 무엇이 있는지 생각해 본다.

③ PPT 슬라이드에 제시된 예시를 참고해 실천 사항을 4~5가지 작성해 본다.

④ 작성한 내용을 마음에 되새긴다.

⑤ 날짜와 이름을 쓰고 서명한다.

⑥ 행동계약서를 휴대폰 카메라로 사진을 찍어 저장해 두고 주기적으로 확인한다.

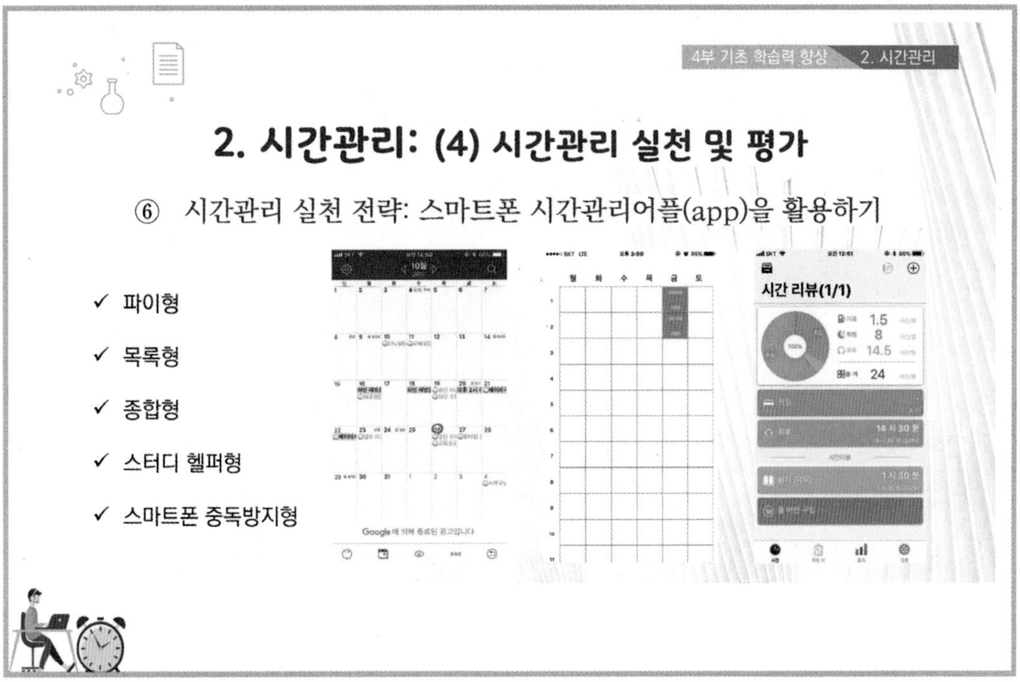

여섯 번째 시간관리 실천 전략은 스마트폰 시간관리 어플을 활용하는 것입니다. 최근에는 스마트폰을 활용해 시간관리를 할 수 있도록 여러 기능이 탑재된 다양한 어플이 출시되고 있습니다. 여러 어플을 검색해 보고 편하게 자주 사용할 수 있는 어플을 설치해 매일 사용하는 것을 추천합니다. 스마트폰 시간관리 어플은 크게 파이형, 목록형, 종합형, 스터디 헬퍼형, 스마트폰 중독방지형으로 나눠 볼 수 있습니다.

- 파이형: 하루 시간을 어떤 활동에 얼마나 사용하고 있는지 그래프로 보여 주어 해야 하는 일에 적절한 시간을 쓰고 있는지 점검하고 개선할 수 있도록 해 줍니다.
- 목록형과 종합형: 일정을 관리하는 기능이 있습니다. 어떤 일을 해야 하는지 보여 주고, 그 일의 마감까지 시간이 얼마나 남았는지 점검할 수 있도록 해 줍니다.
- 목록형: 해야 할 일을 목록으로 만들 수 있으며 마감 시간을 체크할 수 있습니다.
- 종합형: 달력에 해야 할 일을 일정에 맞춰 작성하도록 되어 있어 그 달에 해야 할 일을 일정 중심으로 전체적으로 확인하기 용이합니다.

- 스터디 헬퍼형: 학습지원을 해 주는 기능이 강화된 어플입니다. 학습 시작 시간과 휴식 시간을 기록하여 공부를 얼마나 했는지 점검할 수 있으며 각 과목별 공부량을 확인할 수 있습니다. 또한 연령이 비슷한 학생들과 공부량을 비교한 데이터를 제공합니다.
- 스마트폰 중독방지형: 스마트폰이 시간관리 실패의 주 원인이 된다고 생각되는 학생들에게 유용한 어플입니다. 하루 스마트폰 사용량을 확인할 수 있으며 하루 사용량을 정해 입력해 두면 그 시간만큼 사용한 후 스마트폰 사용이 차단됩니다. 중독방지형 어플을 활용하면 특정 시간 잠금 예약, 하루 목표 사용시간, 어떤 어플을 얼마나 썼는지 확인할 수 있습니다. 특정 시간 잠금 예약은 수업시간, 중요한 학습을 계획한 시간은 휴대폰을 사용할 수 없도록 잠글 수 있고, 목표 사용 시간을 설정하면 얼마나 사용하고, 얼마나 사용 가능 시간이 남았는지 알려 줍니다.

가장 널리 사용되고 있는 스마트폰 시간관리 어플에는 구글 캘린더, 투들두(Toodledo), 플랜비(PlanBe), 포켓 인포먼트(Pocket informant), 타임파이(TIME PIE), 데이투라이프(Day2Life), 타임잇(Time It)이 있습니다. 계속해서 출시되고 있는 다양한 시간관리 어플 중 몇 가지를 사용해 보고 자신에게 잘 맞는 어플을 꾸준히 사용하는 것을 추천합니다.

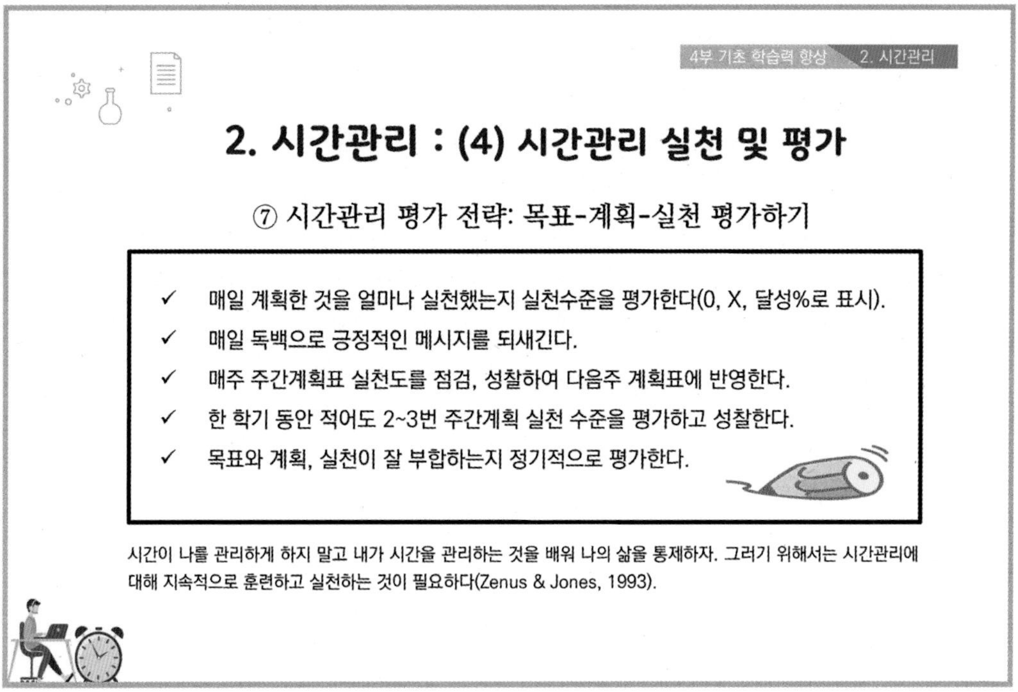

시간관리 평가 전략은 목표–계획–실천을 평가하는 것입니다. 목표와 계획, 실천이 서로 부합되는지 평가하는 것입니다.

목표 – 계획 – 실천을 평가한 결과가 나쁘다고 해서 실망할 필요는 없습니다. 계획에서 우선순위를 고려하지 않았거나 실천 환경을 고려하지 않았거나 현재 의지나 동기 상태를 고려하지 못한 것일 수 있습니다. 계획은 결국 내 삶이 추구하는 목표를 잘 달성하기 위해 일상을 효율적으로 살아가는 것임을 잊지 말아야 합니다. 계획을 세울 때에는 학습시간만 계획에 포함시키는 것이 아니라 휴식시간이나 대인관계 및 가족관계에 소요되는 시간도 고려해야 지치지 않고 계획을 실천해 나갈 수 있습니다. 작성한 계획을 잘 실천하도록 혼잣말이나 마음속으로 늘 자신을 격려할 수 있어야 하고 계속해서 성찰하며 자신에게 맞는 시간관리 방법을 터득해 나가야 합니다.

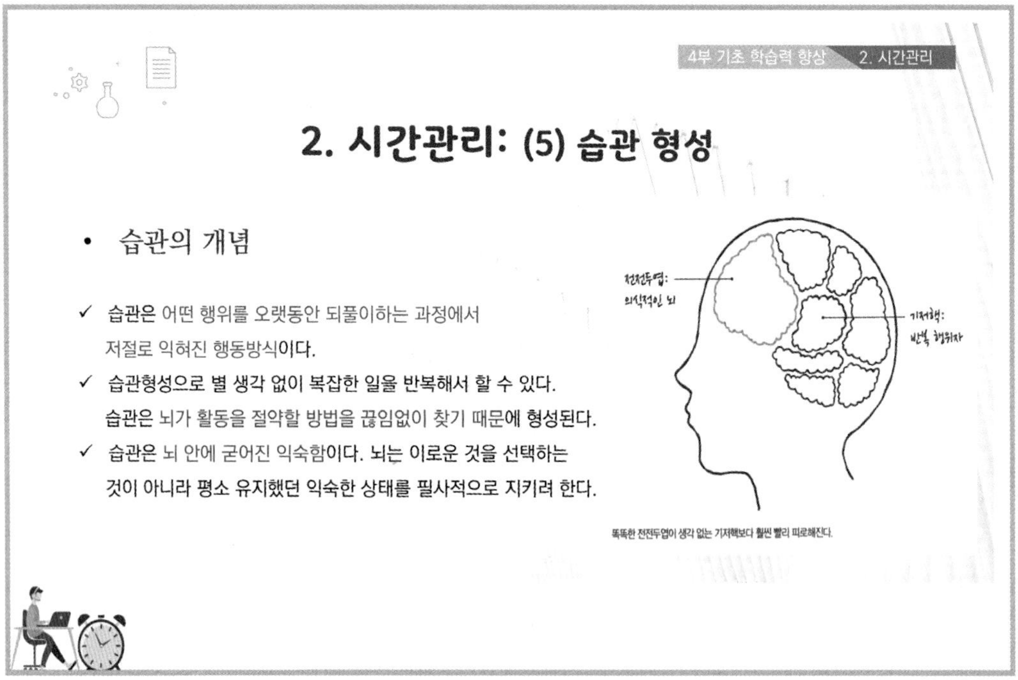

듀크 대학의 2006년 연구결과에 따르면, 우리가 매일 하는 행동의 45%는 의사결정의 결과가 아니라 습관에 의한 것입니다. 특정 시간에 공부하는 습관이 형성되면, 그 시간에 공부를 하러 가서 앉아 있는 것이 심리적으로 더 편하게 느껴집니다. 내가 계획한 것을 꾸준히 실천하는 과정에 습관으로 굳어지게 되면서 점차 그 상황에서 행동하는 것이 쉽고 편안해집니다.

- **습관의 개념(출처: 찰스 두히그의 습관의 힘)**

습관은 어떤 행위를 오랫동안 되풀이하는 과정에서 저절로 익혀진 행동방식입니다. 습관 형성으로 별생각 없이 복잡한 일을 반복해서 할 수 있습니다. 습관은 뇌가 활동을 절약할 방법을 끊임없이 찾기 때문에 형성됩니다. 습관은 뇌 안에 굳어진 익숙함입니다. 뇌는 이로운 것을 선택하는 것이 아니라 평소 유지했던 익숙한 상태를 필사적으로 지키려 합니다.

'똑똑한 전전두엽이 생각 없는 기저핵보다 훨씬 빨리 피로해진다'라는 그림을 살펴봅시다. 문제해결과 의사결정을 담당하는 전전두엽은 에너지를 많이 소모하는 뇌 부분이지만, 습관 형성 후 행동을 담당하는 기저핵은 에너지 소모가 적은 편입니다. 공부습관이 형성되면 언제 어디서 공부할 것인지, 공부를 할 것인지 말 것인지 결정하는 전전두엽이 에너지 소모를 적게 하면서 공부하는 내용을 이해하는 데 에너지를 더 사용할 수 있게 됩니다.

뇌는 습관과 밀접히 관련되어 있습니다. 좋은 습관이 형성되면 모든 것이 훨씬 수월해집니다. 매번 뇌가 갈등을 하는 대신, 매일 자동적으로 일어나 몸에 좋은 음식으로 아침 식사를 하고 규칙적으로 운동을 할 수 있습니다. 뇌 전체를 지배하는 강력한 힘은 일정한 패턴을 인식하고 반복하는 것입니다. 이러한 힘을 가진 부위가 기저핵인데, 효율적인 패턴 반복행위자로 에너지를 아껴 주는 역할을 합니다. 긍정적인 행동을 자동적으로 할 수 있도록 기저핵을 훈련하면 습관이 형성되어 꼭 해야 하는 일을 수행하는 데 많은 에너지를 줄일 수 있어 하루 일과를 마친 후에도 피곤함을 덜 느끼게 됩니다.

2. 시간관리: (5) 습관 형성

① 시간관리 습관 형성 전략: 지속적으로 계획의 실천 달성 정도 확인하기

자기관찰기록지

과제명	과제 내용	계획시간	실제 수행 시간	달성도(%)
물리학 과제	2장 예습	22:00~23:00	다음 날 수업 시간 전	40
문화인류학 예습	3장 마인드맵 정리	20:00~22:00	21:30~ 23:00	100
영어	TOEIC 단어 30개 암기		못함	

출처 : 황매향 (2016)

첫 번째 시간관리 습관 형성 전략은 지속적으로 계획의 실천달성 정도를 확인하는 것입니다. 시간관리가 습관이 되기 위해서는 계획한 내용을 얼마나 실천했는지 행동을 관찰해 기록하는 모니터링이 필요합니다. 다이어트를 할 때 체중을 매일 재거나 먹은 음식을 기록해 보는 것이나 돈을 어디에 어떻게 썼는지 가계부를 쓰는 것과 같은 방법입니다. 하루에 어떤 과목을 얼마나 공부하는지 기록해 봅시다. 이런 기록은 자기 피드백이 되어 반성과 개선점을 생각해 보게 합니다. 지속적으로 모니터링을 하면 합리적인 학습량과 학습과정을 알게 되면서 자신을 조절하게 됩니다. 이런 과정이 반복되면서 자신에게 맞는 공부습관을 형성해 나가게 됩니다.

• 지속적으로 계획 달성 정도 확인 방법

: 워크북 [활동지 4-2-4.3] 주간 계획표에 달성 정도를 지속적으로 기록/점검하거나 위에 제시된 '자기관찰기록지'로 계획 실천 패턴 분석하기

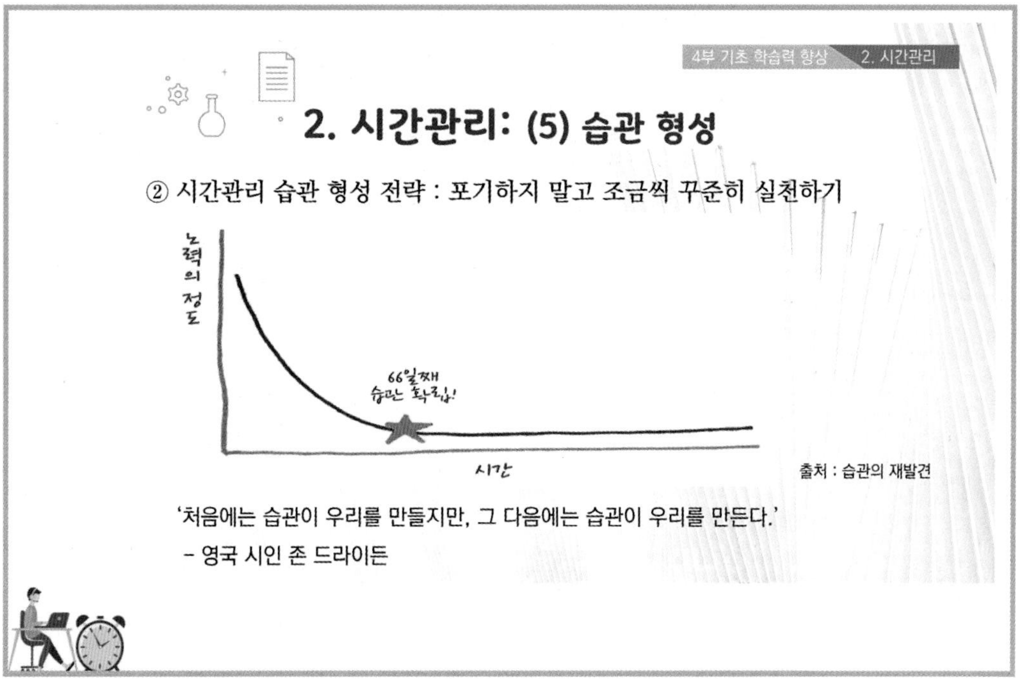

두 번째 시간관리 습관 형성 전략은 포기하지 말고 조금씩 꾸준히 실천하는 것입니다. 좋은 습관 형성을 위해 가져야 하는 마음가짐은 하루아침에 자신을 바꾸겠다는 조급한 생각을 버리는 것입니다. 포기하지 않고 조금씩 꾸준히 실천하는 것이 가장 중요합니다. 습관 형성 과정은 가파른 오르막, 완만한 언덕, 정상, 그리고 내리막길이 이어지는 길을 따라 자전거를 타는 것과 같습니다. 시작할 때는 젖 먹던 힘까지 다해 노력해야 합니다. 그 기간이 약 60일 정도 됩니다. 그 이후에는 점차 쉬워집니다. 습관이 형성되어 몸과 마음이 그 행동에 익숙하게 되는 약 60일간은 힘들지만 그 일을 꾸준히 해 나가야 합니다. 이 고비를 넘기지 못하고 포기하면 그동안의 노력이 헛수고가 됩니다.

완벽하게 해내겠다는 마음은 습관 형성에 방해가 됩니다. 계획한 행동을 하루 못 했다거나 조금밖에 못 했다고 해서 습관이 형성되지 않는 것이 아닙니다. 하루 못 했으니까 혹은 제대로 못 했으니까 안 하느니만 못하다는 마음이 꾸준한 실천을 방해합니다. 무리하지 말고 꾸준히 실천할 수 있는 방법을 찾아 좋은 습관을 하나씩 만들어 가세요. 하나둘 만들어진 좋은 습관이 여러분의 삶을 성공적으로 이끌어 갈 것입니다.

3. 기억전략

시험을 잘 치르기 위해서는 효과적인 학습계획과 학습전략뿐만 아니라 뛰어난 기억력이 필요하다. 수업시간에 배운 내용을 기억하고, 시험을 칠 때 그 기억 속의 정보를 잘 끄집어내는 것이 필요하기 때문이다. 기억전략이란 우리의 기억 속에 수많은 정보들을 저장하고 그것이 필요한 순간에 재생될 수 있도록 시각적 혹은 청각적 표상들을 활용하여 기억 및 인출하는 기술들을 향상시키는 방법을 의미한다. 즉 기억전략이란 잘 저장하고 잘 인출하는 것이다.

기억력을 높이려면 기억과정에 대한 정확한 이해부터 효과적인 기억전략을 습득할 필요가 있다. 따라서 이 장에서는 나의 기억력 수준을 점검하고 기억의 필요성과 과정을 이해하여 효과적인 기억전략을 습득하길 바란다.

- 3.1 나는 얼마나 기억할 수 있을까?
- 3.2 기억전략은 왜 필요한가?
- 3.3 효과적인 기억전략

4부 기초 학습력 향상 3. 기억전략

3. 기억전략 : (1) 나는 얼마나 기억할 수 있을까?

• 다음 질문에 예/아니오로 답해 보세요.

No	질문	예	아니오
1	기억을 더 잘하기 위해 정보를 조직화하거나 집단화하는가?		
2	공부를 마친 후, 학습을 점검하기 위해서 자가진단을 해 보는가?		
3	공부시간에 간격을 두고 복습하는가?		
4	질문에 답은 알고 있으나 답이 생각나지 않는 경우가 종종 있는가?		
5	시험 전에 시험범위 내용을 대충 훑어보는 방식으로 공부하는가?		
6	시험공부를 할 때 알아야 할 모든 정보를 다 외우려고 노력하는가?		
7	비슷한 정보들 때문에 혼동하는(헷갈리는) 경우가 종종 있는가?		
8	시험 칠 무렵에 공부했던 정보를 잊는 경우가 종종 있는가?		
9	시험이 끝난 후에 (몰랐던) 문제의 답이 생각나는 경우가 있는가?		
10	교재 주요 내용을 단순히 반복하여 기억하는가?		
	총점		

출처 : 손연이, 이석열, 이은희 (2007)

제시된 내용은 '나의 기억전략 수준을 파악'할 수 있는 설문지입니다.

- **응답방법:** 질문 내용을 읽고 네, 아니오에 응답해 보십시오.
- **환산방법**

① 1~3번의 질문에 '예'라고 답하면 1점, '아니오'라고 답하면 0점입니다.

② 4~10번의 질문에 '예'라고 답하면 0점, '아니오'라고 답하면 1점입니다.

③ 총점이 0~4점인 경우: 기억전략을 향상시킬 필요가 있습니다.

④ 총점이 5~7점인 경우: 기억전략을 몇 가지 활용하고 있으나, 다른 전략을 더 습득할 필요가 있습니다.

⑤ 총점이 8~10점인 경우: 이미 다양한 기억전략을 활용하고 있습니다.

⑥ 여러분의 점수는 몇 점입니까? 기억전략은 충분한 연습으로 습득하고 단련시킬 수 있습니다.

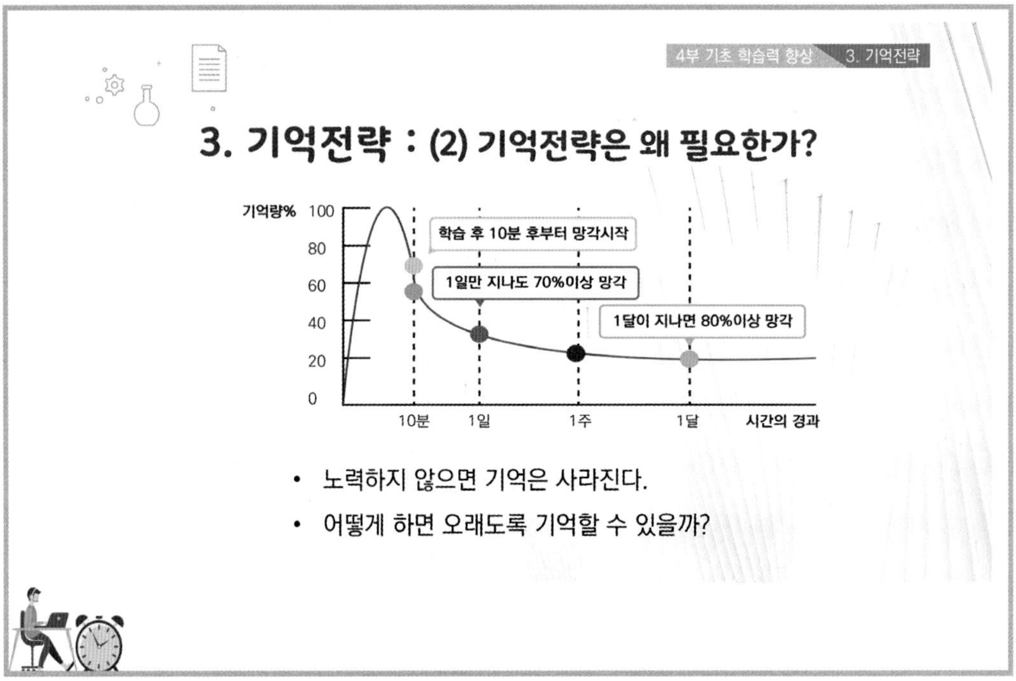

위 제시된 그래프는 에빙하우스(1850~1909, 독일 심리학자)의 망각곡선입니다. 그래프에서 확인할 수 있듯이 기억하려는 노력이 없으면 기억은 사라집니다.

그렇다면 어떤 노력을 어떻게 하면 오래도록 기억할 수 있을까요? 이 장에서는 오래 기억할 수 있는 전략에 대해 알아보고자 합니다.

• 반복의 중요성

학습을 하고 최초 10분 동안에는 그 내용을 100% 이해했다 하더라도 10분이 지난 후부터 점차 기억의 양이 감소하게 됩니다. 그렇다면 힘들게 공부한 내용을 잊지 않으려면 어떻게 해야 할까요? 바로 반복입니다. 반복적으로 학습하여 다시 기억할 수 있도록 자극을 주는 것입니다.

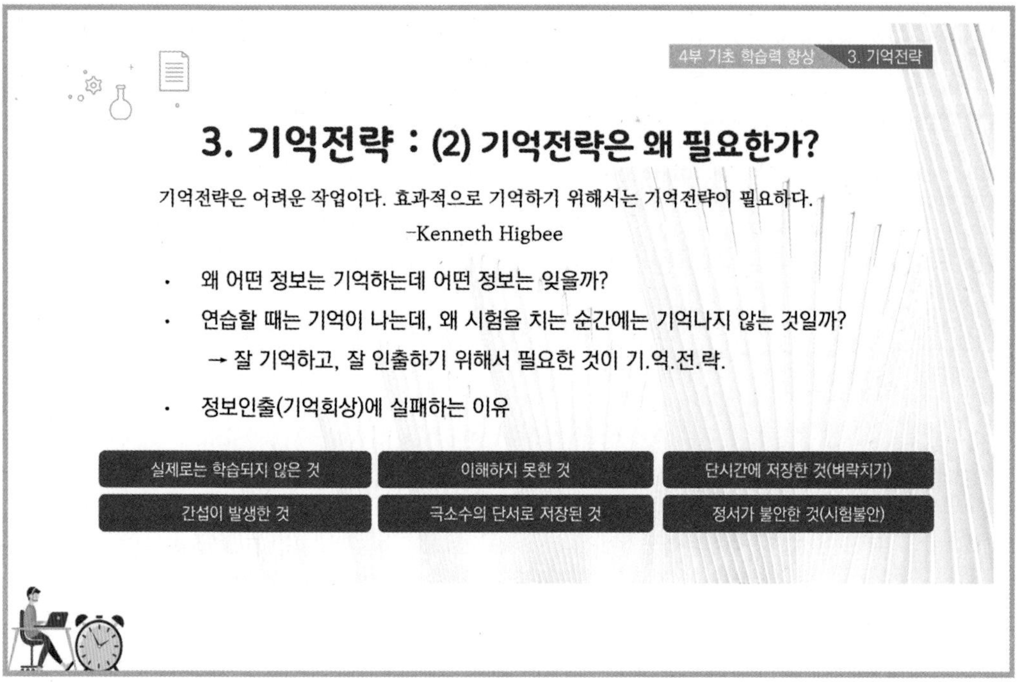

- **실제로는 학습되지 않은 것**

자료를 읽어 봤다고 해서 기억되는 것이 아닙니다. 단순 암기를 했다고 해서 학습된 것이 아닙니다. 수업자료들은 복잡한 의미를 담고 있는 경우가 많습니다. 이를 이해하기 위해 반복해서 읽고 연습해야 실제로 학습되는 것입니다.

- **이해하지 못한 것**

이해하지 않고 책이나 필기 내용을 그대로 외우기만 했다면 교수님이 다른 말로 바꾸어 시험문제를 출제하면 틀리게 됩니다.

- **단시간에 저장한 것(벼락치기)**

단시간에 모든 정보를 기억할 수 있을까요? 일부는 장기기억이 될 수 있지만, 일부는 장기기억이 되지 들어가지 못하고 사라지게 됩니다.

• 간섭이 발생한 것

밀접하게 관련 있는 정보를 학습하면 뒤죽박죽 섞여버리지요? 이것을 간섭이라고 합니다. 정보를 명확하게 구분하여(이해, 다양한 단서 등) 기억해야 합니다.

• 극소수의 단서로 저장된 것

기억을 인출하려면 그 기억에 대한 단서가 많아야 합니다. 소수의 단서로는 기억을 해내기가 어렵습니다.

• 정서가 불안한 것

시험이 끝나면 답이 떠오르는 경험을 하는 학생들이 많습니다. 이는 불안하면 정보를 회상하거나 인출할 때 집중할 수 없기 때문입니다. 기억이 안 나던 것이 시험이 끝난 후 불안증상이 사라지면 기억나기도 합니다.

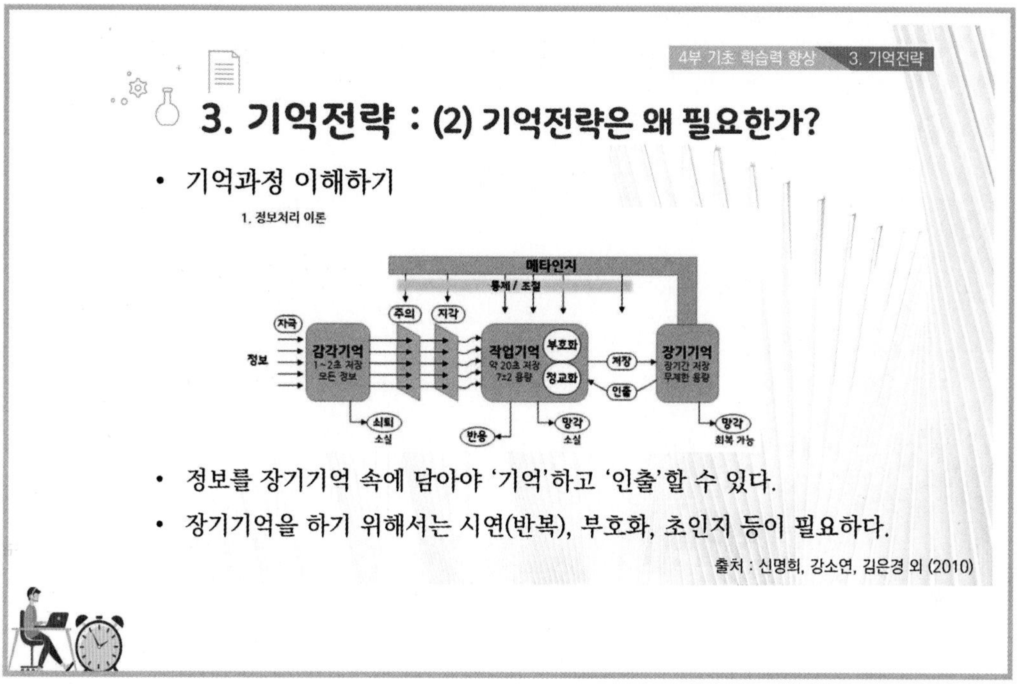

- 감각기억

① 감각을 통해 우리에게 들어온 자극(정보)이 처리되는 동안, 자극(정보)을 잠시 유지하는 저장고입니다.
② 용량은 거의 무제한입니다.
③ 감각기억의 지속시간은 매우 짧습니다.
④ 장기기억 속에 저장된 지식의 영향을 받습니다.

- 주의와 지각

① 기억을 오래 유지하기 위해서는 주의와 지각이 매우 중요합니다.
② 주의는 정보의 한 부분에 선택적 초점을 맞추는 것입니다. 수업시간에 공상에 잠겨 본 적이 있습니까? 공상에 잠겨 다른 생각을 하는 동안에는 교수님의 말에 완전히 집중하기 어렵습니다. 제시되는 정보에 주의를 기울이지 않으면 감각기억으

로 정보를 받아들일 수가 없습니다.

③ 지각은 감각기억으로부터 받아들여진 자극(정보)에 의미를 부여하는 것입니다. 지각은 학습자의 사전 지식의 영향을 받습니다.

• 단기기억

① 단기기억은 (1)즉시기억, (2)작업기억 두 가지 요소로 구성됩니다.

② 즉시기억은 작은 책상과 같습니다.

* 작은 책상 위에 올려둘 수 있는 자료의 양만큼 기억하는 것입니다.
* 즉시기억은 매우 제한적이라서, 정보의 ±7개의 덩어리(청크, chunk)만큼 보유합니다.
* ±7개의 덩어리도 지속적으로 시연하지 않으면 20초 정보만 머물고 사라집니다.

③ 작업기억은 정보를 장기기억으로 보내기 위해 정보에 '능동적으로 어떤 처치'를 하는 것입니다.

* 시연: 학습자가 작업기억에 들어온 정보를 반복하여 정보를 보유하는 과정입니다.
* 부호화: 정보를 있는 그대로 저장하는 것이 아니라 상징의 형태로 전환하여 저장하는 과정입니다.

• 장기기억

① 정보가 최종적으로 저장되는 저장고입니다.

② 용량과 머무는 시간에 제한이 없습니다.

③ 메타인지(초인지)는 사고 과정에 대한 지식으로 자기 자신의 인지 과정 전체를 지각하고 통제하는 정신 활동입니다. 예를 들면 책을 읽다가 이해되지 않는 부분은 천천히 읽거나 다른 자료를 참고해서 이해하는 것입니다.

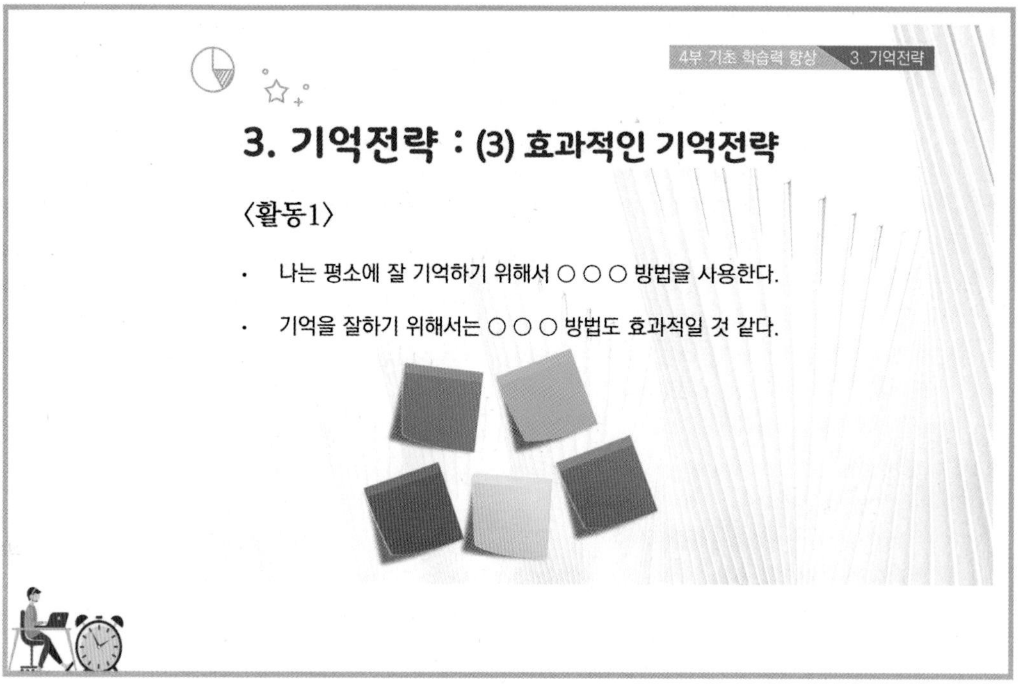

이 활동은 효과적인 기억전략을 배우기에 앞서 평소 여러분들이 사용하는 기억전략은 무엇이 있는지 탐색해 보는 활동입니다. 또, 기억을 잘하기 위한 새로운 방법은 무엇이 있을지 탐색해 보는 활동입니다. 탐색한 내용을 팀원들과 서로 공유해봅시다.

나는 생각하지 못했지만, 팀원이 새롭게 제시한 기억전략은 무엇인가요?

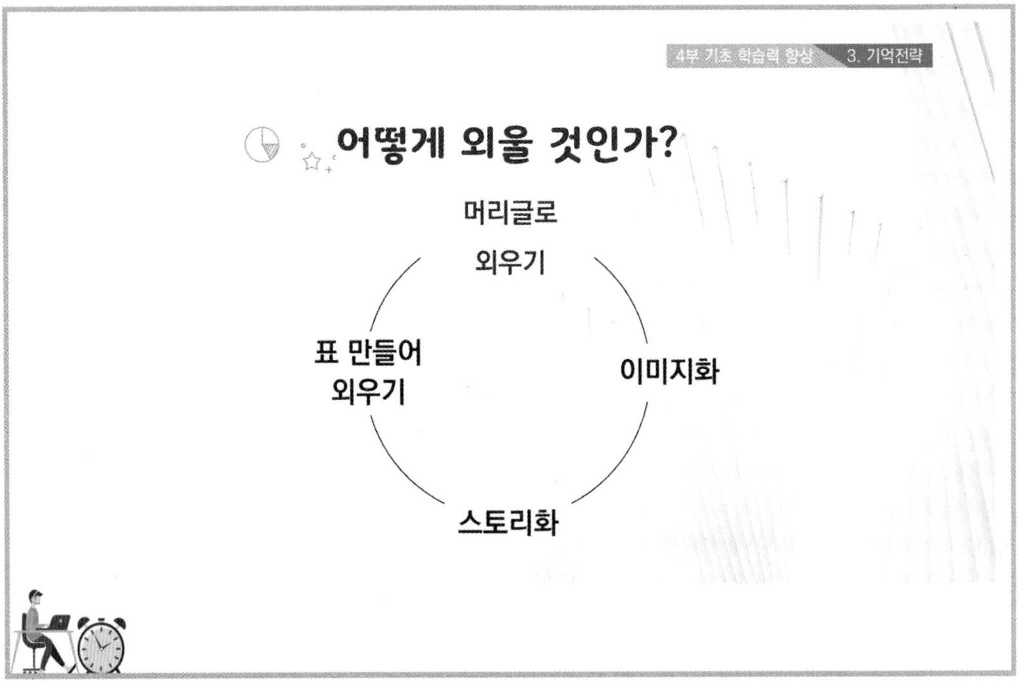

기억전략에는 다양한 방법들이 있습니다. 대표적으로 머리글로 외우기, 이미지화, 스토리 만들기, 표 만들어 외우기 등이 있습니다. 기억전략은 한 가지만 활용해야 하는 것이 아니라, 여러 가지 기억전략을 혼용하여 사용할 수도 있습니다.

- 머리글로 외우기(첫 글자 모아 외우기)

기억해야 할 내용의 첫 글자나 첫 단어를 이용하여 외우는 방법입니다. 머리글로 외우기의 장점은 순서나 차례를 기억할 때 효과적이고, 여러 개의 단어나 문장을 한꺼번에 외울 수 있다는 것입니다. 머리글로 외우기는 어떻게 할 수 있을까요? 기억해야 할 내용을 순서대로 나열합니다. 그런 다음, 첫 글자나 첫 단어를 이어 말을 만들어 봅니다. 의미 있는 말이 만들어지면 그대로 외우고, 아니면 다음 글자나 단어를(포인트가 되는 글자)이어 의미 있는 말을 만들어 봅니다.

• 이미지화

기억해야 할 내용을 그림을 그리듯 이미지로 외우는 방법입니다. 이미지화의 장점은 문장(글)으로 외우기 어려운 것을 외울 수 있는 방법이고, 좌뇌와 우뇌를 동시에 사용하기 때문에 기억한 내용을 쉽게 잊지 않는다는 것입니다. 이미지화는 어떻게 할 수 있을까요? 기억해야 할 내용(문항, 문장 등)을 보고 적합한 그림으로 표현해 봅니다. 그런 다음, 그 그림을 떠올리며 다시 기억해야 할 내용(문항, 문장 등)을 떠올려 봅니다.

• 스토리화

기억해야 할 내용에 사용된 단어로 이야기를 만들어 외우는 방법입니다. 스토리화의 장점은 순서대로 외우는 데 효과적이고, 장기기억 용량을 늘릴 수 있으며, 이야기를 기억하므로 쉽게 잊어버리지 않는다는 것입니다. 스토리화는 어떻게 할 수 있을까요? 기억해야 할 내용의 단어들을 순서대로 나열한 후, 연결하여 이야기를 만듭니다. 예를 들어 자동차, 토끼, 수영장이라는 단어라면 '자동차를 탄 토끼가 수영장으로 간다'라는 식이 됩니다.

• 표 만들어 외우기

대학생들의 경우, 전공공부를 하면서 많이 접하게 되는 것이 바로 표와 그래프가 아닐까요? 표는 방대한 양의 내용이라 할지라도 한눈에 볼 수 있고, 체계적으로 암기할 수 있습니다. 따라서 문장형식의 내용도 표를 만들어 암기한다면 효과적으로 기억할 수 있습니다. 표 만들어 외우기는 내용을 분석하고 분류하는 과정에서 독해력이 향상되고, 조직적으로 정교하게 기억하기 때문에 사고력 또한 향상됩니다. 표 만들어 외우기는 어떻게 할 수 있을까요? 기억해야 할 내용을 꼼꼼히 읽고 분류의 기준(예: 종류, 주제, 연도, 인물, 사건 등)을 정합니다. 그리고 기준에 따라 내용을 분류하고 표로 작성합니다.

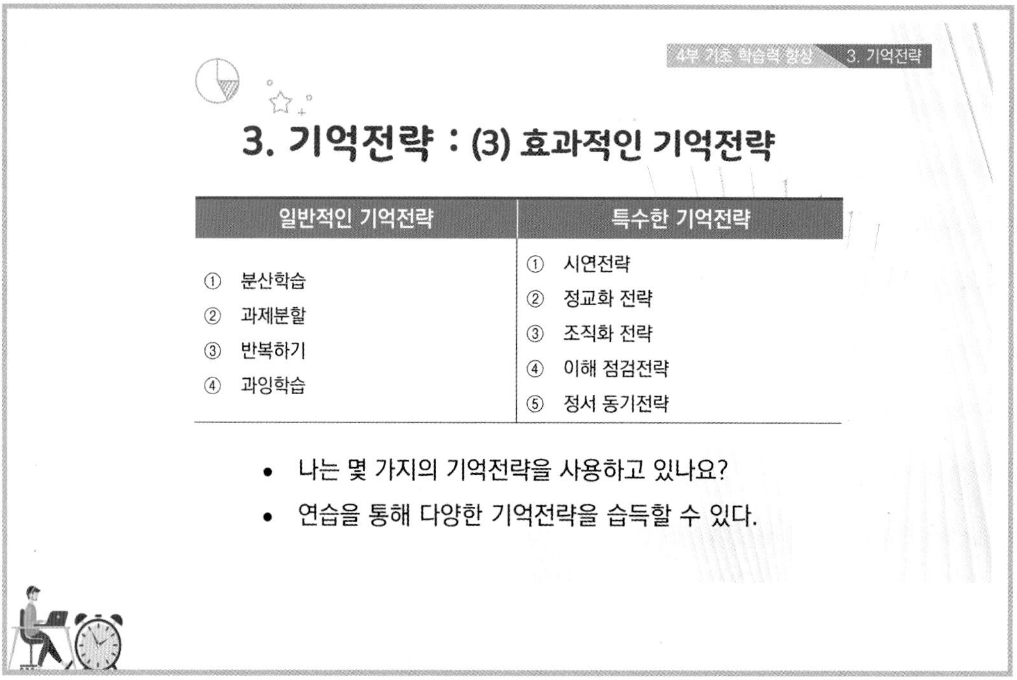

• 일반적인 기억전략 - 분산학습

분산학습이란 한 번에 많이 하는 것이 아니라, 학습시간 사이에 휴식시간을 두어 상대적으로 짧게 학습하는 것을 의미합니다. 분산학습은 지루함을 막고, 피로를 덜 느끼며, 집중력과 동기가 강화됩니다.

• 일반적인 기억전략 - 과제분할

한 번에 모든 정보를 기억하는 것은 어려운 일입니다. 해야 할 공부의 양을 분할하세요. 한 번에 모든 정보를 학습해야 한다는 부담이 줄어 안정적으로 집중하여 공부할 수 있습니다.

• 일반적인 기억전략 - 반복하기

배운 내용을 반복(복습)하는 것은 효과적인 기억전략이 됩니다.

• 일반적인 기억전략 – 과잉학습

과잉학습이란 숙달된 이후에도 계속 학습하는 것을 의미합니다. 맞았던 내용을 시연하고, 틀린 내용을 연습해 보십시오.

• 특수한 기억전략 – 시연전략

학습을 완수할 때까지 자료를 연습하는 것입니다. 단순 반복은 낮은 수준의 시연전략에 포함됩니다. 요약하기, 시험 질문 예상하기, 도표나 개념표 만들어 보기 등이 높은 수준의 시연전략에 포함됩니다.

• 특수한 기억전략 – 정교화 전략

새로운 정보를 이미 알고 있는 것과 연결하는 것입니다. 표현 바꾸기, 요약하기, 설명하기, 질문에 답해 보기, 머리글자로 문장 만들기, 심적 이미지 형성하기(이미지화) 등이 정교화 전략에 포함됩니다.

• 특수한 기억전략 – 조직화 전략

정보를 조직하는 것을 의미합니다. 목차 만들기, 집단화(유사한 것끼리 묶어 주기), 도표 만들기, 그래프 그리기 등이 조직화 전략에 포함됩니다.

• 특수한 기억전략 – 이해 점검전략

학습한 것을 점검하거나 확인하는 것입니다. 자가진단하기, 예상질문에 답해 보기, 점검받기 등이 이해 점검전략에 포함됩니다.

• 특수한 기억전략 – 정서 동기전략

학습에 대한 태도, 흥미, 동기와 관련된 전략입니다. 학습에 적극적이고 긍정적으로 임하는 태도, 학습점검을 통한 자신감 확보, 불안한 마음을 가라앉히기 등이 정서 동기전략에 포함됩니다.

4. 집중력 향상 전략

앞서 기억전략에 대해 살펴보았다. 공부한 것을 잘 기억하고 잘 인출하기 위해서는 주의를 기울여야 한다는 것을 배웠을 것이다. 주의를 기울인다는 것은 '집중'하는 것을 의미한다. 집중력이란 하고 있는 일에 주의를 모으는 것이다. 집중한다는 것은 말처럼 쉬운 일이 아니기 때문에 집중하기 어려운 것은 대학생들의 손꼽히는 학업문제이다.

수업 내용에 주의를 기울이고 새로운 정보에 의미를 부여하기 위해서는 집중해야 한다. 집중력을 높이려면 집중하지 못하는 이유를 알고 집중력을 향상시킬 수 있는 효과적인 전략을 습득할 필요가 있다. 따라서 본 장에서는 나의 집중력 수준을 점검하고, 집중력 부족의 원인을 탐색하여 효과적인 집중력 전략을 습득하길 바란다.

- 4.1 나는 얼마나 집중할 수 있을까?
- 4.2 집중력 3·3·3
- 4.3 효과적인 집중력 전략

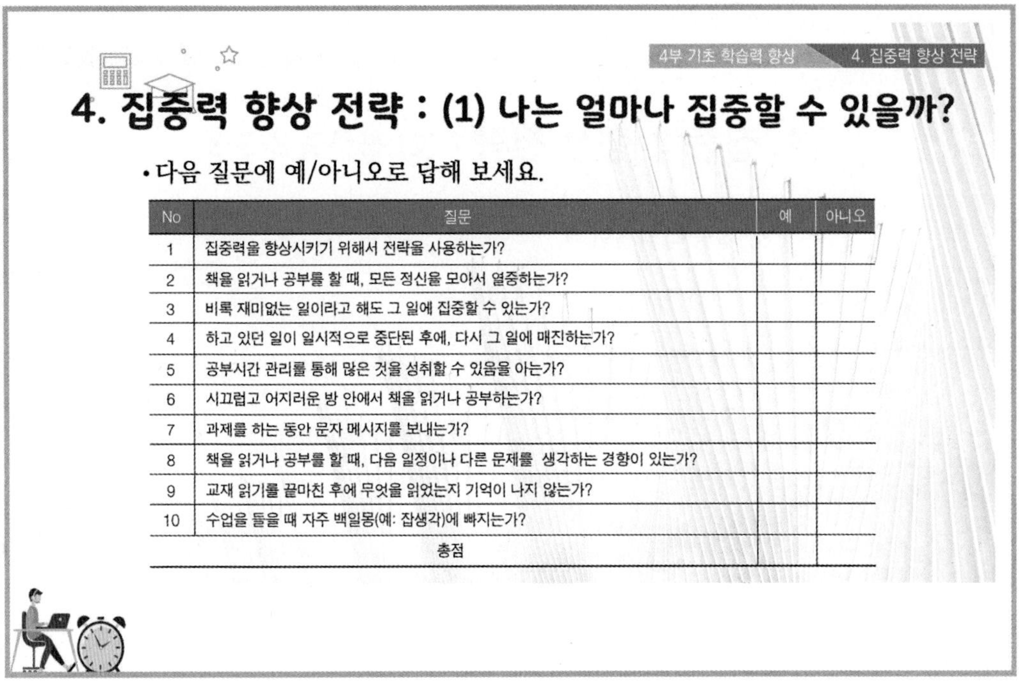

4부 기초 학습력 향상 | 4. 집중력 향상 전략

4. 집중력 향상 전략 : (1) 나는 얼마나 집중할 수 있을까?

• 다음 질문에 예/아니오로 답해 보세요.

No	질문	예	아니오
1	집중력을 향상시키기 위해서 전략을 사용하는가?		
2	책을 읽거나 공부를 할 때, 모든 정신을 모아서 열중하는가?		
3	비록 재미없는 일이라고 해도 그 일에 집중할 수 있는가?		
4	하고 있던 일이 일시적으로 중단된 후에, 다시 그 일에 매진하는가?		
5	공부시간 관리를 통해 많은 것을 성취할 수 있음을 아는가?		
6	시끄럽고 어지러운 방 안에서 책을 읽거나 공부하는가?		
7	과제를 하는 동안 문자 메시지를 보내는가?		
8	책을 읽거나 공부를 할 때, 다음 일정이나 다른 문제를 생각하는 경향이 있는가?		
9	교재 읽기를 끝마친 후에 무엇을 읽었는지 기억이 나지 않는가?		
10	수업을 들을 때 자주 백일몽(예: 잡생각)에 빠지는가?		
	총점		

- **응답방법**: 질문 내용을 읽고 네, 아니오에 응답해 보십시오.
- **환산방법**

1~5번의 질문에 '예'라고 답하면 1점, '아니오'라고 답하면 0점입니다. 6~10번의 질문에 '예'라고 답하면 0점, '아니오'라고 답하면 1점입니다.

* 총점이 0~4점인 경우: 집중력을 향상시키기 위한 전략이 필요합니다.
* 총점이 5~7점인 경우: 집중력 전략을 몇 가지 활용하고 있으나, 다른 전략을 더 습득할 필요가 있습니다.
* 총점이 8~10점인 경우: 이미 다양한 집중력 전략을 활용하고 있습니다.

여러분의 점수는 몇 점입니까? 집중력 전략은 충분한 연습으로 습득하고 단련시킬 수 있습니다. 본격적으로 집중력 전략을 이해하고 배워봅시다.

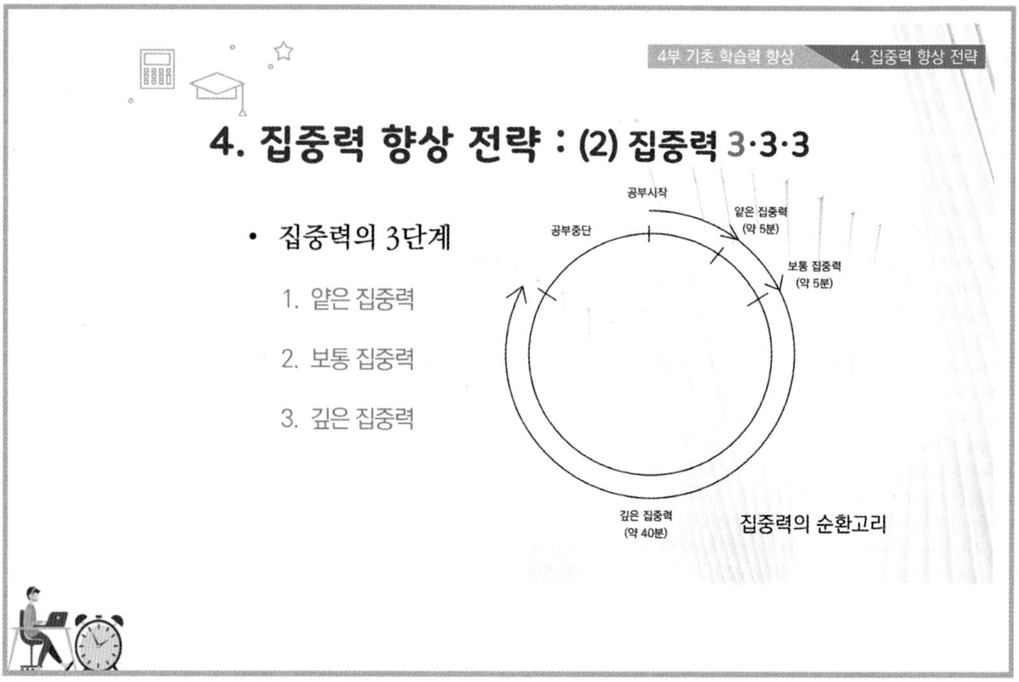

'공부 시작!' 한다고 즉각적으로 집중할 수 있는 것은 아닙니다. 집중력에는 3단계가 있습니다. 공부를 시작하고 바로 집중되지 않는다고 5분 만에 책을 덮는 일은 금물입니다.

• 집중력의 3단계

얕은 집중력 → 보통 집중력 → 깊은 집중력의 단계로 서서히 몰입의 단계로 빠져듭니다.

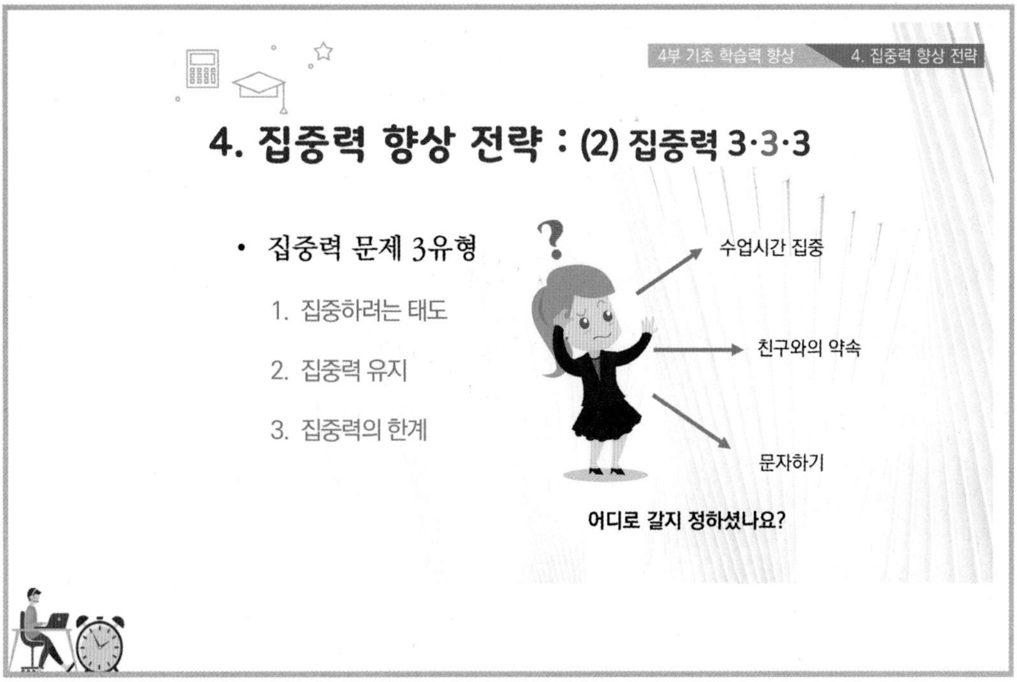

• 스스로에게 질문을 해 보자.

수업시간에 집중할 준비가 되었나요? 수업시간에 강의실의 자리만 채울 것이 아니라, 적극적이고 능동적으로 수업을 듣는 태도가 필요합니다. '나는 집중력이 부족해'라는 말을 하기에 앞서 집중하려는 자세가 되었는지를 살펴봅시다.

• 집중하려는 태도

수업시간에 활용하는 교재와 필기구부터 잘 챙깁니다. 휴대폰은 보이지 않는 곳에 치워 둡니다.

• 집중력 유지

앞서 집중력의 3단계를 배웠을 것입니다. 집중력의 3단계는 말처럼 쉬운 일이 아닙니다. 누구나 새로운 일을 시작할 때 집중하기에 어려움을 경험합니다. 얕은 집중력 단계에 빠져들었다면, 바로 포기하지 말고 그 상태를 유지하여 깊은 집중력의 단계까지 빠져드는 것이 필요합니다.

- **집중력의 한계**

우리는 스트레스 수준이 높거나 마음이 불안할 때, 혹은 더 긴급한 다른 일이 있는 상황에서 집중을 잘하지 못하게 됩니다. 따라서 집중을 방해하는 요인들을 알고 제거하는 것이 필요합니다.

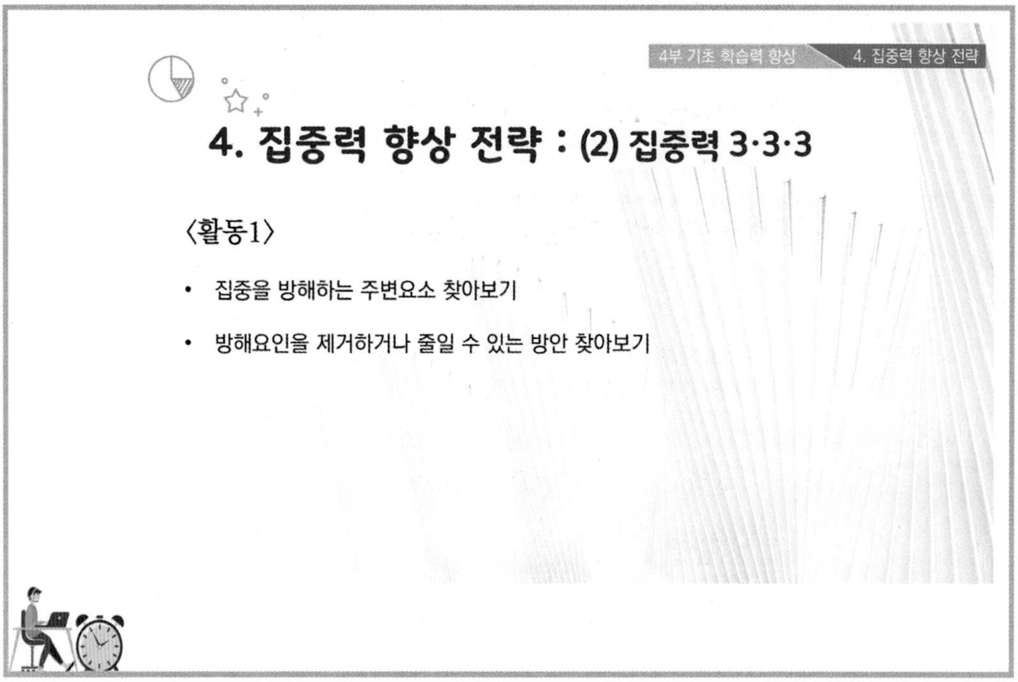

집중 방해요소를 찾고, 그 해결방안을 찾아봅시다. 이 활동에서 명심해야 할 것은 집중 방해요인은 개인마다 다르다는 것입니다. 친구들과 비교하지 말고, 자신만의 집중 방해요소를 떠올려 봅니다.

• 집중을 방해하는 요소 – 마인드맵

워크북 [활동지 4–4–2.1]을 이용하여 나의 집중력을 방해하는 요소를 마인드맵으로 작성하여 봅시다.

• 집중을 방해하는 요소 줄이기 – As Is

워크북 [활동지 4–4–2.2]를 이용하여 집중을 방해하는 요인 5가지를 선정한 후, 어떻게 해결하면 좋을지 팀원들과 함께 의논해 봅시다.

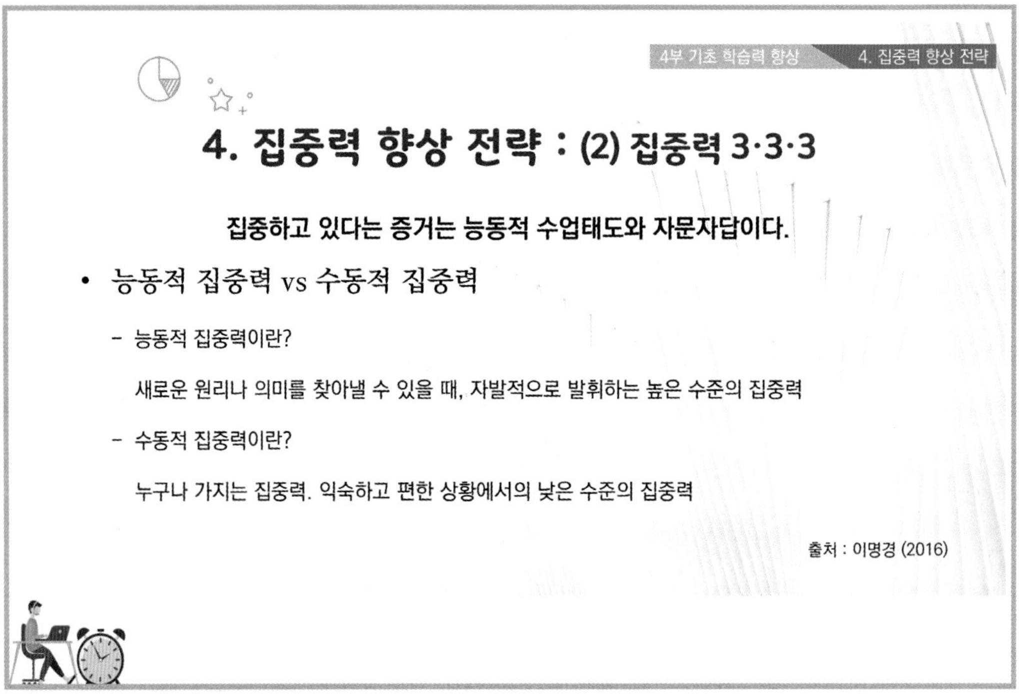

• 공부에 집중하기 어려운 이유 찾기

좋아하는 게임을 떠올려 볼까요? 좋아하는 연예인을 떠올려 볼까요? 여러분들은 게임을 하면서 유튜브를 보면서 시간가는 줄 모르고 집중한 경험이 있을 것입니다. 오락행위는 쉽게 집중할 수 있지만, 공부는 집중하기 어려운 이유가 무엇일까요? 그것은 오락행위는 수동적 집중력을 통해 집중이 본능적으로 발휘되지만 공부는 적극적 집중력을 발휘하기 위해 많은 노력과 의지를 요하기 때문입니다.

• 능동적 집중력

공부는 정보를 받아들이는 행위입니다(공부=정보). 새로운 정보 속에서 원리와 의미를 찾아내기 위해서는 자발적으로 높은 수준의 '능동적 집중력'을 발휘해야 합니다. 따라서 능동적 집중력을 발휘하기 위해서 스스로 새로움과 즐거움을 찾으려고 노력해야 합니다.

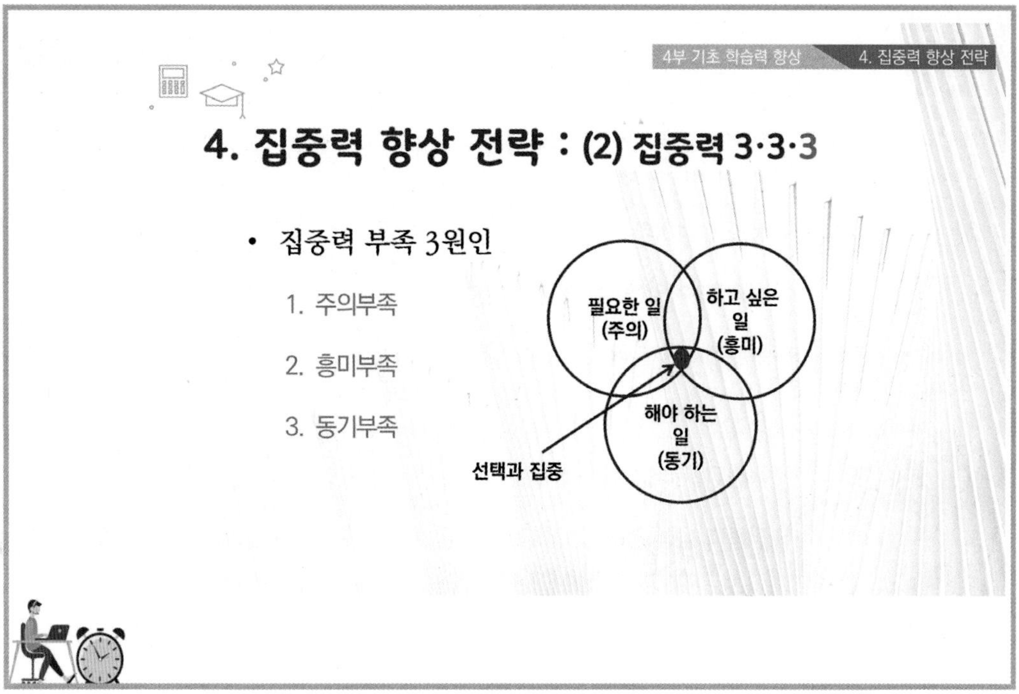

• 집중력 부족의 3가지 원인

주의부족·흥미부족·동기부족, 이 3가지는 집중력 부족의 원인이라고 할 수 있습니다. 우리는 선택과 집중을 통해 분산된 집중력을 하나로 모아야 합니다.

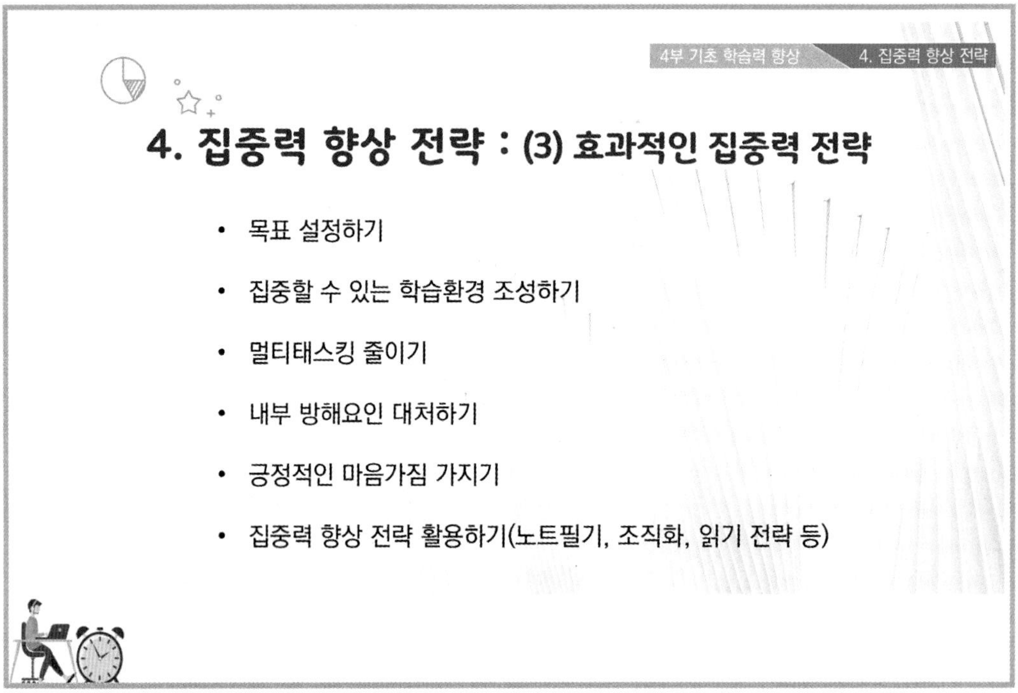

이 장에서는 집중력 향상을 위한 효과적인 전략을 세심하게 살펴보도록 하겠습니다. 많은 대학생들이 알고 있지만, 실천하기는 어려운 내용들입니다.

• 효과적인 집중력 전략

① 달성하고자 하는 목표를 설정합니다.

② 산만한 환경을 집중할 수 있는 환경(focus zone)으로 조성합니다.

③ 멀티태스킹(한 번에 여러 가지 행동을 하는 것)을 줄이거나 하지 않습니다.

④ 내부 방해요인(불안, 걱정, 잡생각 등)을 줄입니다.

⑤ 주어진 과제를 해낼 수 있다는 긍정적인 마음가짐을 가집니다.

⑥ 다양한 집중력 향상 전략을 활용합니다.

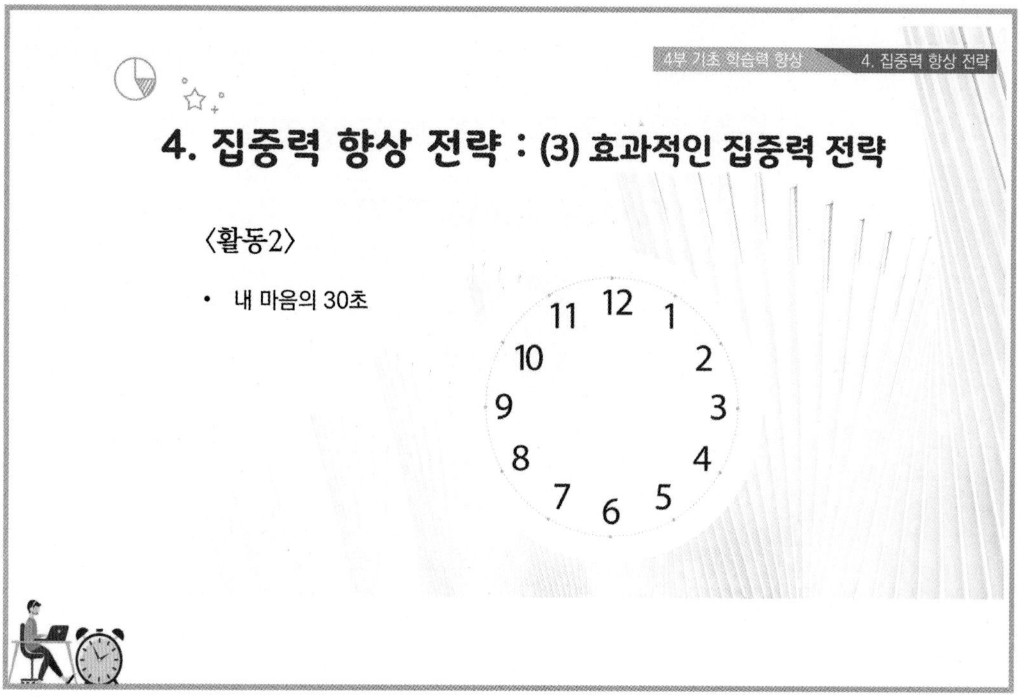

잠시 눈을 감고 마음으로 30초를 세어 봅시다. 눈을 뜨고 몇 초가 지났는지 살펴봅시다. 이 간단한 활동을 통해서 2가지를 얻을 수 있습니다.

첫째, 마음을 평온하게 만들 수 있습니다.

둘째, 내 마음이 조급하지는 않은지 혹은 너무 느긋하지 않은지 살펴볼 수 있습니다.

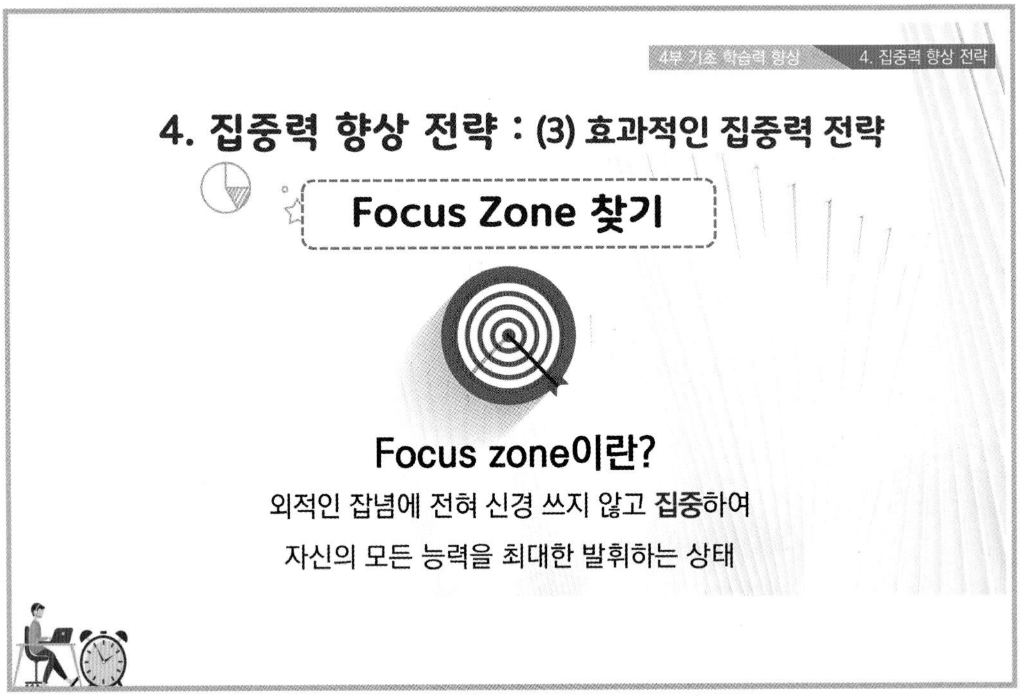

- Focus Zone

외부 환경에 신경 쓰지 않고, 수행하는 과제에 온전히 집중하여 자신의 모든 능력을 발휘할 수 있는 상태를 의미합니다.

- Focus Zone 찾기

아래 질문을 통해 자신의 포커스 존을 찾아봅시다.
이때 외부환경뿐만 아니라 학습자의 내부 환경(기분, 컨디션 등)도 모두 포함됩니다.

✔ 하루 중 가장 집중이 잘되는 시간은 언제인가?
✔ 집중이 잘되는 장소나 공간, 분위기는 어땠는가?
✔ 집중이 잘될 때 나의 컨디션이나 기분은 어땠는가?
✔ 집중을 잘하기 위한 나의 특별한 습관이나 방법은?
✔ 집중이 가장 잘될 때 나는 무슨 공부를 하면 좋을까?

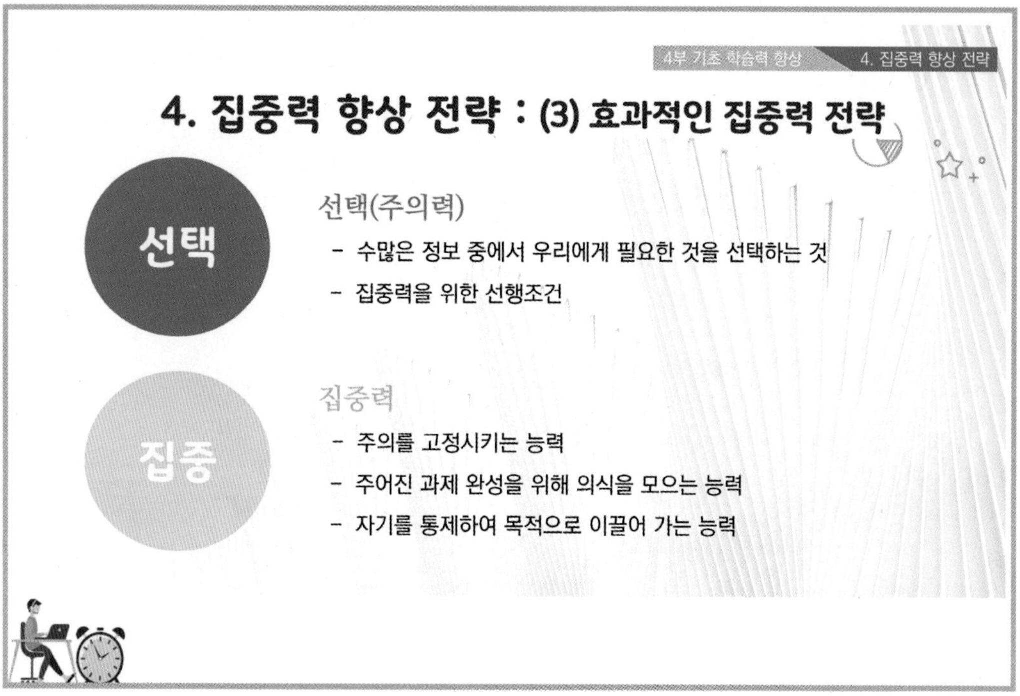

무엇을 선택하고, 무엇에 집중하셨습니까? 흰색 옷에 집중하는 사이 ○○○을 보셨습니까?

- **선택과 집중**

① 선택이란?

수많은 정보 중에서 내가 보려고 하는 것을 선택한 것입니다. 집중력을 발휘하기 위한 선행조건입니다.

② 집중이란?

선택한 것에 주의를 고정시키고 의식을 모아서 몰입하는 것을 의미합니다.

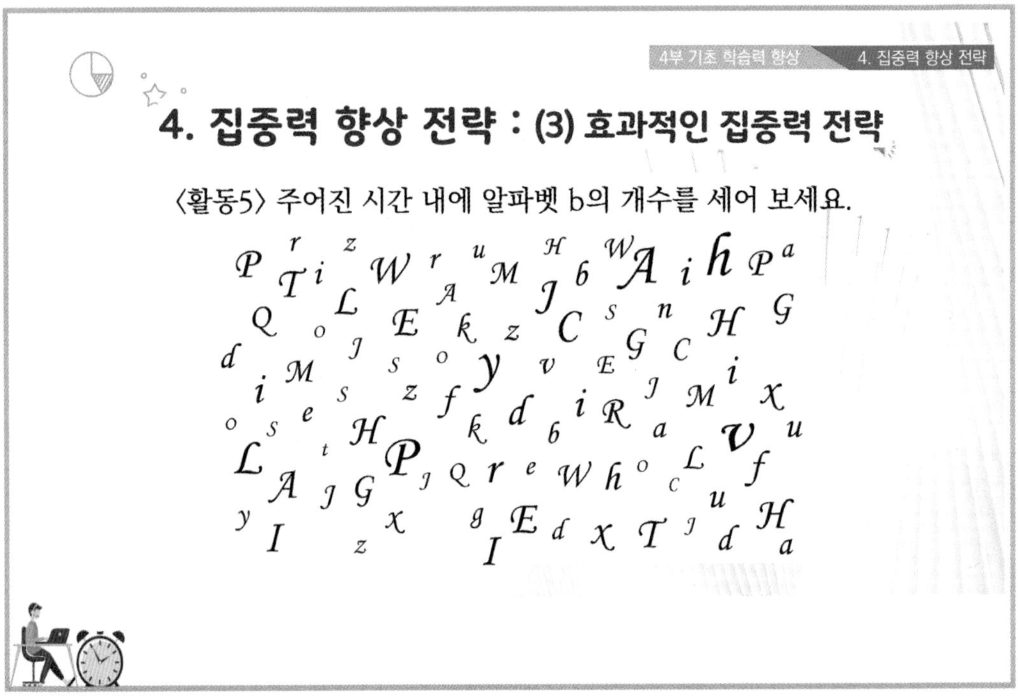

주어진 시간 내에 알파벳 b(소문자)를 세어 보십시오. 몇 개를 찾았나요?

4부 기초 학습력 향상 | 4. 집중력 향상 전략

4. 집중력 향상 전략 : (3) 효과적인 집중력 전략

집중력과 소음의 관계

컬러소음	백색소음
의미가 있는 신경 쓰이는 소리	적막감은 해소되지만 의미 없는 소리
TV소리, 이야기 소리, 휴대폰 진동소리, 사이렌 소리	파도소리, 빗소리, 폭포소리, 공기정화장치 소리

사운드 마스킹(Sound masking)을 활용하자!!

특정 소리를 인식하지 못하기 위해 다른 소리를 내는 기술

• 집중력에 도움을 주는 것과 방해하는 것

가사가 있는 노랫소리, 정보가 제공되는 의미 있는 소리 등은 우리의 집중력을 방해합니다.

그러나 빗소리, 바람소리와 같은 의미 없는 소리(백색소음)는 집중력에 도움을 줍니다. 많은 대학생들이 노래를 들으면서 공부를 하는 경우가 있습니다. 노래를 들으면서 공부하는 것이 어떤 영향을 미칠지 생각해 봅시다.

5. 정서관리

정서는 우리가 무엇을 인지할지, 무엇을 기억할지, 어떻게 추론할지에 대해 영향을 미친다. 즉 정서는 학습에 관한 온오프 스위치 역할을 하며, 학습으로 가는 관문이다. 따라서 우리가 학습을 할 때 시간 및 집중력 못지않게 가장 먼저 관리되어야 할 영역은 자신의 정서라고 할 수 있다.

이 장에서는 정서가 학업을 하는 데 중요한지, 학습 상황에서 어떤 정서를 느끼는지, 그러한 정서에 영향을 미치는 스트레스는 어떤 것이 있고 이를 어떻게 대처하는 것을 좋을지 등에 대해 살펴보고 학업정서를 긍정적으로 가질 수 있는 학업정서 관리 전략을 확인해 보는 시간을 가지고자 한다.

- 5.1 정서와 학습의 관계
- 5.2 학업정서 탐색
- 5.3 학업 성취과정과 정서 분석
- 5.4 학업 정서관리 전략

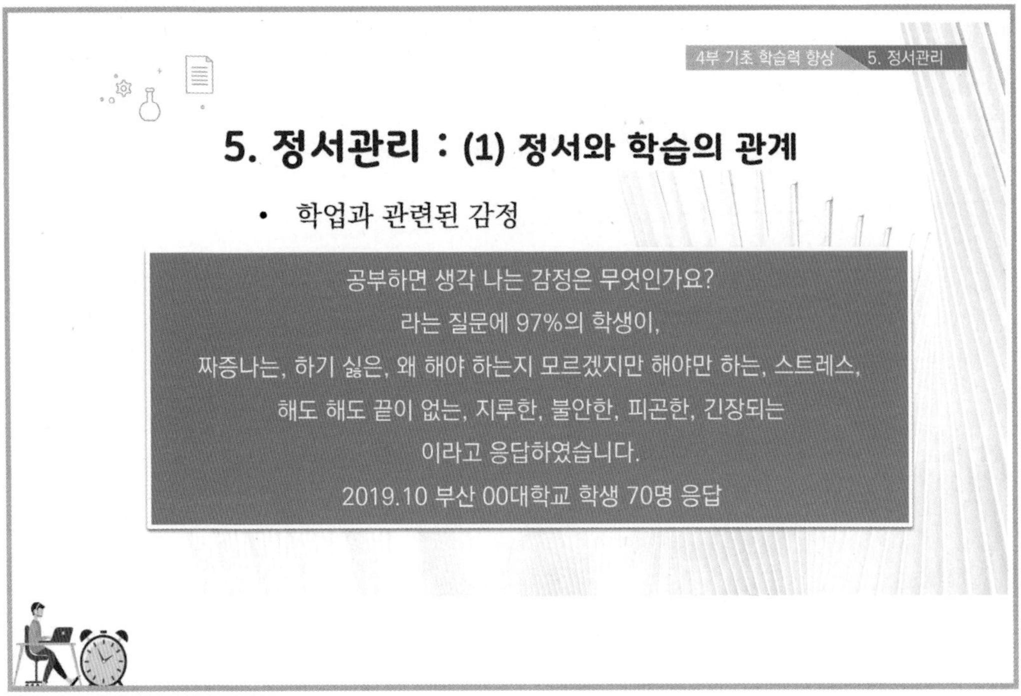

우리가 살면서 느끼는 많은 감정들은 우리의 삶에 많은 영향을 미치게 됩니다. 마찬가지로 수업을 듣거나 과제를 하거나 하는 많은 학습상황에서도 정서는 학업에 많은 영향을 미치게 됩니다. 여러분은 학업과 관련된 정서를 말하라고 하면 어떤 정서 혹은 감정이 떠오르나요?

아마도 대부분 학생들의 머릿속에는 '하기 싫어, 힘들어, 짜증나' 등과 같은 생각과 감정이 떠오를 것입니다.

우리는 부정적 감정을 가지고 학습에 임했을 때 1시간 안에 끝날 과제가 때로는 2시간 3시간이 지나도 마무리되지 못했던 경험들을 가지고 있을 것입니다.

따라서 이번 시간에는 학습상황에서 정서관리가 왜 중요한지에 대해 알고, 나의 정서를 알아차리고, 이를 효과적으로 관리할 수 있는 방법에는 어떤 것들이 있는지에 대해 함께 고민해 보는 시간을 가지도록 하겠습니다.

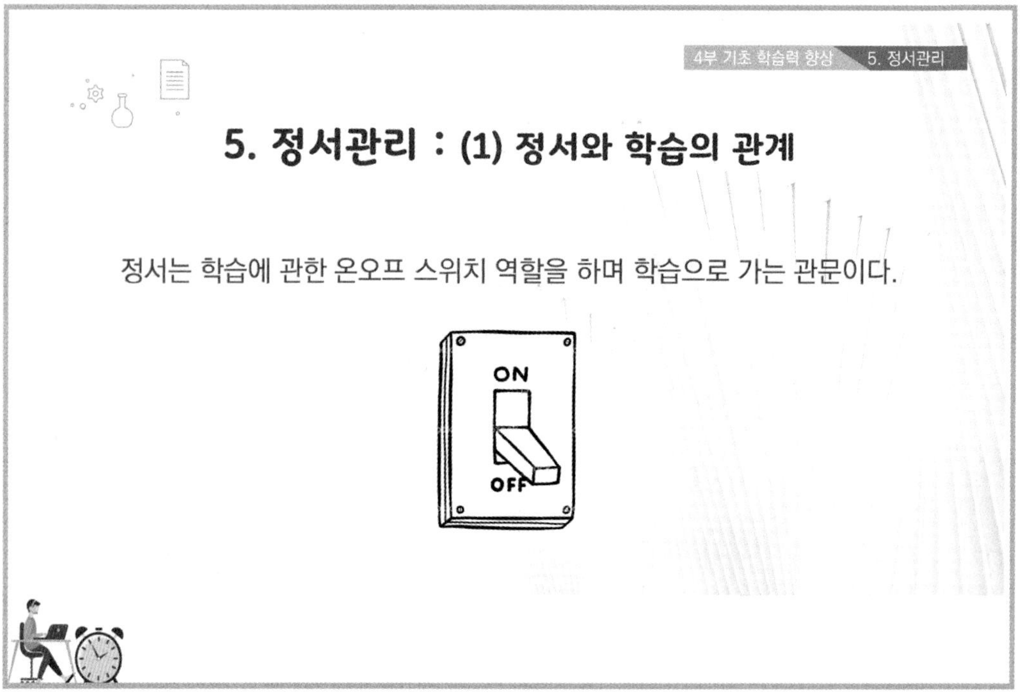

• 정서의 역할

정서는 학습에 관한 온오프 스위치 역할을 하며 학습으로 가는 관문입니다. 학습의 문지기인 정서의 뇌는 대뇌로 들어오는 외부 정보를 끊임없이 해석하고 평가합니다. 정보 해석의 결과, 부정적인 것으로 분석되면 학습의 관문은 닫히고 스위치도 오프(off) 상태가 됩니다. 정서에 의해 어떤 자극에 주의(attention)를 줄지 무엇을 학습하고 기억할지가 결정되는 것입니다.

• 감정의 역할

긍정적인 감정은 혈중에 엔도르핀을 방출시킵니다. 엔도르핀은 행복감을 느끼게 하고 전두엽을 자극하여 학습을 더욱 촉진하는 역할을 합니다. 부정적인 감정은 혈중에 코르티솔을 방출시킵니다. 코르티솔은 불안 수준을 높이고 전두엽이 싸움 또는 도피 같은 방어 행동에 초점을 맞추게 하여 학습의 과정을 방해합니다.

4부 기초 학습력 향상 5. 정서관리

5. 정서관리 : (2) 학업정서 탐색

	학업 영역			대인관계 영역
	정보처리과정	결과기대	후속평가	
긍정적 정서	즐거움 재미 자신감	희망 기대되는 기쁨	안도감 결과에 대한 기쁨 (성취감) 자부심 보람	감사 공감 존경 동정/애정
부정적 정서	지루함 답답함 막막함 귀찮음	불안 절망감 (체념/좌절) 조바심	슬픔 실망 수치심(창피함) 죄책감	화남 분노 질투 경멸 반감/미움

출처 : Pekrun (1992)을 수정 보완함

대부분의 연구를 살펴보면 정서조절을 잘하는 학생이 효과적인 학습전략의 활용이 가능하다고 합니다. 그리고 효과적인 학습전략이 당연히 학업성취에 직접적으로 영향을 주게 되겠지요.

정서조절을 잘하기 위한 첫 단계는 학습상황에서 나의 정서와 감정이 어떠한지를 아는 것입니다. 공부를 할 때 나의 감정은 어떠한지를 살펴보는 것입니다.

Pekrun(1992)은 학업을 성취해 나가는 과정에서 가장 빈번하게 경험하는 정서를 각 단계와 과정에 따라 분류하였습니다. 이러한 학습상황에서의 감정을 살펴보면, 대부분이 학업과 관련되거나 대인관계와 관련된 정서들이 영향을 많이 미치게 된다는 점을 확인할 수 있습니다.

여러분은 학업 성취과정에서 어떤 정서를 느끼나요? 지금부터는 자신의 학업 성취과정에서 어떠한 감정을 느끼는지를 워크북 [활동지 4-5-3.1]을 통해 확인해 보는 시간을 가지겠습니다.

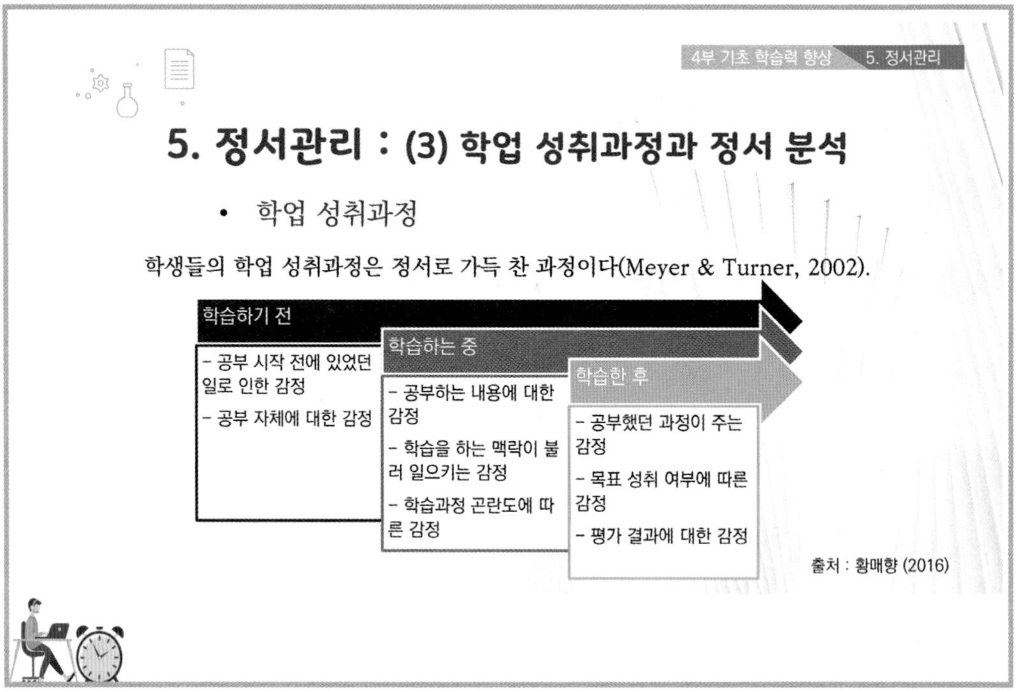

[활동지 4-5-3.1]에서 살펴본 것처럼 우리는 학업과 관련하여 다양한 부정적, 긍정적 감정과 정서를 느낍니다. 이러한 정서는 학업 성취과정의 각 단계에서 다양하게 나타나게 됩니다.

학습하기 전 단계에는 공부 시작 전에 있었던 일로 인한 감정들이 영향을 미칠 수 있습니다. 예를 들면 친구와 과제의 역할분담 문제로 약간의 다툼이 있었다면 공부에 임할 때 많은 영향을 미치게 됩니다. 또한 공부 자체에 대해 어떤 감정을 가지고 있는가도 학습에 영향을 미치게 됩니다.

내가 사전에 학습과 관련하여 어떤 경험을 하였는지에 따라 그리고 그러한 학습의 경험을 어떻게 귀인하였는지에 따라 학업과 관련하여 특정 정서를 가지게 합니다. 학업에 대해 유능감을 가진 사람과 실망감 혹은 수치심을 가진 사람의 출발점은 다를 수밖에 없습니다.

또한 학습하는 중 단계에서는 내가 배우는 교과에 대해 어떤 감정을 가지고 있느냐가 영향을 미치게 됩니다. 평소 관심이 있었던 교과목의 경우에는 긍정적인 감정을 가지고 시작할 수 있지만, 선행학습이 부족한 교과목이거나 수업진행 방식이 너무 지루한 경우에는 학습하는 중에 지루함, 불안, 절망감과 같은 감정을 느낄 수도 있습니다.

마지막으로 학습을 한 후 단계에서는 본인이 얼마나 목표에 따른 성취를 하였는가에 따라 실망감, 혹은 더 잘하는 친구에 대한 질투감과 같은 감정을 느끼기도 하고 자부심이나 안도감을 경험하게 되기도 합니다.

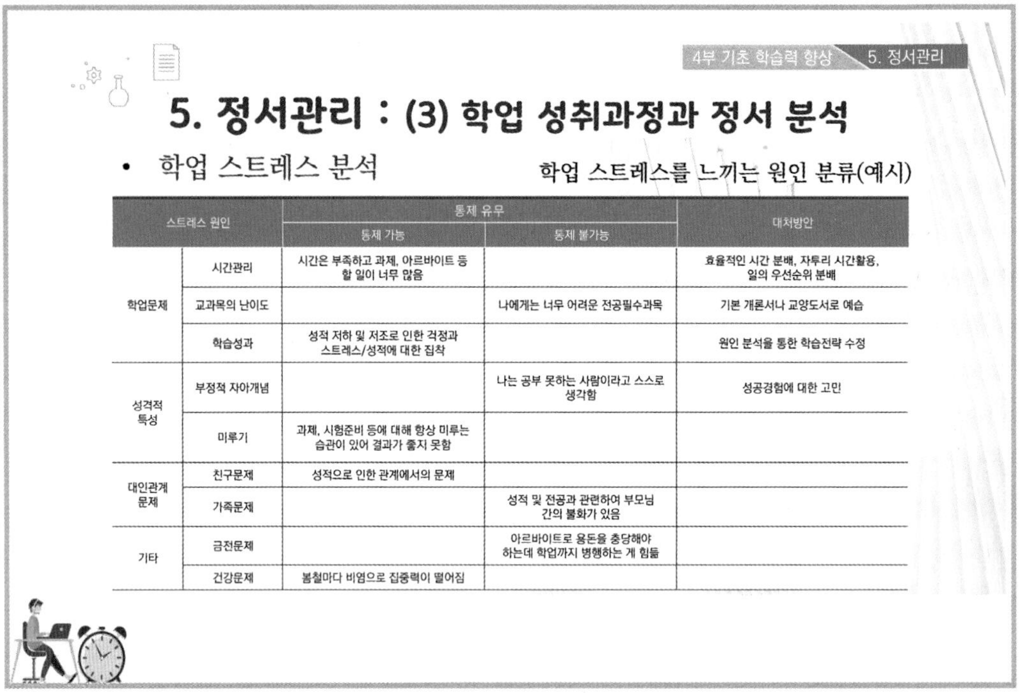

4부 기초 학습력 향상 5. 정서관리

5. 정서관리 : (3) 학업 성취과정과 정서 분석

• 학업 스트레스 분석

학업 스트레스를 느끼는 원인 분류(예시)

스트레스 원인		통제 유무		대처방안
		통제 가능	통제 불가능	
학업문제	시간관리	시간은 부족하고 과제, 아르바이트 등 할 일이 너무 많음		효율적인 시간 분배, 자투리 시간활용, 일의 우선순위 분배
	교과목의 난이도		나에게는 너무 어려운 전공필수과목	기본 개론서나 교양도서로 예습
	학습성과	성적 저하 및 저조로 인한 걱정과 스트레스/성적에 대한 집착		원인 분석을 통한 학습전략 수정
성격적 특성	부정적 자아개념		나는 공부 못하는 사람이라고 스스로 생각함	성공경험에 대한 고민
	미루기	과제, 시험준비 등에 대해 항상 미루는 습관이 있어 결과가 좋지 못함		
대인관계 문제	친구문제	성적으로 인한 관계에서의 문제		
	가족문제		성적 및 전공과 관련하여 부모님 간의 불화가 있음	
기타	금전문제		아르바이트로 용돈을 충당해야 하는데 학업까지 병행하는 게 힘듦	
	건강문제	봄철마다 비염으로 집중력이 떨어짐		

학업의 성취과정에서 여러분이 느끼는 정서는 결국 내가 평소 받는 스트레스와 연결된다고 할 수 있습니다. 스트레스(stress)는 라틴어에서 유래한 용어로, 외부에서 주어지는 자극, 본인 스스로 느끼는 심리적 압박감 등으로 인해 신체적, 심리적, 행동적 문제를 일으키는 것을 의미합니다. 이러한 스트레스는 당장에는 부담스럽더라도 적절히 대응하여 발전할 수 있도록 우리를 돕기도 하지만, 우리를 불안이나 우울의 감정으로 형성하게도 합니다.

지금부터는 여러분이 [활동지 4-5-3.2]에 학업 스트레스 요인을 생각해 보고 작성해 보는 시간을 가지겠습니다.

작성이 끝나고 나면 이러한 스트레스 상황에서 어떻게 대처하면 좋을지도 함께 고민해 보겠습니다.

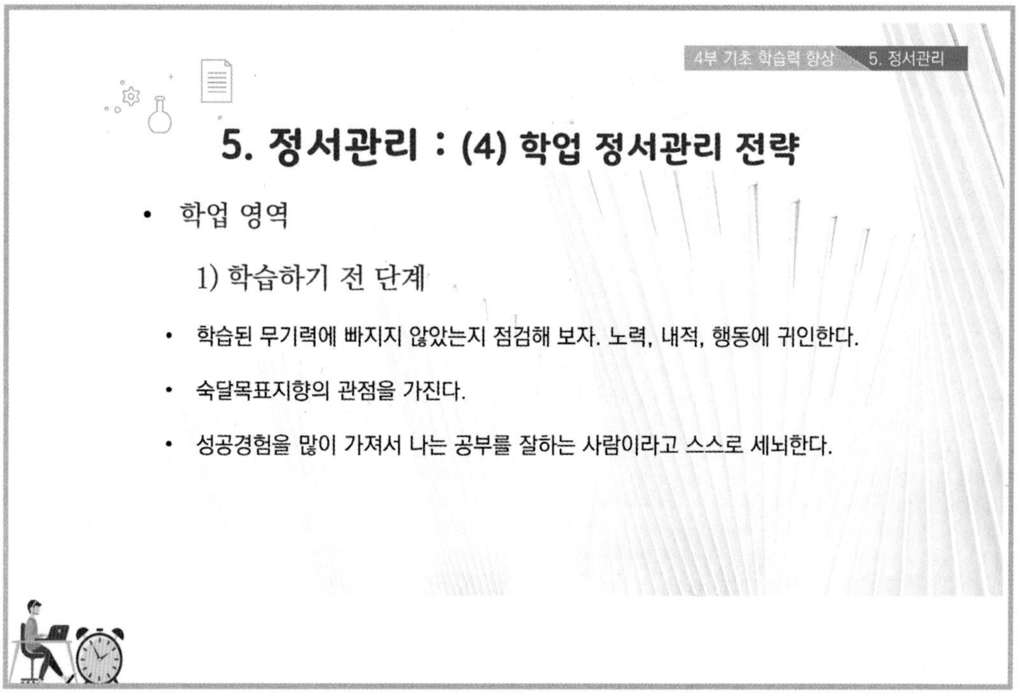

지금부터는 학업 정서를 관리하기 위한 다양한 전략을 살펴보겠습니다. 우선 학습을 하기 전, 학습하는 과정, 그리고 학습한 후에 느끼는 감정을 관리하는 방법을 살펴보겠습니다. 학습하기 전에는 다음의 세 가지를 확인해야 합니다.

• 학습무기력 점검해 보기

학교공부에서 실패하는 이유는 다양한데 지적인 능력이 부족했을 수도 있고 학습내용에 흥미를 갖지 못했을 수도 있습니다. 또한 노력을 기울이지 않았기 때문일 수도 있고 가르치는 방법이 자신의 인지양식과 맞지 않았기 때문일 수도 있습니다. 그 외에도 여러 이유가 있을 수 있는데 원인에 대해 탐색해 보지 않은 채 성적이 낮으면 자신의 지적 능력이 부족한 것이라고 결론을 내려버리지는 않습니까? 개선이 가능한 다른 원인들을 찾아보지 않은 채 학습부진의 원인을 개인의 부족한 능력 탓으로 돌리는 과정은 학습된 무기력에 빠지게 합니다. 따라서 앞서 동기에서 다루었던 것처럼 실패를 노력에 귀인하고, 성공을 자신의 내적 행동원인에 이유를 찾기 위해 노력하는 것이 필요합니다.

• 숙달목표지향 관점 가지기

학업정서를 긍정적으로 가지기 위해서는 숙달목표지향의 관점을 가져야 합니다. 숙달목표지향이란 어떤 과제가 주어졌을 때 그 과제를 통해 자신이 새로운 것을 알게 되고 새로운 것을 할 수 있게 되는 것에 관심을 갖는 것으로 최종적인 목표를 자신의 성장에 두는 태도를 말합니다. 자신의 성장에 목표를 두고 학업에 임하게 되면 경쟁에서 이기거나 자신이 보다 똑똑한 사람으로 보이는 데 초점을 두는 것이 아니라 더 성장하고 발전하는 자신에 초점을 두기 때문에 스트레스를 줄이고 긍정적인 감정을 가지고 학습상황에 임하는 데 도움이 됩니다.

• 성공경험 많이 하기

공부를 포기해 버린 학습된 무기력 상태는 일회적 사건으로 생긴 것이 아니라 오랜 시간 동안의 실패에 귀인하고 있기 때문에 쉽게 바뀌지 않습니다. 학습된 무기력에서 벗어나 자기 스스로 할 수 있다고 생각하고 시도해 보기 위해 가장 중요한 원천은 성공경험입니다. 성공경험을 가지기 위해서는 조금 시시해 보인다고 하더라도 작은 목표를 세워 그것을 성공하도록 하는 것이 필요합니다. 작은 목표를 세우고 그 목표를 달성하는 전략은 우리 교재에서 설명하였습니다. 실천해 보는 것이 항상 제일 핵심인 것을 잊지 마십시오. 실천 후 그 성공을 이루어 낸 것은 바로 자신이고 자신의 노력이 이런 결과를 가지고 왔음을 피드백하여 성공경험을 내면화하는 과정을 스스로 가지는 것이 도움이 됩니다.

또한 학습 중에도 내가 배우는 교과에 대해 어떤 감정을 가지고 있느냐가 영향을 미치게 됩니다. 평소 관심이 있었던 교과의 경우에는 긍정적인 감정을 가지고 시작할 수 있지만, 선행학습이 부족한 교과이거나 수업진행 방식이 너무 지루한 경우에는 학습하는 중에 지루함, 불안, 절망감과 같은 감정을 느낄 수도 있습니다. 마지막으로 학습을 한 후 본인이 얼마나 목표에 따른 성취를 하였는가에 따라 실망감, 혹은 더 잘하는 친구에 대한 질투감과 같은 감정을 느끼기도 하고 자부심이나 안도감을 경험하게 되기도 합니다.

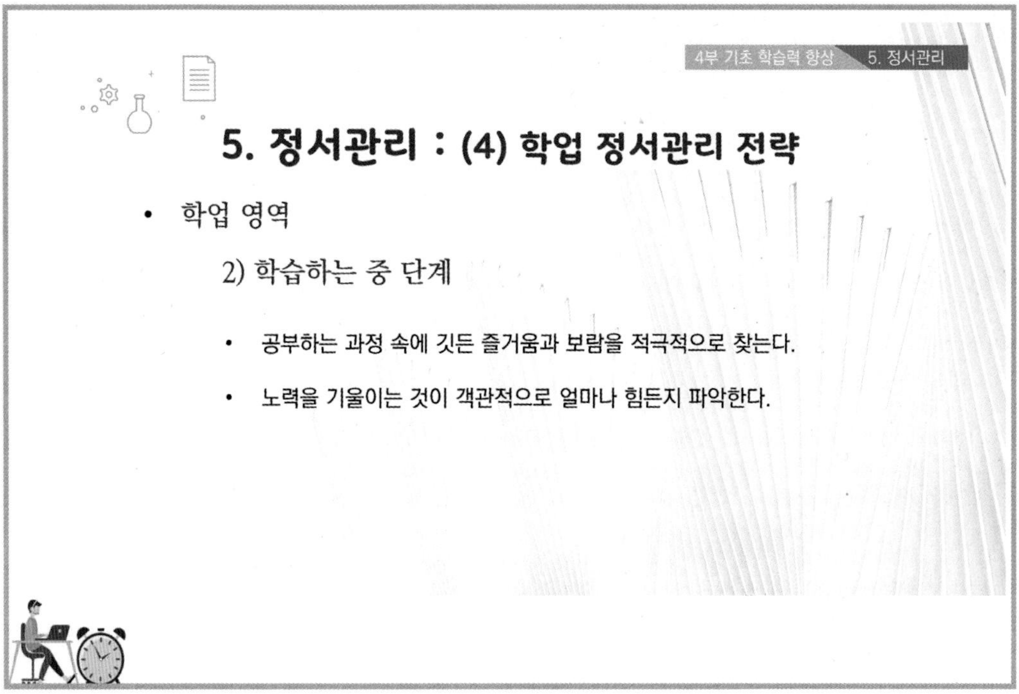

공부는 다른 활동에 비해 그 결과물을 바로 확인할 수 없는 경우가 많아 일상생활에서처럼 즐거움을 자주 경험하지 못할 수 있습니다. 그래서 노력의 고단함이 더 크게 느껴지고, "힘든 공부에서 벗어나고 싶다"라는 마음만 커질 수 있습니다. 이런 마음을 극복하기 위해 두 가지 생각을 해 보면 어떨까요?

• 공부의 긍정적 측면 찾기

공부하는 과정 속에 깃든 즐거움과 보람을 적극적으로 찾아보는 것입니다. 하기 싫은 과제를 하느라 끙끙거리고 있기보다는 집중해서 끝냈을 때의 성취감에 집중합니다. 잘 안 되고 못 하는 것에 집중하지 말고 잘한 것과 지금까지 한 것이 무엇인가에 초점을 두면 노력의 무게가 작게 느껴질 수 있습니다.

• 공부의 어려움 확인하기

노력을 기울이는 것이 객관적으로 얼마나 힘든지 파악해 보는 것입니다. 정말 힘들어서가 아니라 힘들다고 생각하기 때문에 더 힘들다고 느낄 수 있습니다. 혹시 스스로 공부는 힘든 것이고 싫은 것이고 스트레스라는 생각으로 가득 차 공부의 과정을 힘들게 하고 있는 것은 아닌지 점검해 봅시다. 그 생각이 바로 내가 이겨 내야 할 적입니다.

그러한 감정을 이겨 내기 위해서는 나의 학습과정에서 어려운 교과목은 기본 개론서나 관련 교양도서를 읽고 수업에 참여하여 지루하고 어렵다는 감정에서 벗어나기 위해 노력하는 것이 필요합니다. 또 수업방법이 마음에 들지 않는다고 하더라도 그 수업에서 내 마음에 드는 것이 무엇인가를 찾고, 수업시간이 재미있다고 생각하고 적극적으로 참여하는 노력이 필요합니다.

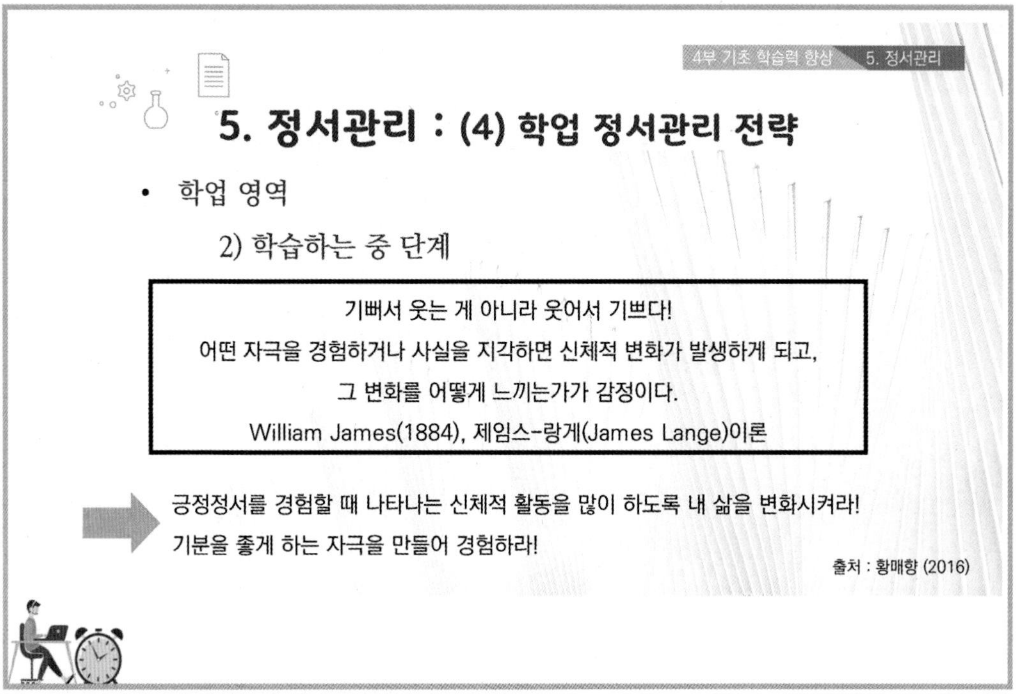

James－Lange이론에 따르면, 어떤 자극이 오면 이에 대한 신체적 반응이 나타나게 되는데, 그에 대한 해석이 바로 감정이라는 것입니다. 예를 들면 친구와 싸워 속상해서 우는 게 아니라 친구와 싸우게 되면 우는 반응을 하게 되고 그것으로 속상한 감정으로 알게 된다는 것입니다. 또 누가 내 욕을 하면 화가 나서 때리는 게 아니라, 욕을 하니 때렸는데 그것으로 화가 났다는 것을 알게 된다는 것입니다.

이는 긍정정서를 경험할 때 나타나는 신체적 반응을 많이 경험하도록 하면 긍정정서를 일으킬 수 있는 것과도 연결될 수 있습니다. 예를 들면 우리가 활발한 활동을 하는 행동은 기분이 좋을 때 나타나는 신체적 상태이기 때문에 운동을 포함하여 신체의 움직임을 늘이는 것도 방법이 될 것입니다. 또한 기분을 좋게 하는 자극을 만드는 것도 방법입니다. 공부하러 집에 가거나 도서관에 갔는데 들어가는 순간 그 공간에 대해 불만족이 올라온다면 학습에 부정적인 영향을 미칠 수밖에 없습니다. 따라서 학습하는 장소를 내가 좋아하는 환경으로 만들거나 편안하고 차분한 음악을 틀어 두거나 하는 행동을 하는 것은 우리가 긍정적인 감정을 많이 느끼도록 하는 데 도움이 될 것입니다.

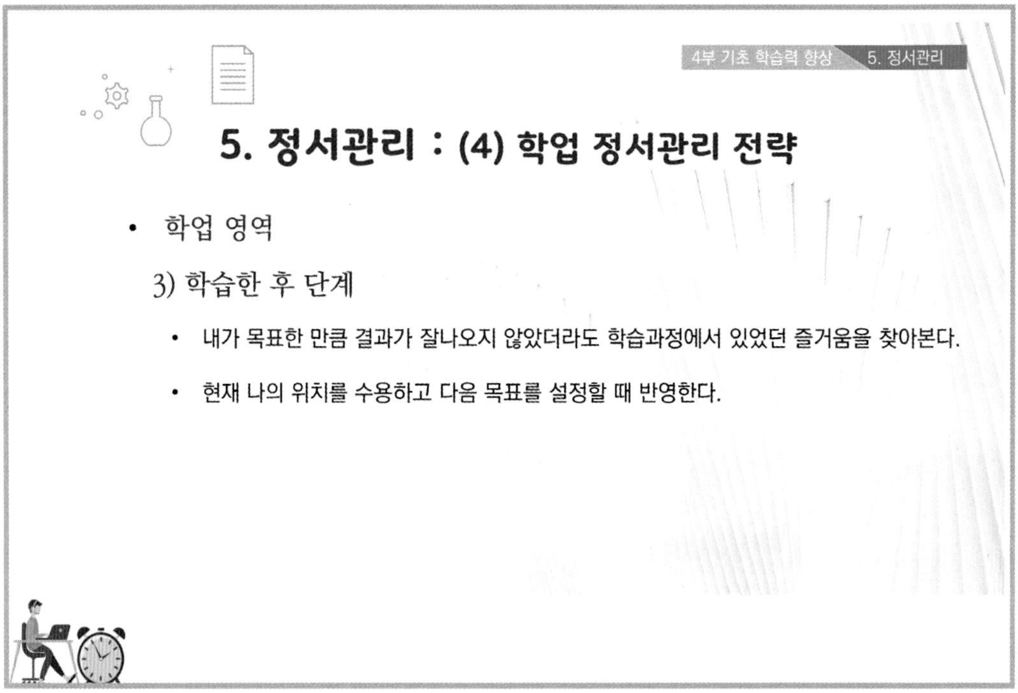

● 학습과정의 즐거움 찾기

대부분의 우리나라 학생들은 과도한 입시경쟁 상황에 놓인 채 중·고등학교를 보내게 됩니다. 그러나 공부하는 과정에서 느끼는 감정을 잘 생각해 보면, 공부를 하면서 느끼는 작은 성취감들을 확인할 수 있습니다. 무언가를 알게 되었을 때 느끼는 즐거움 같은 감정들은 본인이 느끼는 외적 압박감과 실패감이 너무 크기 때문에 상대적으로 우리에게 와닿지 않을 뿐인 것입니다. 따라서 자신이 발전하고 있다는 것을 발견하고 무엇을 잘하고 못하는지 구분하여 자신이 부족한 것을 보충해 나가는 과정을 관찰하여 공부의 의미를 찾는 것이 필요합니다.

● 현재 나의 위치를 수용하고 어제보다 나은 나를 위해 나아가기

앞서 언급한 것처럼, 나의 현재 위치를 수용하는 것이 필요합니다. 다른 사람과 나와의 성취 정도를 비교하는 것이 아니라 어제보다 나은 나를 확인하며 꾸준히 노력하는 것이 학습에 대한 긍정적인 정서를 가질 수 있는 방법입니다.

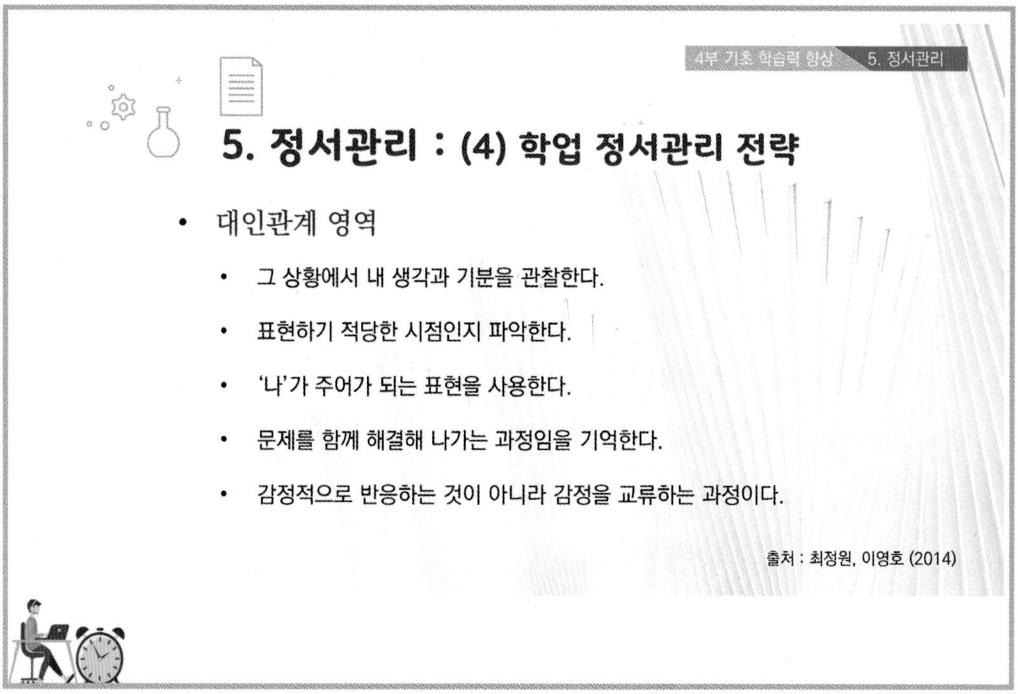

친구와의 다툼, 부모님 간의 갈등 등 대인관계의 문제로 형성된 부정적인 정서가 학습에 영향을 미치기도 합니다.

대인관계 영역에서는 바꿀 수 있는 문제가 있고 변화 불가능한 문제가 있습니다. 이를 구분하여 문제를 정의해 보는 과정이 필요합니다. 내 힘으로 바꾸기 어려운 문제는 과감히 포기하고 내 몫으로 받아들이는 게 더 나을 때도 있습니다. 그러나 팀프로젝트 상황에서 일의 분배 과정에서 생기는 갈등과 같이 바꿀 수 있는 문제들은 효과적인 의사소통 방법을 알면 관계에서 일어나는 여러 가지 문제에 대해 보다 효율적으로 대처를 잘하게 되어 스트레스에서 벗어나는 데 도움이 될 수 있습니다.

효과적인 의사소통 방법은 첫째, 그 상황에서 내 생각과 기분이 어떤지를 관찰하는 것입니다. 그리고 그것을 표현하기 적당한 시점인지 파악하고 '너' 때문이 아닌 '나'가 중심이 되어 느끼는 감정과 생각을 표현하는 것이 필요합니다. 혼자서 문제를 해결하려고 하지 말고 함께 해결해 나간다는 생각으로 감정적 반응이 아닌 감정의 교류를 통해 소통하는 과정을 거치면 안 풀리던 관계가 풀리기도 합니다.

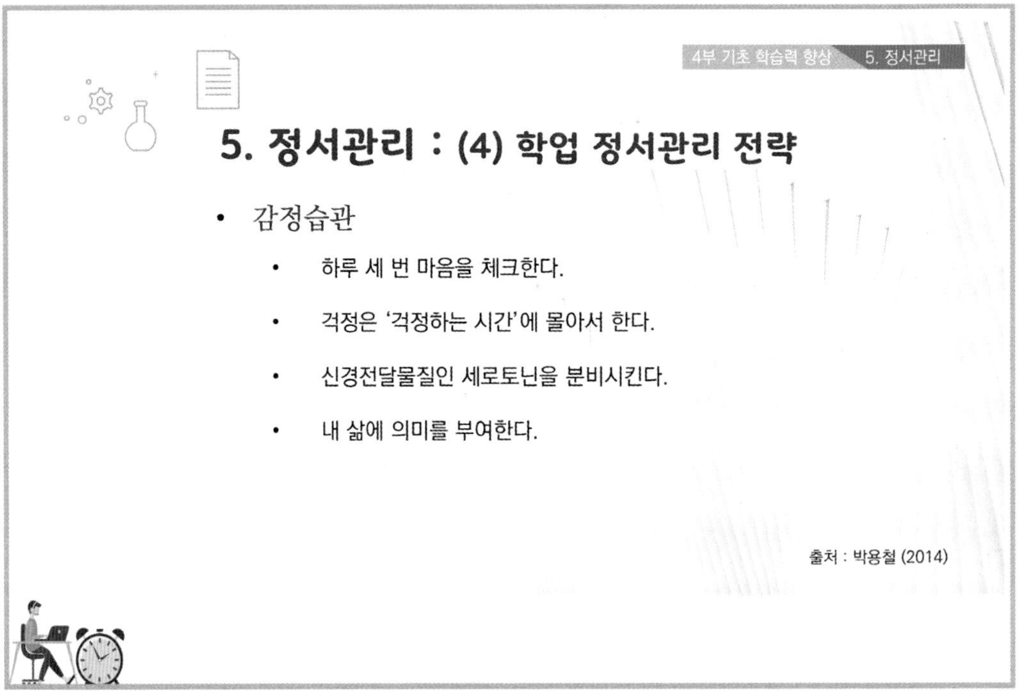

마지막으로 긍정적인 감정습관을 가지는 전략을 살펴보겠습니다. 뇌는 유쾌하고 행복한 감정이라고 해서 더 좋아하지 않습니다. 유쾌한 감정이건 불쾌한 감정이건 익숙한 감정을 선호합니다. 불쾌한 감정일지라도 그것이 익숙하다면 그것을 느낄 때 안심합니다. 예를 들어 불안이 습관화되어 있는 사람은 사소한 것에도 불안해지고 일어나지도 않을 일도 미리 걱정하는데, 이것은 뇌가 불안을 느끼고 싶어하기 때문인 것입니다. 우리가 어떠한 감정습관을 가지고 있느냐는 내 삶 전반에 영향을 미치고 학습상황에도 영향을 미치게 됩니다. 따라서 긍정적인 감정습관을 가져 건강하고 성취하는 삶으로 나아가도록 합니다.

• 내 감정 자주 확인하기

미국에서 실험에 참가한 사람들을 두 그룹으로 나누었습니다. 한 그룹에게는 조사자가 하루가 끝날 무렵 그날의 기분이 어땠는지 한 차례 물어보았습니다. 또 다른 그룹에게는 수시로 전화해서 그때그때 기분이 어떤지 물었습니다. 이렇게 며칠이 지난 뒤 두 그룹 사람들에게 지난 며칠 동안 얼마나 행복했는지 물어보았습니다. 두 그룹 간에 생활의 차이나 발생한 일의 차이가 없음에도 자주 자기 기분을 돌아보고 이야기한 그룹이 훨씬 더 행복하다고 답했습니다. 이 실험은 중요한 것을 알려 줍니다. 굳이 좋은 기분을 애써 찾으려 하지 않아도 됩니다. 그리고 부정적인 감정을 그냥 바라보는 것만으로도 어떨 때는 객관적으로 그 감정을 보게 하여 그 감정이 없어지기도 합니다. 중요한 것은 긍정정서든 부정정서든 자주 자신의 마음을 체크하고 내 감정에 관심을 가지는 것이 필요합니다. 따라서 감정수첩을 만들어서 기쁨이나 즐거움, 실망감 등의 감정을 느낄 때마다 그 순간이 지나가기 전에 감정수첩을 열고 그 때의 상황과 기분 그리고 당시의 생각을 기록합니다. 그리고 하루를 마감하기 전에 최소 한 번은 수첩을 펼쳐 그때의 상황을 떠올려 보고 그 감정을 느껴봅니다. 긍정적인 감정을 더 많이 느끼도록 노력하다 보면 뇌가 긍정적인 감정에 보다 익숙해지게 될 것입니다.

- **걱정은 특정 시간에만 하기**

걱정은 '걱정하는 시간'에 몰아서 하는 것입니다. 대학생의 경우 저녁 시간이 적당한데 잠들기 직전의 시간은 피해야 합니다. 고민거리 수첩을 일단 만들고 고민이 떠오를 때마다 수첩에 적어 놓고 '잠시만 기다리고 있어라. 걱정하는 시간이 되면 꺼내서 충분히 고민할게'라고 생각합니다. 걱정하는 시간이 되면 수첩을 펼치고 수첩에 적혀 있는 하루 동안의 고민들을 하나하나 살펴보고 그 해결방법을 찾아 그 옆에 적습니다. 정말 열심히 고민만 하는 것입니다. 고민을 해서 결과가 달라질 수 있는 것에 대해서는 내가 할 수 있는 최선의 방법을 찾아보고 해결방법이 없는 사항에는 매달리지 않을 필요가 있습니다. 가령 휴가를 앞두고 비가 오면 어떡하나 고민하는 것은 고민해 봐야 소용없습니다. 이럴 때는 '고민해 봐야 소용없음'이라고 적습니다. 그러면 한결 마음이 편해집니다. 일상생활 중에 걱정하고 싶은 마음이 들 때마다 '다음 고민 시간에 몰아서 하자' 하며 참는 것입니다. 이렇게 하면 감사와 즐거움, 작은 행복을 느낄 시간을 확보할 수 있습니다.

• 세로토닌 분비시키기!

세로토닌은 은근하고 소소한 즐거움을 느끼도록 돕는 신경전달물질입니다. 세로토닌을 활성화하는 방법으로는 첫째, 걷기가 있습니다. 둘째, 햇빛을 쬐는 것입니다. 셋째, 음식을 오래 씹는 것입니다. 넷째, 감사하는 마음입니다. 다섯째, 자연과 함께하는 것입니다. 종합해 보면, 햇빛 좋은 날 자연을 느낄 수 있는 곳에서 주위 사람들에 대한 고마움을 생각하면서 걷는 것입니다. 하루 30분 이상 산책 또는 걷기 운동을 하십시오. 이것이 바로 스트레스를 푸는 가장 좋은 치유법입니다.

• 삶의 의미 부여하기

대부분의 사람들은 아침에 일어나면 학교에 가고, 그다음 도서관을 가고 아르바이트를 가고 아르바이트가 끝나면 집에 와서 자는 등의 시간을 반복하게 됩니다. 그렇게 반복되는 일상을 살다 보면 '왜 사는지 모르겠다'라는 생각이 드는 것은 어쩌면 당연할 수 있습니다. 그렇기 때문에 우리는 삶의 의미를 찾는 노력이 필요합니다. 어린 왕자로 유명한 생텍쥐페리는 삶의 의미는 발견하는 것이 아니라 만들어 나가는 것이라는 말을 하였습니다. 내가 선택하고자 하는 삶의 가치와 의미를 부여하는 것! 그것은 삶을 행복하게 하는 데 중요한 지향점이 될 것입니다.

4부 기초 학습력 향상 참고문헌

참고문헌

- 김은영 (2006). 대학생 동기조절 훈련 프로그램의 개발 및 효과. 서울여자대학교 대학원 박사학위논문.
- 김은진 (2013). 학습상황의 정서조절이 학업성취도에 미치는 영향: 정서와 학습전략을 매개로. 경희대학교 대학원 박사학위논문.
- 뉴스룸 연구소. 대학생 164명에게 물었습니다 "스마트폰, 어떻게 쓰고 계세요?"
- 박용철 (2014). 감정은 습관이다. 서울: 추수밭.
- 백일영 (2012). 보이지 않는 고릴라. https://m.youtube.com/watch?v=JYkhqcsbpkY.
- 손연아, 이석열, 이은화 (2007). 성공적인 대학생활을 위한 학습전략. 서울: 학지사.
- 신명희, 강소연, 김은경, 김정민, 노원경, 박성은, 서은희, 원명희, 황은영 (2010). 교육심리학. 학지사.
- 이명경 (2016). 아이의 집중력, 부모에게 달려있다. 김영사.
- 이정림, 권대훈 (2016). 통제소재, 마이드셋, 그릿, 학업성취 간의 구조적 관계 분석. 청소년학연구. 23(11), 245-264.
- 윤정, 김정섭 (2017). 대학생의 시간압박감, 자유재량시간과 주관적 안녕감의 관계. 교육심리연구, 31(3), 389-408.
- 차정은 (1996). 일반적 자기효능감 척도 개발을 위한 일 연구. 심리연구, 34, 19-31.
- 형정은 (2015). 전문대학생의 자기불일치와 우울, 진로미결정, 학업적 자기효능감과 중도탈락의도 간의 구조관계 분석. 부산대학교 박사학위논문.
- 최정원, 이영호 (2014). 효과적인 시간공간관리 전략 및 학업 스트레스 관리 전략. 서울: 학지사.
- 황매향 (2016). 사례에서 배우는 학업상담이 실제, 서울: 사회평론.

4부 기초 학습력 향상 참고문헌

참고문헌

- Constance Staley (2015). *FOCUS on College Success*, Fourth Edition. Boston. USA: Cengage Learning.
- D. H. Schunk., P. R. Pintrich., J. L. Meece. (2013). *Motivation in education*(3rd ed). 서울대학교 인지학습연구회, 신종호(역). 학습동기 이론, 연구 그리고 지원. 서울: 학지사.
- Dianna L. Van Blerkom (2012). *College Study Skills: Becoming a Strategic Leaner*, Seventh Edition. Boston. USA: Wadsworth.
- Misra, R., & McKean, M. (2000). College students' academic stress and its relation to their anxiety, time management, and leisure satisfaction. *American journal of Health studies*, 16(1), 41.
- Pekrun, R. (1992). The impact of emotions on learning and achievement: Towards a theory of cognitive/motivational mediators. *Applied Psychology*, 41(4), 359-376.
- R. J. Sternberg., W. M. Williams. (2010). *Educational Psychology*(2nd ed). 김정섭, 신경숙, 유순화, 이영만, 정명화, 황희숙(역). 스턴버그의 교육심리학. 서울: 시그마프레스.
- Walter Pauk, Ross J. Q. Owens (2014). *How To Study In College*, Eleventh Edition. Boston. USA: Wadsworth.

1. 동기강화 : (1) 학습동기의 이해

활동지번호: 4-1-1

활동지명: 나를 움직이게 하는 힘!

내재적 동기를 보이는 일	외재적 동기를 보이는 일
►	►
►	►
►	►
►	►
►	►

동기	점수	각 점수에 해당하는 일	점수를 주는 이유
내재적 동기	10	(　　　)	
	9	(　　　)	
	8	(　　　)	
	7	(　　　)	
	6	(　　　)	
	5	(　　　)	
	4	(　　　)	
	3	(　　　)	
	2	(　　　)	
	1	(　　　)	
외재적 동기	0	(　　　)	

2. 시간관리 : (1) 시간관리의 이해

활동지번호: 4-2-1.1

활동지명: 시간관리의 정의

1) 여러분은 시간관리가 무엇이라고 생각하나요?

활동지번호: 4-2-2

활동지명: 현재 시간관리

1) 여러분은 현재 시간관리를 어떻게 하고 있나요?

2) 지난 한 주간 자신의 시간 사용을 기록해 보세요.

요일 시작	일(/)	월(/)	화(/)	수(/)	목(/)	금(/)	토(/)
AM 6:00							
AM 7:00							
AM 8:00							
AM 9:00							
AM 10:00							
AM 11:00							
AM 12:00							
FM 1:00							
FM 2:00							
FM 3:00							
FM 4:00							
FM 5:00							
FM 6:00							
FM 8:00							
FM 9:00							
FM 10:00							
FM 11:00							
AM 12:00							
AM 1:00							
AM 2:00							

자기성찰

2. 시간관리 : (2) 시간관리 분석

활동지번호: 4-2-2.1

활동지명: 시간관리 매트릭스

1) 시간관리 매트릭스에 여러분이 시간 사용 내용을 작성해 보세요.

	긴급함	긴급하지 않음
중요함		
중요하지 않음		

2) 시간 사용 내용을 작성하였으면 그 옆에 소비했던 시간의 양을 적고 총 시간을 계산해 보세요.

사분면	1사분면	2사분면	3사분면	4사분면
총 사용시간				

3) 여러분은 어느 사분면에 가장 많은 시간을 사용하고 있었나요?

2. 시간관리 : (2) 시간관리 분석

활동지번호: 4-2-2.2

활동지명: 시간관리 실패 원인 분석

1) 자신의 시간관리 실패의 원인은 무엇이라고 생각하나요?

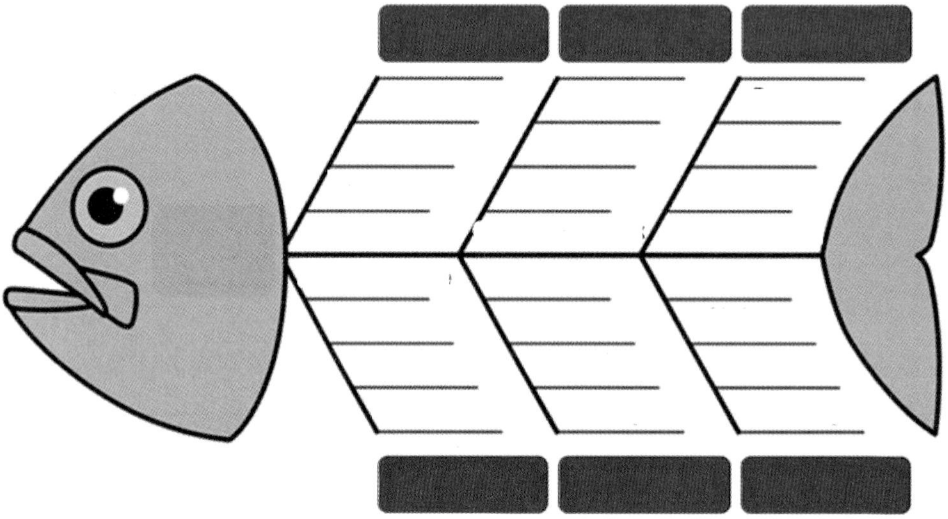

2) 어떻게 하면 실패요인을 없애거나 줄일 수 있을지 팀원끼리 의논해 보세요.

2. 시간관리 : (3) 학습상황 분석

활동지번호: 4-2-3

활동지명: 한 학기 일정 확인하기

1) 한 학기 고정 일정 및 과제 제출 일자를 확인하여 아래 표에 기록해 보세요.

월 / 일	학기중				방학	
	3	4	5	6	7	8
1						
2						
3						
4						
5						
6						
7						
8						
9						
10						
11						
12						
13						
14						
15						
16						
17						
18						
19						
20						

2. 시간관리 : (4) 시간관리 실천 및 평가

활동지번호: 4-2-4.1

활동지명: 한 학기 목표 세우기

한 학기 목표를 바탕으로 구체적인 행동계획을 세워 보세요.

이번 학기에 이루고 싶은 목표 1

⇩

( )월 목표 정하기	( )월 목표 정하기
( )월 목표 정하기	**( )월 목표 정하기**

⇨

구체적인 행동계획 세우기 (주간)

구체적인 행동계획 세우기 (주간)

구체적인 행동계획 세우기 (주간)

구체적인 행동계획 세우기 (주간)

이번 학기에 이루고 싶은 목표 2

⇩

( )월 목표 정하기	( )월 목표 정하기
( )월 목표 정하기	**( )월 목표 정하기**

⇨

구체적인 행동계획 세우기 (주간)

구체적인 행동계획 세우기 (주간)

구체적인 행동계획 세우기 (주간)

구체적인 행동계획 세우기 (주간)

이번 학기에 이루고 싶은 목표 3

( )월 목표 정하기

( )월 목표 정하기

( )월 목표 정하기

( )월 목표 정하기

구체적인 행동계획 세우기 (주간)

구체적인 행동계획 세우기 (주간)

구체적인 행동계획 세우기 (주간)

구체적인 행동계획 세우기 (주간)

이번 학기에 이루고 싶은 목표 4

( )월 목표 정하기

( )월 목표 정하기

( )월 목표 정하기

( )월 목표 정하기

구체적인 행동계획 세우기 (주간)

구체적인 행동계획 세우기 (주간)

구체적인 행동계획 세우기 (주간)

구체적인 행동계획 세우기 (주간)

2. 시간관리 : (4) 시간관리 실천 및 평가

활동지번호: 4-2-4.2

활동지명: 한 학기 행동계획 다짐

이번 학기 목표 달성을 위해 다음 사항을 지켜 나갈 것을 행동계약으로 작성해 보세요.

나는 (   )과목을 수강하면서 한 학기 동안 (   )번 이상 지각과 결석을 하지 않을 것을 다짐한다.

나는 수업시간 (   )분 전에 도착해서 전 시간 공부했던 내용을 복습한다.

나는 보고서와 과제를 마감일 전에 꼭 제출한다.

수업시간에 120% 이상의 학습성과를 달성하도록 집중한다.

시험준비는 최소한 (   )일 전에 시작한다.

주교재 외 (   )권 이상의 참고도서를 읽어 수업내용을 폭넓게 공부한다.

상기 내용을 반드시 지켜 목표를 달성할 것을 다짐한다.

년   월   일

이름: (인)

2. 시간관리 : (4) 시간관리 실천 및 평가

활동지번호: 4-2-4.3

활동지명: 주간 계획 세우기

1) 주간계획 작성에 필요한 질문에 답해 봅시다.

- 나는 언제 공부가 잘되는가?

- 무슨 공부를 먼저 하는 게 효과적인가?

- 한 시간에 공부하는 양은 어느 정도인가?

- 어느 장소에서 공부가 잘되는가?

- 공부가 안 될 때는 언제인가?

- 계획을 짜서 실천하여 성공한 횟수는 얼마인가?

- 한 번 공부할 때 집중할 수 있는 시간은 얼마인가?

- 집중이 제일 안 되는 과목과 제일 잘되는 과목은 무엇인가?

2) 주간 계획표 작성하기

요일 / 시작	일(/)	월(/)	화(/)	수(/)	목(/)	금(/)	토(/)
AM 6:00							
AM 7:00							
AM 8:00							
AM 9:00							
AM 10:00							
AM 11:00							
AM 12:00							
FM 1:00							
FM 2:00							
FM 3:00							
FM 4:00							
FM 5:00							
FM 6:00							
FM 8:00							
FM 9:00							
FM 10:00							
FM 11:00							
AM 12:00							
AM 1:00							
AM 2:00							

가용시간							
실천 정도	☺ ○ △	☺ ○ △	☺ ○ △	☺ ○ △	☺ ○ △	☺ ○ △	☺ ○ △
self-message	1. 잘한 점 : 2. 부족한 점 : 3. 다음 주 실천할 점 : 4. 나에게 하는 한 마디 :						

요일 / 시작	일(/)	월(/)	화(/)	수(/)	목(/)	금(/)	토(/)
AM 6:00							
AM 7:00							
AM 8:00							
AM 9:00							
AM 10:00							
AM 11:00							
AM 12:00							
FM 1:00							
FM 2:00							
FM 3:00							
FM 4:00							
FM 5:00							
FM 6:00							
FM 8:00							
FM 9:00							
FM 10:00							
FM 11:00							
AM 12:00							
AM 1:00							
AM 2:00							

가용시간							
실천 정도	☺ ○ △	☺ ○ △	☺ ○ △	☺ ○ △	☺ ○ △	☺ ○ △	☺ ○ △
self-message	1. 잘한 점 : 2. 부족한 점 : 3. 다음 주 실천할 점 : 4. 나에게 하는 한 마디 :						

요일 / 시작	일(/)	월(/)	화(/)	수(/)	목(/)	금(/)	토(/)
AM 6:00							
AM 7:00							
AM 8:00							
AM 9:00							
AM 10:00							
AM 11:00							
AM 12:00							
FM 1:00							
FM 2:00							
FM 3:00							
FM 4:00							
FM 5:00							
FM 6:00							
FM 8:00							
FM 9:00							
FM 10:00							
FM 11:00							
AM 12:00							
AM 1:00							
AM 2:00							

가용시간							
실천 정도	☺ ○ △	☺ ○ △	☺ ○ △	☺ ○ △	☺ ○ △	☺ ○ △	☺ ○ △
self-message	1. 잘한 점 : 2. 부족한 점 : 3. 다음 주 실천할 점 : 4. 나에게 하는 한 마디 :						

3. 기억전략 : (3) 효과적인 기억전략

활동지번호: 4-3-3

활동지명: 공부 내용을 목차로 작성해 보자

방법 1: 전공교재의 목차를 작성해 본다(단, 전공교재가 없으면 이 강의 교재 활용).

방법 2: 목차에 맞는 핵심 내용을 암기해서 다음 빈칸에 작성해 본다.

목차	핵심 내용
Ⅰ. 1. 가) 나) 다) 2. 가) 나) 다)	
Ⅱ. 1. 가) 나) 다) 2. 가) 나) 다)	
Ⅲ. 1. 가) 나) 다) 2. 가) 나) 다)	

4. 집중력 향상 전략 : (2) 집중력 3·3·3

활동지번호: 4-4-2.1

**활동지명: 집중을 방해하는 요소에는 무엇이 있을까요?
무엇이든 자유롭게 떠올려 보세요.**

방법 1: 평소 공부하는 모습을 떠올려 본다. 그때 내 집중력을 방해하는 것이 무엇인지 생각해 본다.

방법 2: 머릿속에 집중 방해요소를 자유롭게 떠올려 보고, 그것을 마인드맵으로 작성해 본다.

4. 집중력 향상 전략 : (2) 집중력 3·3·3

활동지번호: 4-4-2.2

활동지명: 집중을 방해하는 요소를 어떻게 제거할까?

방법 1: 집중 방해요소 중 최악의 방해요인 5가지를 선정한다.

방법 2: 어떻게 하면 방해요인을 제거하거나 줄일 수 있을지 팀원과 의논해 본다.

As-Is (현재 상태)	To-Do (해야 할 일)	To-Be (바라는 목표)

5. 정서관리 : (2) 감정습관 탐색

활동지번호: 4-5-2

활동지명: 나의 감정습관 탐색

1) 여러분이 아는 감정 단어를 모두 적어 보세요.
2) 적은 감정 단어 중 자신이 자주 느끼는 감정에 동그라미 해 보세요.

5. 정서관리 : (3) 학업 성취과정과 정서 분석

활동지번호: 4-5-3.1

활동지명: 나의 학습정서 탐색

1) 학습 전-중-후에 어떤 학습에 대한 감정을 느끼는지 기록해 보세요.

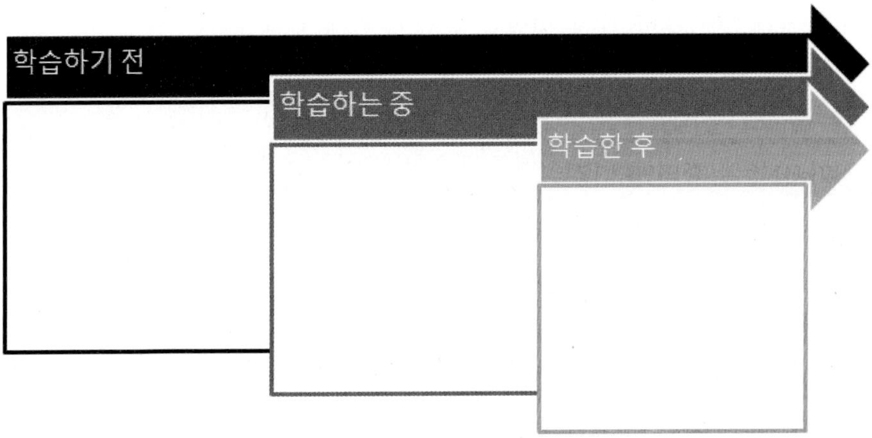

2) 학업 성취과정에서 느끼는 학업 및 대인관계 영역의 학업 정서를 작성해 보세요.

	학업 영역			대인관계 영역
	정보처리과정	결과기대	후속평가	
긍정적 정서				
부정적 정서				

5. 정서관리 : (3) 학업 성취과정과 정서 분석

활동지번호: 4-5-3.2

활동지명: 학업스트레스 분류표

1) 나의 스트레스의 원인을 통제 가능이나 불가능의 기준으로 분류해 보세요.
2) 각 스트레스에 대한 대처 방안을 함께 고민해 보세요.

스트레스 원인		통제 유무		대처방안
		통제 가능	통제 불가능	
학업문제	시간관리			
	교과목의 난이도			
	학습성과			
성격적 특성	부정적 자아개념			
	미루기			
대인관계 문제	친구문제			
	가족문제			
기타	금전문제			
	건강문제			

공저자 약력

김정섭은 미국 인디애나 주립대학에서 교육심리학 전공으로 박사학위를 취득하고, 현재 부산대 교수로 근무하고 있음. 한국 초·중등교육에 학습컨설팅을 보급하고 정착하는 데 기여하였으며, 한국교육심리학회장을 역임하였음. 연구 관심 분야는 학습코칭 및 학습컨설팅, 창의성, 칭찬, 조절초점, 주체성 등임.

강명숙은 미국에서 학교심리학 전문가 과정과 부산대학교에서 교육심리 및 상담심리 전공으로 박사학위를 취득하고, 현재 한국학습컨설팅센터장으로 근무하고 있음. 초·중등 및 대학에서 학습컨설팅을 한 실무 경험이 있으며, 연구 관심 분야는 학습코칭 및 학습컨설팅, 감성수업, 진로지도 및 부모교육임.

윤채영은 부산대에서 교육심리 및 상담심리를 전공하였고, 현재 신라대에서 교수로 근무하고 있음. 초·중등 및 대학에서 학습컨설팅과 학습지원 실무 경험이 있으며, 연구 관심 분야는 학습코칭 및 학습컨설팅, 학업중단, 학사경고, 학습전략, 미래학력임.

정세영은 부산대학교에서 교육심리 및 상담심리를 전공하였고, 현재 계명대학교에서 교수로 근무하고 있음. 초·중등 및 대학에서 학습컨설팅과 학습지원 실무 경험이 있으며, 연구 관심 분야는 학습코칭 및 학습컨설팅, 창의적 문제해결, 글 이해, 메타인지, 학습참여임.

김지영은 부산대학교에서 교육심리 및 상담심리를 전공하였고, 현재 경남대학교에서 교수로 근무하고 있음. 초·중등 및 대학에서 진로학습컨설팅과 학습지원 실무 경험이 있으며, 연구 관심 분야는 대학생활적응, 학습참여, 학교소속감, 학사경고, 학습동기, 학습코칭 및 진로학습컨설팅임.

김소영은 부산대학교에서 교육심리 및 상담심리를 전공하였고, 현재 영산대학교에서 교수로 근무하고 있음. 초·중등 및 대학에서 진로-학습컨설팅을 한 실무 경험이 있으며, 연구 관심 분야는 진로학습컨설팅, 진로개발역량, 중도탈락, 대학생활적응, 정서조절, 진로지도임.

황두경은 부산대학교에서 교육심리 및 상담심리를 전공하였고, 현재 동의대학교에서 교수로 근무하고 있음. 초·중등 및 대학에서 학습컨설팅과 학습지원 실무 경험이 있으며, 연구 관심 분야는 학습컨설팅, 학습역량, 시간관리, 게임선용, 디자인씽킹, 팀학습임.

김은지는 부산대학교에서 교육심리 및 상담심리를 전공하였고, 현재 경남과학기술대학교에서 교수로 근무하고 있음. 초·중등 및 대학에서 학습컨설팅과 학습지원 실무 경험이 있으며, 연구 관심 분야는 학업적 의지, 학습코칭 및 학습컨설팅, 시간관, 학습참여임.

형정은은 부산대학교에서 교육심리 및 상담심리를 전공하였고, 현재 동의과학대학교에서 교수로 근무하고 있음. 초·중등 및 대학에서 학습컨설팅과 학습지원 실무 경험이 있으며, 연구 관심 분야는 학습코칭 및 학습컨설팅, 학습정서, 대학생활적응, 학습참여임.

대학생을 위한 숨겨진 학습비밀

초판발행 2020년 3월 7일

지은이 김정섭 · 강명숙 · 윤채영 · 정세영 · 김지영 ·
김소영 · 황두경 · 김은지 · 형정은

펴낸이 노 현

편 집 황정원
기획/마케팅 이선경
표지디자인 조아라
제 작 우인도 · 고철민

펴낸곳 ㈜ 피와이메이트
서울특별시 금천구 가산디지털2로 53, 한라시그마밸리 210호(가산동)
등록 2014. 2. 12. 제2018-000080호
전 화 02)733-6771
f a x 02)736-4818
e-mail pys@pybook.co.kr
homepage www.pybook.co.kr
ISBN 979-11-6519-012-5 93370

정 가 25,000원

박영스토리는 박영사와 함께하는 브랜드입니다.